现代伊朗转型社会中的中产阶层研究
（1925—2009）

张 超 ◎ 著

A STUDY ON THE MIDDLE CLASS
IN THE SOCIAL TRANSFORMATION
OF MODERN IRAN

中国社会科学出版社

图书在版编目（CIP）数据

现代伊朗转型社会中的中产阶层研究：1925—2009 / 张超著.
—北京：中国社会科学出版社，2016.11
ISBN 978 - 7 - 5161 - 9988 - 6

Ⅰ.①现… Ⅱ.①张… Ⅲ.①中等资产阶级-研究-伊朗
Ⅳ.①D737.361

中国版本图书馆 CIP 数据核字（2017）第 042105 号

出 版 人	赵剑英
责任编辑	任　明
责任校对	王　斐
责任印制	李寡寡

出　　版	中国社会科学出版社
社　　址	北京鼓楼西大街甲 158 号
邮　　编	100720
网　　址	http://www.csspw.cn
发 行 部	010 - 84083685
门 市 部	010 - 84029450
经　　销	新华书店及其他书店

印刷装订	北京市兴怀印刷厂
版　　次	2016 年 11 月第 1 版
印　　次	2016 年 11 月第 1 次印刷
开　　本	710×1000　1/16
印　　张	17.25
插　　页	2
字　　数	248 千字
定　　价	58.00 元

凡购买中国社会科学出版社图书，如有质量问题请与本社营销中心联系调换
电话：010 - 84083683
版权所有　侵权必究

目 录

导言 …………………………………………………………………… (1)
 一 研究目的和意义 ……………………………………………… (1)
 二 国内外研究现状 ……………………………………………… (4)
 三 研究方法、特色创新与基本框架 …………………………… (12)
 四 基本概念的辨析与界定 ……………………………………… (15)

第一章 伊朗前现代的社会结构及中产阶层的形成 ……………… (19)
第一节 中东传统社会的群体和分层 …………………………… (19)
 一 中东社会中的群体 …………………………………………… (19)
 二 中东社会分层和社会冲突 …………………………………… (22)
第二节 伊朗前现代的社会结构和阶级结构 …………………… (25)
 一 20世纪初伊朗经济状况和社会结构 ………………………… (25)
 二 社会群体的封闭、分散和内争 ……………………………… (30)
 三 前现代伊朗阶级结构 ………………………………………… (31)
第三节 伊朗中产阶层的形成过程 ……………………………… (37)
 一 传统中产阶层的形成 ………………………………………… (37)
 二 现代中产阶层形成 …………………………………………… (39)
 三 中产阶层联盟的形成和立宪革命运动 ……………………… (45)
第四节 立宪革命失败及伊朗向现代君主制过渡 ……………… (48)
 一 中产阶层内争和立宪民主制危机 …………………………… (48)
 二 立宪革命失败,伊朗向现代君主制过渡 …………………… (51)
本章结语 …………………………………………………………… (54)

第二章 伊朗向现代社会转型及中产阶层发展壮大（1925—1979 年） ……（56）

第一节 伊朗现代化的启动及成就 …………………………（56）
　　一　伊朗中央政府的加强和现代化的启动 ……………（56）
　　二　巴列维时期经济发展计划的执行 …………………（58）
　　三　外国资本的渗透和国家的依附发展道路 …………（62）
　　四　"白色革命"及对伊朗社会结构的影响 ……………（63）

第二节 伊朗经济和社会的深刻变化及向现代社会转型 ……（66）
　　一　人口结构的变化 ……………………………………（66）
　　二　社会结构发生变化 …………………………………（70）

第三节 伊朗中产阶层的发展壮大 …………………………（75）
　　一　国家机构扩充及官僚中产阶层的发展 ……………（77）
　　二　宗教中产阶层 ………………………………………（79）
　　三　资产中产阶层 ………………………………………（82）
　　四　传统中产阶层的特点及内部关系 …………………（87）
　　五　现代教育的发展与职业中产阶层的壮大 …………（88）

第四节 国家经济发展对中产阶层的影响及社会分层的变化 ……………………………………………………（91）
　　一　国家经济发展中存在的问题 ………………………（91）
　　二　国家经济对中产阶层的影响 ………………………（93）
　　三　转型社会的分层发生变化 …………………………（96）

本章小结 ………………………………………………………（98）

第三章 转型时期伊朗的政治变迁及中产阶层政治发展（1925—1979 年） ………………………………………（100）

第一节 王权加强及中产阶层政治地位的削弱（1925—1941 年） ………………………………………（100）
　　一　中产阶层的政治参与状况 …………………………（100）
　　二　王权的逐步加强和中产阶层政治地位削弱 ………（103）
　　三　中产阶层与 20 年代初左派社会运动 ……………（105）

第二节 议会政治恢复及中产阶层政治发展的契机
　　　　（1941—1953年）……………………………（108）
　　一 议会政治恢复、中产阶层政治参与的扩大及政党
　　　政治发展……………………………………………（108）
　　二 伊朗多极政治格局的形成………………………（112）
　　三 左派社会运动的兴起及对政治的影响…………（115）
　　四 民族阵线的形成和政治参与……………………（118）
　　五 石油国有化运动、民族阵线分裂及1953年政变……（120）
第三节 中产阶层向伊斯兰转变及反对王权的斗争
　　　　（1953—1979年）……………………………（124）
　　一 政变对中产阶层的影响：从西化到本土伊斯兰化的
　　　转变…………………………………………………（124）
　　二 王权统治下中产阶层政治反对派的形成………（131）
　　三 中产阶层武装反抗王权的斗争…………………（133）
第四节 中产阶层的联合和伊斯兰革命的成功……………（137）
　　一 革命中的乌莱玛集团……………………………（137）
　　二 中产阶层以伊斯兰为纽带走向联合……………（138）
　　三 反对派阵营的扩大………………………………（139）
　　四 经济危机、社会冲突和伊斯兰革命成功………（140）
本章小结……………………………………………………（142）

第四章 伊朗社会全面伊斯兰化及中产阶层的重塑
　　　　（1979—1989年）……………………………（144）
第一节 经济伊斯兰化：激进的社会变革及"三大
　　　　运动"……………………………………………（144）
　　一 建国初期盛行的平等主义………………………（144）
　　二 社会革命的开展及逆转…………………………（146）
第二节 政治伊斯兰化：中产阶层的权力角逐及神权
　　　　体制建立…………………………………………（153）
　　一 乌莱玛与自由派的分歧和斗争…………………（154）

二　左派分裂及"文化革命"的清剿 …………………… (157)
　　三　宗教阶层内部分歧 ………………………………… (161)
　第三节　社会伊斯兰化：中产阶层结构的重塑 …………… (162)
　　一　国家机构扩充及中产阶层的伊斯兰化 …………… (164)
　　二　资产中产阶层的发展壮大 ………………………… (165)
　　三　巴扎商人阶层成为仅次于乌莱玛的第二阶层 …… (167)
　第四节　伊斯兰化对伊朗社会及中产阶层的影响 ………… (171)
　　一　高校伊斯兰化 ……………………………………… (171)
　　二　公共部门的全面伊斯兰化 ………………………… (173)
　　三　全面伊斯兰化对伊朗社会其他阶层的影响 ……… (177)
　本章小结 ……………………………………………………… (181)

第五章　伊朗自由化转型及中产阶层的改革要求
　　　　　（1989—2005 年） ………………………………… (183)
　第一节　伊朗经济自由化改革 ……………………………… (183)
　　一　经济自由化背景和措施 …………………………… (183)
　　二　伊朗经济自由化及经济结构中存在的问题 ……… (187)
　第二节　自由化时期的社会结构及中产阶层的状况 ……… (190)
　　一　自由化时期伊朗经济结构的变化 ………………… (190)
　　二　阶级结构的变化 …………………………………… (192)
　　三　中产阶层发展状况及其改革愿望 ………………… (195)
　第三节　保守主义兴起及二元结构形成 …………………… (202)
　　一　保守主义日益强大 ………………………………… (202)
　　二　伊朗经济和政治的二元性 ………………………… (207)
　第四节　自由化改革、改革派形成及中产阶层的政治
　　　　　参与 ………………………………………………… (209)
　　一　拉氏的自由化改革 ………………………………… (209)
　　二　改革派的形成 ……………………………………… (212)
　　三　哈塔米民主政治实践 ……………………………… (213)
　　四　中产阶层政治参与扩大及宗教改革运动的发展 ……… (216)

本章小结 …………………………………………………………（221）

第六章　伊朗改革停滞和"绿潮"涌动中的中产阶层（2005—2009年） …………………………………（222）
第一节　伊朗经济政治状况及改革停滞 …………………………（222）
　　一　伊朗经济政治状况 ……………………………………（222）
　　二　自由化改革陷入停滞 …………………………………（226）
第二节　伊朗新保守主义的兴起及影响 …………………………（227）
第三节　"绿潮"涌动中的伊朗中产阶层 …………………………（232）
　　一　经济恶化和社会矛盾的激化 …………………………（232）
　　二　"绿潮"的兴起 ………………………………………（233）
第四节　自由化以来伊朗社会变迁及改革前景 …………………（236）
　　一　家庭结构变化 …………………………………………（236）
　　二　青年群体形成及青年运动和妇女运动 ………………（237）
　　三　社会变迁的趋势及中产阶层改革进程的前景 ………（242）

结论部分 …………………………………………………………（247）

主要参考文献 ……………………………………………………（252）

后记 ………………………………………………………………（267）

导　　言

　　中产阶层的形成和发展是伊朗近现代历史上的重要事件。从 19 世纪下半叶起，西方文明冲击使伊朗分散的社会群体间加强了横向联系，传统的社会结构中产生出中产阶层。20 世纪 20 年代巴列维王朝建立后，随着现代化的发展，伊朗传统的农牧业社会结构开始向半工业半城市的现代工业社会过渡，中产阶层也发展壮大起来。这一时期社会变迁的速度加快了，整个社会处于新旧更替的过渡阶段，中产阶层迅速壮大和社会结构的剧烈变化对伊朗社会发展和政治稳定必然产生深远的影响。

　　伊朗一直是学者关注和研究的典型国家，目前学界对伊朗现代化进程的研究已较为成熟，但对其社会结构分层的研究相对不足，本书试以伊朗中产阶层为专题，结合现代伊朗社会三次转型，试图对伊朗社会结构的演变、中产阶层的发展及对伊朗社会影响等问题进行系统探索。

一　研究目的和意义

　　社会史是中东区域研究的重点，目前国内外已有丰硕成果，但对中产阶层的专题研究较为薄弱。研究中产阶层是认识伊朗社会结构嬗变及政治突变等一系列问题的钥匙，具有重要的学术价值和现实意义。

　　1. 自第一次世界大战以来，中东地区不少民主国家在形成或独立的过程中，都出现了中产阶层的兴起及其社会运动。如 20 年代土耳其、伊朗，50 年代和 60 年代阿尔及利亚、伊拉克等国家的形成，无不伴随着军人阶层的崛起和地主的衰落。[1] 2010年的中东变局其重要的原因是"受教育阶层和中产阶级的壮大及非政府组织的发展使公民的权利意识、民主意识得到强化，素质有所提高，组织性增强"。[2] 类似的情况也出现在阿尔及利亚、摩洛哥、约旦、也门、伊拉克和叙利亚等国家。[3] 变革是中东社会当前和未来的主要议题之一，为更加有效地把握中东社会的变化及发展趋势，对中产阶层的构成和发展状况进行研究具有一定借鉴意义。

2. 具有重要的理论研究价值。中产阶层是伊朗现代社会中一个重要的政治群体，历史舞台上多次出现其身影，但有关它的专题研究还没出现。长期以来，中产阶层只是一个模糊的概念，学术界看法并不统一。马克思将位于资产阶级和无产阶级之间的所有集团，如小工业家、小商人、小食利者、手工业者、农民、医生、律师和学者等群体都称为中产阶层[4]。1951年，米尔斯第一次提出"白领工人"的概念，其主要由经理和专业人员组成，充当了资本家和工人的缓冲[5]。中国学者对中产阶层定义是，以脑力劳动为主，有较高收入和较好工作环境、具备相应的家庭消费能力，且有一定的闲暇生活，对其工作对象有一定的支配权，具有公民、公德意识及其相应修养的社会地位分层群体。[6] 笔者初步界定的中产阶层包括：专业技术和管理人员构成的现代中产阶层，以及由巴扎商人、作坊主、中下层乌莱玛、中下级官员和军官、中小地主等构成的传统中产阶层。

---

[1] James A. Bill and Carl Leiden, *Politics in the Middle East*, Little, Brown and Company, 1985, p. 80.

[2] 黄民兴：《世纪震荡：阿拉伯世界政治动荡的原因和前景》，《回族研究》2011年第3期。

[3] 同上。

[4] 见于马克思对巴黎公社的评价。马克思、恩格斯：《马克思恩格斯全集》（第17卷），人民出版社1963年版，第363页。

[5] ［美］C. 莱特·米尔斯著，杨小东等译：《白领——美国的中产阶级》，浙江人民出版社1987年版，第67页。

[6] 陆学艺：《当代中国社会阶层研究报告》，社会科学文献出版社2002年版，第136页。

关于中产阶层发展趋势，美国新马克思派的马丁·尼古拉斯提出，第二次世界大战后生产力提高，剩余价值的增长改变了两大阶级的关系，越来越少的工人生产的产品越来越多，产生了新中产阶级，他们不创造剩余价值但有助于资本生产过程的维持，他们是消费剩余价值的阶级。① 赖特认为，后工业社会中，资本家与工人关系在改变，直接从事商品生产的工人人数在减少，新中产阶级将大量出现。因而，中产阶层增长构成了工业社会发展的共同特征。与西方国家社会结构不同，处于转型阶段的伊朗其分层结构呈现不同的特征。整体上，中间阶层膨胀而工人阶层规模相对较小。伊朗社会结构及分层状况有待于深入研究。研究中产阶层发展趋势不仅便于把握现代社会未来大体方向，而且也有助于深刻地把握社会结构的演进过程。

3. 中产阶层发展和壮大，其带有的社会政治功能蕴含了巨大潜能，对其研究有重要启示和借鉴意义。法国学者托克维尔、美国的凡勃仑及德国的西美尔等认为，中产阶层是社会稳定的基石，"稳定社会的结构性力量"等，中产阶层有积极功能。② 但美国学者塞缪尔·亨廷顿、赖特·米尔斯及戴维·萨伯斯等提出，在不少情况下，中产阶层反而起到了"颠覆器"或"异化器"的作用，他们成了革命的推手或变革的先锋。

宗教阶层是一支较早觉醒的力量，进步乌莱玛主张改进伊斯兰，使伊斯兰政治理论与立宪政治思想相融合，伊斯兰现代主义发端，这对伊朗政治发展产生深远的影响。知识分子更是宪政主义的鼓吹者，是西化改革的先锋。中产阶层在伊朗现代史上的"两次革命"（即立宪革命和伊斯兰革命）中都充当了理论导向和领导中坚的角色，因而并没有发挥"稳定器"的作用。中产阶层的社会政治功能既是多元的也是可变的，不同国家的中产阶层，在不同历史时期的社会政治功能

---

① Martin Nicolaus, "Proletariat and Middle Class in Marx: Hegelian Choreography and the Capitalist Dialectic", *Studies on The Left*, Vol. 7, 1967, pp. 22–49. 李春玲、吕鹏：《社会分层理论》，中国社会科学出版社2008年版，第89页。

② 胡联合、胡鞍钢：《中产阶层："稳定器"还是相反或其他——西方关于中产阶层社会政治功能的研究综述及其启示》，《政治学研究》2008年第2期。

各不相同。该阶层的政治功能不能一概而论，因而需要具体地深入探讨。

近年来，国内对中产阶层的研究也开始逐步升温。特别是我国经济高速增长的同时，中产阶层正在壮大，随着经济地位提升，其社会影响力在增强。[①] 由于社会分化，流动明显加快，中产阶层发展及社会结构变迁成了事关国家前途命运的重大问题。[②] 研究伊朗社会转型时期中产阶层发展变化及其影响对我国建设和发展具有重要的借鉴意义。

二 国内外研究现状

（一）国内研究现状

目前国内尚没有系统研究伊朗中产阶层的专门成果。有关伊朗社会结构的研究方面，彭树智主编、王铁铮、黄民兴等著《中东史》（人民出版社2010年版）中涉及伊朗近代社会经济结构、现代化改革及伊斯兰革命等重要内容。冀开运、蔺焕萍著《二十世纪伊朗史——现代伊朗研究》（甘肃人民出版社2002年版）对20世纪伊朗社会力量的冲突及政治的演变有深入的研究。黄民兴《当代中东产油国的社会变迁》（《阿拉伯世界研究》2007年第4期）涉及伊斯兰革命前伊朗国家社会变迁过程中社会阶层的变化情况。韩建伟的《伊斯兰革命后伊朗社会分层结构探析》（《西北大学学报》（哲学社会科学版）2010年第4期）从社会分层的角度对伊斯兰革命后伊朗社会进行了初步研究。

王铁铮的《试探沙特王国社会结构的演变及其特点》（《世界历史》1998年第4期）和《沙特阿拉伯的国家与政治》（三秦出版社1997年版）对沙特王国社会结构的演进过程和特点有深入的研究，其中对新兴中产阶层概念的界定是目前国内中东学界较为认可的。伊朗作为中东产油国与沙特王国的社会结构具有一定相似性，有关沙特

[①] 李春玲：《中产阶层的现状、隐忧及社会责任》，《人民论坛》2011年第2期。

[②] 陆学艺：《当代中国社会阶层研究报告》，社会科学文献出版社2002年版，第4页。

社会结构的一般概念如阶级和分层等是可以借鉴的。黄民兴著《沙特阿拉伯——一个产油国人力资源的发展》（西北大学出版社1998年版）对中东地租型国家沙特的社会变迁、人力资源发展、教育发展状况进行了深入研究，对本书研究伊朗社会阶层在理论和方法上有很高的价值。这方面的成果还有戴晓琪的《阿拉伯社会分层研究——以埃及为例》（宁夏人民出版社2013年版）等。

国内有关伊朗现代化和社会变迁的研究成果比较多，这些成果中有一些可以为本论文提供理论和方法指导。王铁铮主编《世界现代化历程·中东卷》（江苏人民出版社2010年版）和哈全安著《中东国家的现代化历程》（人民出版社2006年版）对伊朗现代化进程和社会发展都有深入的研究。陈安全的《伊朗伊斯兰革命及其世界影响》（复旦大学出版社2007年版），王新中、冀开运著《中东国家通史·伊朗卷》（商务印书馆2003年版），张铁伟主编《列国志·伊朗》（社会科学文献出版社2005年版）从不同角度阐述了伊朗社会变迁的过程。研究中东地区社会变迁的有王联的《中东政治与社会》（北京大学出版社2009年版），蒋真著《后霍梅尼时代伊朗政治发展研究》（人民出版社2014年版）反映了从巴列维王朝到伊斯兰革命及自由化改革，伊朗政治发展进程和社会变迁。这方面的论文有王京烈的《伊斯兰宗教改革与中东社会变革——世界史视角下的中东社会发展剖析》（《阿拉伯世界研究》2007年第1期）。刘慧的《当代伊朗社会与文化》（上海外语教育出版社2007年版）涉及伊朗宗教、国家制度、对外关系、经济建设和教育等方面。

有关伊朗现代化的论文有哈全安的《从白色革命到伊斯兰革命——伊朗现代化运动的历史轨迹》（《历史研究》2001年第6期）、李春放的《论伊朗现代伊斯兰政治模式》（《历史研究》2001年第6期）、杨剑的《现代化中期社会稳定性的文化结构分析——以伊朗巴列维现代化运动为案例》（《世界经济与政治论坛》1999年第4期）。车效梅、王泽壮的《城市化、城市边缘群体与伊斯兰革命》（《历史研究》2011年第5期）从城市化角度阐述伊朗社会变迁和伊斯兰革命的影响。王丽君的《1905—2005年间伊朗社会发展的中国视角解读》(《世界经济与政治》2008年第2期)。韩建伟的《解读伊斯兰革命后伊朗的基金会组织》(《西亚非洲》2010年第8期)、殷浩强的《试析伊朗社会变化过程中宗教的作用》(《西亚非洲》1990年第2期)等文章从不同侧面对伊朗社会保守主义力量的政治地位和经济基础及社会影响进行了研究。从社会变革角度对引导改革的社会力量和改革前景进行的探索的,有蒋真的《从伊朗内外政策看哈塔米主义》(《西亚非洲》2005年第3期),王猛的《拉夫桑贾尼:伊朗的改革幻想》(《南风窗》2005年第6期)、金良祥的《伊朗改革派的崛起及其影响》(《现代国际关系》2010年第5期)、敏敬的《理论与现实:伊朗市民社会研究评析》(《伊斯兰文化》2009年第1期)等。邬大光的《揭开伊朗社会和高等教育的神秘面纱——赴伊朗散记》(《现代大学教育》2010年第1期)对伊朗社会和教育情况进行实地调查,这对研究伊朗社会和教育很有参考价值。

国内学位论文中,詹晋洁的博士学位论文《当代阿拉伯国家社会结构与社会分层研究》(西北大学,2009年)运用了社会学相关理论,对当代阿拉伯国家社会结构和社会分层进行研究,但对新兴中产阶层的研究内容较少。韩建伟的博士学位论文《理想与现实的较量——当代伊朗伊斯兰秩序下的经济变迁研究》(西北大学,2009年)对伊朗伊斯兰革命后的经济发展进行了研究,这可以作为伊朗社会阶层研究的参考资料。姜英梅的硕士学位论文《谁统治伊朗——超政府力量在伊朗伊斯兰共和国的作用和影响》(中国社会科学院,2003年)反映了伊朗社会中特殊的社会力量的巨大作用和影响。

(二) 国外研究现状

国外目前只有少量关于伊朗中产阶层的研究成果,还没有中产阶层的专门研究成果。在有关伊朗社会发展的研究成果中有个别章节涉及伊朗社会阶层的状况。

(1) 有关伊朗中产阶层的研究。这方面专著很少,目前只有苏萨·巴斯特尼的博士学位论文《德黑兰的中产阶层社区:社会关系网,社会支持及婚姻关系》(Susan Bastani, *Middle Class Community in Tehran: Social Networks, Social Support and Marital Relationships*, Uni-

versity of Toronto, 2001)。作者在德黑兰中产阶层居住的社区进行了实地调查，为研究伊朗中产阶层提供了一些有价值的第一手资料。该文在家庭关系、社会关系方面为伊朗中产阶层研究提供了必不可少的内容，但侧重点仅限于社会关系及婚姻状况等方面，中产阶层的职业分布、收入情况、社会政治背景和其经济活动等基本信息没有得到反映。

弗洛茨·哈塔纳巴德所著《伊朗中小型企业的国际化》(Firouzeh Ghanatabadi, *Internationalization of Small and Medium – Sized Enterprises in Iran*, Lulea University, 2005) 一书反映了中产阶层的职业状况、社会背景及其经济活动，并研究了伊朗中小企业在国内市场中的地位和发展中存在的困难和障碍，中小企业在国际化的市场经济中寻求发展的攻略。著者在具有代表性的中小企业实地调查，为本书研究这些企业内的中产阶层提供了借鉴。

(2) 有关伊朗社会阶层的研究。伊尔万德·阿布拉合曼的《两次革命中的伊朗》(Ervand Abrahamian, *Iran Between Two Revolutions*, Princeton University Press, 1982) 是有关伊朗社会结构、政治力量及国家政治发展全貌的鸿篇巨制，文中多引用波斯文献和一手资料，史料价值极高，常被多种英文文献引用。詹姆斯·比尔的《伊朗政治群体，阶级与现代化》(James A. Bill, *the Politics of Iran Groups, Classes, and Modernization*, Charles E Merrill Publishing, 1972) 对伊朗社会结构和阶级结构进行了深入研究，其中对中产阶层的分类方法被多数学者认可。法尔赫德·努玛尼等著的《伊朗的阶级和劳动力：革命起了什么作用？》(Farhad Numani, Sohrab Behdad, *Class and Labor in Iran: Did the Revolution Matter? * Syracuse University Press, 2006) 将伊朗社会阶层的状况分阶段进行论述，每阶段都以详细的数据描述各阶层的变化，并对社会阶层发生变化的原因进行了透彻的分析。该著作对中产阶层概念的划分基本符合伊朗国情。但此书只写到 1996 年。有幸的是论文《这是怎样的革命！伊朗社会阶级 30 年的蹒跚路——与南亚国家的比较研究》(Sohrab Nehdad, "What A Revolution! Thirty Years of Social Class Reshuffling in Iran", *Comparative Studies of South Asia, Africa*

and the Middle East, Vol. 29, No. 1, 2009) 把这方面的数据补充和更新至 2006 年。

有关伊朗社会阶层的论文有《伊朗社会不平等和分层》(Abdolali Lehsaeizadeh, "Social Inequalities and Classification in Iran", *Center For Research and Middle East Strategic Studies*, *Discourse*: *An Iranian Quarterly*, Vol. 6, No. 1, 2004)、《谁将主导伊朗未来？从大众主义到代理主义再到多元主义》(Kazem Alamdari, "Who Holds The Power in Iran? Transition From Populism to Clientelism to Pluralism", *Cira Bulletin* Vol. 15, No. 1, 1999)。此外《社会分层和不平等——阶级冲突的历史比较，一种全球视角》(Havold R Kerbo, *Social Stratification and Inequality Class Conflict in Historical Comparative*, *And Global Perspective*, California Polytechnic State University, 2012) 对第三世界发展中国家社会阶层和不平等现状进行了全景式的分析。

（3）有关伊朗社会发展状况的研究。20 世纪 80 年代，多从宏观的视角，对伊斯兰革命后各阶层的社会运动进行研究。如曼苏尔·莫德尔的《伊朗革命中的阶级、政治和意识形态》(Mansoor Moaddel. *Class, Politics, and Ideology in The Iranian Revolution*. Columbia University Press, 2013) 一书分析了革命后神权统治建立过程，大众革命运动蓬勃发展的状况，对伊朗社会阶层研究具有极高的价值。但本书内容只涉及伊斯兰革命后至 1987 年之前这个历史时期。迪利普·希罗《阿亚图拉治下的伊朗》(Dilip hiro, *Iran Under The Ayatollahs*, London, 1985) 对伊朗伊斯兰革命后国家政治经济和社会变化和发展有深入研究，其有关伊朗在战时经济体制下采取的政策及社会影响等内容有很高的参考价值。相关的著作还有很多，如《伊朗：从宗教争端到革命》(Michael Fischer, *Iran: From Religious Dispute to Revolution*, Cambridge, MA: Harvard University Press, 1980)、《伊朗：虚无的权力》(Robert Graham, *Iran the Illusion of Power*, London, 1979) 和《现代伊朗国家，官僚和革命：农业改革和国家政治》(Ali Farazmand, *The State, Bureaucracy, and Revolution in Modern Iran*: *Agrarian Reforms and Regime Politics*, New York, 1989)。

90 年代的相关著作反映了伊朗社会自由化变革的主题。贝兹德·亚赫玛尼的《伊朗社会变化——见证伊朗不同政见者反对派和新运动》(Behzad Yaghmaian, *Social Change in Iran an Eyewitness Account of Dissent, Defiance, and New Movement in Iran*, State University of New York Press, 2002)一书研究了 1997 年以来伊朗社会变革对各阶层的影响,他认为社会阶层汇集成一股要求变革的社会力量。《国家,意识形态和社会革命——伊朗菲律宾比较研究》(Misagh Parsa, *States, Ideologies, and Social Revolutions A Comparative Analysis of Iran, Nicaragua, and the Philippines*, Cambridge university press, 2000)和《宗教、社会和权力——革命后的伊朗政治》(David menashri, *Post Revolutionary Politics in Iran Religion, Society and Power*, London Portland, 2001)等著作从不同角度,对 90 年代以来伊朗社会变革过程中,国家政治发展、经济调整和社会变迁等内容进行探讨。

2000 年后,出版的相关著作反映了伊朗改革陷入停滞背景下,伊朗社会的发展变化。《后霍梅尼时代:继承人治下的伊朗》(Said Amir Arjomand, *After Khomeini Iran Under His Successors*, Oxford University Press, 2009)涉及伊朗政治、经济、社会、宗教、文化、教育等领域的现状和所面临的主要问题,对改革陷入困境的原因和来自保守势力的阻力有深入的分析,也对展望中产阶层的发展方向具有参考价值。《权力、伊斯兰和政治精英——从霍梅尼到内贾德》(Eva Patricia Rakel, *Power, Islam, and Political Elite in Iran A Study on the Iranian Political Elite From Khomeini to Ahmadnejad*, Leiden. Boston, 2009)一书研究了伊朗政治派别的构成和政治主张,宗教保守势力经济基础及发展壮大的过程,改革力量的抗争和失败原因等。

最近出版的著作反映了在伊朗改革走入困境的情况下,社会仍在酝酿着变革,推动变革的社会力量正在汇集和整合,社会变迁的过程还在不断地继续。如《伊朗绿色运动》(Hamid dabashi, *The Green Movement in Iran*, New Brunswick and London, 2011)、《伊朗:变迁中的革命共和国》(Rouzbeh parsi, *Iran: A Revolutionary Republic in Transition*, Chaillot Paper, 2012)、《伊朗经济——伊斯兰国家的困境》

(Parvin Alizadeh, *The Economy of Iran Dilemmas of an Islamic State*, I. B. Tauris Publishers, 2000) 等。

詹姆斯·比尔的《中东政治》(James A. Bill, Carl Leiden, *Politics in The Middle East*, Little, Brown and Company, 1985) 书中对中东社会特点进行了研究，提出中东国家传统社会群体性基本特点，是一种马赛克式的族群社会。拉马什·法兹的博士学位论文《伊朗"圈子"的社会关系网及功能》(Ramesh Farzanfar, *The Iranian Dowreh Network and Its Functions*, Tehran University, 1979)，对伊朗社会的群体存在形式和生态特点进行了专题研究。

(4) 有关社会阶层的专题研究：第一，有关巴扎商人的专题研究有《巴扎商人和伊朗国家——德黑兰市场中的政治》(Arang Keshavarzian, *Bazaar and State in Iran the Politics of the Tehran Marketplace*, Cambridge University Press, 2007)，对巴列维王朝时期和伊斯兰共和国时期巴扎商人的状况作了对比，对这一阶层的社会关系和经济活动进行了详细研究。

第二，有关知识分子的专题研究有《知识分子的话语和政治现代化——伊朗现代性的对话》(Ali Mirsepassi, *Intellectual Discourse and The Politics of Modernization Negotiating Modernity in Iran*, Cambridge University Press, 2003) 和《改革家和现代伊朗革命——伊朗左派的新视角》(Stephanie Cronin, *Reformers and Revolutionaries in Modern Iran New Perspectives on The Iranian Left*, routledge curzon, 2004)。

第三，有关伊朗劳动阶层研究的论文有《伊朗：日益增多的贫困和人权状况的下降》(LDDHI, "*Iran: Rising Poverty, Declining Labor Rights*", FIDH, June 2013)、《工人、农民和商人阶层：伊斯兰革命后伊朗的劳动力分层研究》(Sohrab Behdad, Farhad Nomani, "Workers, Peasants, and Peddlers: A Study of Labor Stratification in The Post Revolutionary Iran", *Middle East Study*, 34. 2002)、《伊朗工人阶级和伊斯兰国家》(Haideh Moghissi, "The Working Class and The Islamic State in Iran", *Socialist Register*, 2001)。《伊朗劳动权和民主运动：建立民主社会》(Farhad Woman, Sohrab Behdad, "Labor Rights and The

Democracy Movement in Iran: Building A Social Democracy", *Northwestern Journal of International Human Rights* Vol. 10, 2012)。

第四,从家庭关系和性别角度分析是目前伊朗社会阶层研究的主要内容,这方面有大量的著作和论文,如《伊朗性别,教育,家庭结构及劳动力分布》(Hadi Saleni Esfahani, "Gender, Education, Family Structure, and The Allocation of Labor in Iran", 2010.10)和《伊朗妇女教育情况、参与社会劳动及生育率的下降》(Amir Mehryar, "Women Education and Labor Force Participation and Fertility Decline in Iran", *Iran After 25 Years of Revolution: A Retrospective and a Look Ahead*, International Wilson Center, 2004)等。

第五,有关伊朗社会职业的专门研究。这方面的成果多是在实地考察基础上进行的,因此更贴近真实情况,具有较高的参考价值。这方面的文献很多,下面列出有典型性的文章。其中有关的文章有《社会资本对人的发展影响》(A Review of The Effect of Social Capital on Human Development in Iran, *IJEFI*, Vol. 2 No. 4, 2012)、《伊朗小型企业人力资源管理研究》(Maryam Mesbahi, "Survey Human Resource Management in Iranian Small Enterprises", *Interdisciplinary Journal of Contemporary Research in Business*, Vol. 5, 2013)、《伊朗劳动力市场和国外的比较研究》(M. B. Nobakht, "Iranian Labor Market in Comparison With Other ountries", *National Interest* Winter 2006)等。

(5)有关伊朗社会经济发展现状的研究成果。其中有《伊朗的困境:经济改革和结构陷阱》(Parvin Alizadeh, "Iranian Quandary: Economic Reforms and The Structural Trap", *The Brown Journal of World Affair*, Vol. 4, 2003)、《伊朗经济是否在增长》(Nader Habibi, "Is Iranian Economy Growing?", An Assessment of the IMF 2011 Report on Iran, *Middle East Brief*, December 2011, No. 57)。《伊朗经济:伊斯兰表层下的裙带关系》(Robert Looney, "The Iranian Economy: Crony Capitalism in Islamic Garb", *The Milken Institute Review*, Vol. 1, 2006)、《美国政策事务:伊朗经济状况》(Shayerah Ilias, "Iranian Economic Conditions: US Policy Issues", *Analyst in International Trade and Fi-*

nance, April 22, 2010)。

不少研究机构和学者还从人口学和教育发展的角度展开研究。例如《伊朗教育和信息研究》(UNESCO - IBE, Educational Research and Information in Iran, *World Data on Education*, 2006/2007)、《伊朗经济发展的人口学因素》(Djavad Salehi Isfahahi, "Demographic Factors in Iran's Economic Development", *Social Research*, Vol. 67, No. 2)、《经济危机下的伊朗青年》(Djavad Salehi - Isfahani, "Iranian Youth in Times of Economic Crisis", *Working Paper*, No. 3, the Dubai Initiative, September 2010)、《伊朗城市和村庄的增长》(J. Bharier, "the Growth of Towns and Villages in Iran, 1900 - 1966", *Middle Eastern Studies*, Vol. 8, No. 1, 1972)。

(6) 有关巴列维王朝时期伊朗经济发展状况的著作。由朱利安·哈利尔所著的《1900—1970 年伊朗经济发展》(Julian Bharier, *Economic Development in Iran* 1900 - 1970, Landon, Oxford University Press, 1971.) 对巴列维王朝时期的工农业、服务业和石油业等进行了深入的研究。《伊朗——二元社会的经济发展》(Jahangir Amuzegar, *Iran Economic Development Under Dualistic Condition*, The University of Chicago Press, 1971) 从宏观社会发展的视角论述了巴列维王朝时期五个经济发展计划的制订和执行情况及存在的问题和影响。《被忽视的田园——伊朗农业的政治因素和生态》(Keith Mclachlan, *The Neglected Garden - The Politics and Ecology of Agriculture in Iran*, London, 1988) 研究巴列维王朝以来伊朗农业发展基本状况,对不同时期伊朗农村社会发展都有翔实的资料。《伊朗革命的经济根源》(Robert E. Looney, *Economic Origins of The Iranian Revolution*, Pergamon Press, 1982) 从经济发展中的矛盾挖掘伊斯兰革命的根源,反映了社会各阶层的状况和对革命的态度。

三 研究方法、特色创新与基本框架

(一) 研究方法

本书以马克思主义的阶级分析法为指导,主要采用历史学研究

法，并借鉴现代化理论、社会学分层理论进行研究。

首先，采用历史学方法研究伊朗社会结构变化过程及特点。紧密结合伊朗现代社会的经济、政治和社会发展状况，将伊朗现代历史划分三大时期，即现代化转型、全面伊斯兰化和自由化转型，分析现代化进程、政治变革对社会变迁的影响，把中产阶层置于社会结构演变的背景下来开展研究。以中产阶层产生和发展为主线，对该阶层内部构成和分布、历史地位和作用等问题进行深入探讨。在此基础上，分析各时期经济结构的变化对中产阶层发展的决定性影响，研究他们的经济政治地位变化、政治诉求和参与等问题。

其次，以马克思阶级分析法为指导，研究伊朗阶级结构和社会分层问题，将经济因素作为阶层划分的基本标准。本书还借鉴马克斯·韦伯和达伦多夫的政治因素（声望和权力）划分法，同时参考职业分层法，采用以经济因素为主要标准，综合政治因素和社会因素（社会关系网络流动性）及个人因素（教育和技能）的综合法，对伊朗社会群体和阶层进行研究。

最后，采用现代化理论，对伊朗传统社会发展状况和向现代社会过渡的转变进行对比研究，在深入研究社会变迁的基础上，剖析现代化转型对中产阶层发展的深刻影响。

（二）基本框架

论文由导言、正文和结论组成，共三大部分，基本框架如下。

第一部分是导言。阐述研究目的和意义、研究现状、研究方法、特色创新、基本框架、概念辨析等。

第二部分共六章。第一章 伊朗前现代的社会结构及中产阶层的形成。本章包括：1. 中东传统社会的群体和分层；2. 伊朗前现代社会结构和阶级结构；3. 中产阶层的形成；4. 中产阶层与立宪革命。

第二章 伊朗向现代社会转型及中产阶层发展壮大（1925—1979年）。本章包括：1. 伊朗现代化的启动及成就；2. 经济和社会的深刻变化及向现代社会转型；3. 中产阶层发展和壮大；4. 转型社会的分层及变化。

第三章 转型时期伊朗的政治变迁及中产阶层政治发展（1925—

1979年)。本章包括：1. 王权加强及中产阶层政治地位的削弱（1925—1941年）；2. 议会政治恢复及中产阶层政治参与（1941—1953年）；3. 中产阶层从西化向本土伊斯兰转变及反对王权的斗争（1953—1979年）；4. 中产阶层的联合和伊斯兰革命取得成功。

第四章 伊朗社会全面伊斯兰化及中产阶层的重塑（1979—1989年)。本章包括：1. 经济伊斯兰化：激进的社会变革及"三大运动"；2. 政治伊斯兰化：中产阶层角逐和神权体制建立；3. 社会伊斯兰化：中产阶层结构的重塑；4. 伊斯兰化对伊朗社会及中产阶层的影响。

第五章 伊朗自由化转型及中产阶层的改革要求（1989—2005年)。其中包括：1. 伊朗经济自由化改革；2. 自由化时期社会结构变化及中产阶层的发展状况；3. 保守主义兴起及二元结构形成；4. 自由化改革、改革派形成及中产阶层的政治参与。

第六章 伊朗改革停滞和"绿潮"涌动中的中产阶层（2005—2009年)。其中包括：1. 伊朗经济和政治状况及改革停滞；2. 伊朗新保守主义的兴起及影响；3. "绿潮"涌动中的伊朗中产阶层；4. 自由化以来伊朗社会变迁及改革前景。

结论部分，总结伊朗社会三次转型特点，梳理伊朗中产阶层在各时期发展变化，探讨影响其发展的各因素，评价中产阶层历史地位和社会功能，分析中产阶层未来发展趋势及对社会发展的影响。

(三) 特色创新

第一，由于目前国内外对伊朗中产阶层尚无系统的研究成果问世，从选题看，本课题具有一定的原创意义。本书对伊朗中产阶层进行了初步研究，并将已有的现代化研究成果与社会史研究有机结合起来。

第二，在研究方法上，采用社会分层法对中产阶层进行专题研究。这既丰富了社会学理论的内容，也以新的方法对中产阶层的发展脉络进行了全面梳理。

第三，与现实问题紧密结合。在伊朗社会运动日益发展的情况下，中产阶层的研究更贴近伊朗社会变革的主题。本书的研究内容有助于解答以下问题：伊朗社会变革的推动力量、社会运动内部问题及外部阻力、变革运动的发展方向和前景。

四　基本概念的辨析与界定

（一）中产阶层的概念问题

长期以来中产阶层只是一个模糊的概念，关于其内部的构成，学术界还没有形成一致的看法。学者们把那些拥有专业技术或技能的社会群体，能够在获得劳动报酬之外获取"租金"收入的人群，同时也具有相对的独立性，并在社会上享有一定"自治"地位及权利的，称为中产阶层。[1]

中国学者不仅把专业技术人员和现代管理人员等"白领工人"归入中产阶层，还将中小企业主、个体工商业者、国家机关干部、其他中等收入者都计入中产阶层群体之中。1978年中国中产阶层仅占5%，1991年约达9.5%[2]，1999年陆学艺主持当代中国社会阶层调查时把中国社会划分十大阶层，中产阶层达8000万人以上，占比重15%—18%[3]。杨继绳以收入、权力和声望等标准划分了五个阶层，中产阶层包括：工程或技术人员959.3万人，科研人员27.45万人，教师11.78万人，文艺和新闻工作者及律师600万人，一般机关干部1100万人，企业管理1000万人，中小企业主150万人，个体工商业者2571万人，其他中等收入者约1000万人，总计8585.75万人，占全国从业总人数71150万的12.3%。[4]

笔者借鉴上述划分方法，将白领工人、公职人员、中小企业主和个体工商业者等群体都划入中产阶层之中。在伊朗社会中，以专业技术人员和现代管理人员为主体的新兴中产阶层是规模相对较小的社会

---

[1] Farhad Numani, Sohrab Behdad, *Class and Labor in Iran: Did the Revolution Matter?* Syracuse University Press, 2006, p. 20.

[2] 陆学艺：《中国社会阶级阶层结构变迁60年》，《中国人口·资源与环境》2010年第7期。

[3] 陆学艺：《当代中国社会阶层研究报告》，社会科学文献出版社2002年版，第255—259页。

[4] 杨继绳：《中国当代社会各阶层分析》，甘肃人民出版社2006年版，第342—345页。

群体,这只是伊朗中产阶层中的一个构成部分。伊朗中产阶层人数最多的群体是传统中产阶层,其中最庞大的群体是由巴扎商人、作坊主和个体经营者等组成的资产中产阶层。

伊朗中产阶层包括巴扎商人、作坊主、中下层乌莱玛、中下级官员和军官、中小地主等构成的传统中产阶层,还有以知识分子群体为主的现代中产阶层等。伊朗现代化转型过程中出现了新的阶层,如技术官僚,而现代教育的发展使技术人员和管理人员等新兴中产阶层出现,现代中产阶层群体复杂化了。作坊主和巴扎商人共同构成资产中产阶层的主体部分,而现代化的发展促使现代工商业资本家群体出现,这一群体中的中小资本家占大多数,成为资产中产阶层的新的组成部分。20世纪60年代伊朗土地改革使中小地主、富农、中农和农村资本家群体成长起来,构成资产中产阶层的农村部分。詹姆斯·比尔参考伦斯基的社会阶级结构,将复杂多样的中产阶层群体分为四个群体:官僚中产阶层(bureaucratic middle class)、宗教中产阶层(clerical middle class)、资产中层阶层(bourgeois middle class)和职业中产阶层(professional middle class)[①]。这将上述各中产阶层群体都囊括进去了。

(二)阶级和阶层的区分问题

马克思以对生产资料占有关系为基础,将社会分为剥削阶级和被剥削阶级,而工人劳动所创造的剩余价值被资本家剥夺,由此形成工人阶级和资产阶级对立和冲突。在伊朗存在地主和农民间、资本家和工人间的剥削关系,但这并不意味着伊朗社会就是阶级对立的关系。马克思认为法国大革命时期"农民在生活方式、利益和教育程度方面与其他阶级不同,因而他们就形成阶级",但同时"农民只存在地域联系,而并没有形成全国性联系或任何政治组织,所以他们就没有形成阶级"。[②] 与之相似,伊朗农民群体极为分散,绝大多数村庄规模不大,整个村庄属于外乡地主所有,农产品分配上大多采用分成制,农

[①] James A. Bill, *The Politics of Iran Groups, Classes, and Modernization*, Charles E. Merrill Publishing, 1972, pp. 9 – 10.

[②] 《马克思恩格斯全集》第1卷,人民出版社1972年版,第693页。

民对地主的依附性很强，农民处于分散和隔离状态，因而无法团结和形成阶级以对抗地主。工人与农民状况相似，伊朗大工业极少，绝大多数企业规模很小，集中程度不够造成工人群体分散性很大，工人团结对抗资本家的事件较少发生。

伊朗社会冲突和对立主要表现为宗教阶层、王室、巴扎商人、作坊主、部落、外部力量、地主等各种社会群体间的利益争夺。少数民族、宗教少数派、青年、妇女等群体也是伊朗社会运动的常见力量。因而，伊朗社会阶级冲突特征不明显，阶层或群体的对立和冲突是常态。

伊朗社会中，那些没有形成全国规模的、没有组织性的阶级实际上仍是阶层。索罗金曾说："社会分层存在于社会成员之间……不平等的分层之中。"[①] 帕森斯认为："社会分层是某一社会系统中对构成该系统个人的一种差别性的分类。"[②] 阶层是自然的等级分层结构，它不具有政治性。萨迪克·津巴卡拉（Sadeq Zibakalam）认为，在伊朗具有独立性的经济部门就是巴扎，这就是巴扎商人能扮演政治角色的原因。帕萨（Misagh Parsa）认为，巴扎商人是独立的经济体，在反对国王统治的斗争中巴扎阶级认同开始出现，但巴扎商人需要伊斯兰宗教的凝聚作用。[③] 巴扎商人集传统性、民族性、伊斯兰性于一身，具有很强的经济活力，有的学者将巴扎商人视为伊朗的民族资产阶级。

但巴扎商人还不是政治上成熟的现代资产阶级，詹姆斯·比尔认为巴扎商人是一个阶层，它是社会的中产阶层，处于官僚中产阶层和宗教中产阶层之间的地位，巴扎商人是"资产中产阶层"的中心和象征。[④] 有不少学者将巴扎商人作为传统中产阶层中的重要力量。伊朗

[①] Pitirim A. Sorokin, *Social and Cultural Dynamics*, Free Press, 1959, p. 11. 转自（法）让·卡泽纳弗著，杨捷译《社会学十大概念》，上海人民出版社 2003 年版，第 121 页。

[②] 同上。

[③] Arang Keshavarzian, *Bazaar and State in Iran the Politics of the Tehran Marketplace*, Cambridge University Press, 2007, p. 58.

[④] Ibid. .

社会其他阶层更难将其定义为阶级：

1. 宗教阶层不是阶级。这一群体人数规模相对较小，但在伊朗传统教育系统和宗教司法领域占据优越地位，因而掌握了较多的社会资源，具有很高的社会声望。伊朗现代化改革极大地削弱这一群体的力量，宗教中产阶层成为反对现代化改革、对抗王权的领导力量。但这一群体还有温和、保守的一面。他们为了阻止日益强大的世俗化力量，有时还会与王权结盟，反对政治激进派的社会运动，从而成为保守力量的组成部分。这一群体内部存在派系、师从渊源的差别，政治立场也不尽相同，为了打击同行对手也与其他社会群体结合。

2. 官僚中产阶层也不是单独的阶级。他们附属于国家机构，服务于统治精英，社会地位相对较高，有较大政治权力。他们与社会下层关系较少，且常与社会下层群体关系紧张，这也是该群体与宗教中产阶层的重要区别。随着现代教育的发展，官僚中产阶层中接受传统宗教教育的政府公职人员的数量呈缩小趋势，而接受现代教育的公职人员正在壮大，这一群体又称"技术官僚"，在伊朗向现代社会转型的过程中，现代国家机构扩充和现代军队的建设都促使技术官僚迅速成长。

3. 职业中产阶层也不是阶级。这一群体人数规模小，且内部职业分化而组织性较弱。该群体大多接受西式现代教育，西方制度文明和价值文化对他们产生极大影响，他们都具有世俗化倾向，反对王权、反对保守宗教势力，赞同激进的社会改革，要求实行民主政治，因而他们又被称为现代中产阶层。

第一章

伊朗前现代的社会结构及中产阶层的形成

从伊朗社会发展状况来看，巴列维王朝之前的伊朗处于前现代阶段，是以农牧业经济为主的传统社会。这一阶段全国性的阶级还没有形成，整个社会具有明显的群体性特征。但自19世纪中叶以来，在外部挑战的刺激下伊朗阶级形成的过程加速了。

第一节 中东传统社会的群体和分层

中东地区的社会形态和政治形态是以群体性为主要特征，同时中东社会是等级分层的，社会分层既是等级秩序，又是产生不平等和社会冲突的根源。

一 中东社会中的群体

中东地区的社会关系在很大程度上由有影响力的个人所维系，酋长和牧民、地主和农民、行会首领和行会成员、教长和信徒等之间的关系构成传统社会关系的基础架构。中东社会里阶级意识比较淡薄，人们不会认为自己属于某个特定阶级，而是属于某家族、地区或群体。中东传统社会中的成员间以紧密的血缘关系为纽带，在亲属、朋友、同乡、师从渊源等关系的联结下形成群体。群体是社会的主要单位，个人终生属于某个特定的群体，个体的特性为群体特征所掩盖。成员间以"面对面"的联系为主，有较强的集体意识，个人与团体外的联系少。中东社会是由"强关系"①联结的群体社会,"弱关系"②处于较低的发展状态。基于"强关系"而形成的群体相对封闭,具排外性,且因成员具有很高的同质性,社会纵向流动性不足。

中东群体社会的政治形态为家长制和族长制。最有威望的人是本群体的族长,在群体内外都很有影响,群体内部有完整的协商和决策机制。"族长首先是效仿对象,同时也是权威;其角色是精神指导和行动榜样;族长既是创制者、规划者,又是仲裁者、惩戒者,也是监护者"。③在族长个人影响力所覆盖的范围内形成巨大的社会网。中东地区君主制实际上是族长制和家长制的更高形态,这成为中东地区的一个政治传统。

中东社会在国家机构不健全的情况下,群体政治代行其功能。中东国家权力运行多在非官方的社会群体网中进行,权力的分配和转移不是从一个机构转入另一机构,而是从个人转归个人的方式,政治精英的态度和行为是非机制化的。④中东国家普遍存在双重的政治运行系统,一方面是官方的政治系统,宪法、政党、国会俱全,民主的、

---

① 美国社会学家马克·格兰诺维特提出"关系强度"的概念,指出人与人、组织与组织和个体与社会等不同类型的关系,从互动频率、情感强度、亲密程度和互惠交换四个维度分强关系和弱关系。强关系维系着群体和组织内部的联系,弱关系则使人们与群体或组织建立起联系的纽带。参见李林艳《社会空间的另一种想象——社会网络分析的结构视野》,《社会学研究》2004年第3期。

② 弱关系即个人与体制或现代的组织机构团体之间的关系,弱关系的发展有赖于现代制度和组织机构的建立与细化。只有弱关系得到发展,个人才可以凭借与社会体制的组织机构的交往而取得纵向流动,从而提高社会分层中的地位。弱关系是在社会经济特征不同的个体间发展起来的,将处于不同等级或社会地位的人们连接起来的关系,弱关系在个体社会流动或求职等方面提供更为有用的信息。但中国留美学者边燕杰对天津居民进行调查后表示"关系强度"适用于西方社会,与中国社会流动和求职状况存在很大差别。参见白友涛、尤佳、季桐芳、白莉《熟悉的陌生人——大城市流动穆斯林社会适应研究》,宁夏人民出版社2011年版,第75—76页。

③ James A. Bill and Carl Leiden, *Politics in the Middle East*, Little, Brown and Company, 1985, p. 159.

④ Ramesh farzanfar, *The Iranian Dowreh Network and Its Functions*, Tehran University, 1979, p. 22.

多元的政治体系都架构起来；另一方面，政治实际运行仍是由个人或特权群体操控，其权力不是来自现代政治组织，而是特定的家族或社会群体。中东不少国家的总统或君主都喜欢以群体政治的决策方式来处理国政，而官方机构如国会、内阁、政党则很少发挥实际作用。伊朗立宪革命时期制定了基本法，参考比利时宪法模板建立了三权分立的政治结构，使伊朗在理论上有了宪法政治，但实际的运行和管理、权力分配、政策制定并非通过官方机构，基本法没得到遵行。

在伊朗社会最典型的群体被称为圈子（Dowreh），圈子是在利益、专长、教育背景等方面相同的人之间形成的一种社会群体。[1] 类似于圈子的群体在埃及叫"都法"（dufa），在科威特这类群体称作"迪瓦尼亚"（diwaniyya），是指成年男性讨论决定重大问题的社会组织；科威特、阿富汗和土耳其也有与之相似的群体。[2] 中东社会中，类似圈子的群体无论在城市还是在乡村，无论在上层精英中还是在中层或社会下层都是普遍现象。

圈子多是由亲属、邻居组成的群体，其群体行动和成员接纳建立在自愿原则之上，在其内部结构松散，缺乏组织程式和必要的管理机制，圈子既没有领袖也没有明确的规则，成员采用定期集会的方式，地点是轮换的。每个成员同时参与两个以上的圈子，从而成为圈子之间的联系纽带，在相互联系的圈子基础上形成了复杂的社会关系网。[3] 除了圈子的例会外，成员还要参加其他的社会性聚会，如每周五聚礼是他们必须履行的宗教义务，普通穆斯林参加茶坊、清真寺或富人家中的每日或每周聚会也是中东社会的一种习俗，此外还有行会的会员也都要定期集会，这样圈子与其他社会群体的交往就扩大了。

圈子成员应当具备一定的经济实力才能安排集会，并且要有空闲

---

[1] Ramesh Farzanfar, *The Iranian Dowreh Network and Its Functions*, Tehran University, 1979, p. 2.

[2] James A. Bill and Carl Leiden, *Politics in the Middle East*, Little, Brown and Company, 1985, p. 94.

[3] Ramesh farzanfar, *the Iranian Dowreh Network and Its Functions*, Tehran University, 1979, p. 30.

时间才能按时参加活动,而多数社会下层都不具备这两个条件,因此圈子是中东社会的中上层现象。圈子虽在农村也很普遍,但它主要是一种城市现象。圈子按照功能可分为政治类、文化娱乐类、宗教类等,按照成员类型可分为知识分子类、家庭女性类及其他职业类等。宗教类圈子的宗教领袖为阿亚图拉,其信众多是中下层。除伊斯兰教圈子外,还有基督教、袄教、犹太教和巴哈伊教的圈子。知识分子圈子由接受西式教育的语言学家、作家、现代诗人、知识分子和青年学生等组成。职业类圈子中有律师、医生、工程师等专业技术人员的圈子,还有巴扎商人或工业资本家的圈子。

圈子具有多种社会功能。首先,为成员提供心理调适的环境,可体现成员的个人价值,为他们解决个人问题。其次,以此形成了家庭的互助关系,个人寻得经济和心理的归属感和安全感。圈子作为家庭关系的扩展,是城乡间社会流动和政治经济交流的渠道,起到缓解社会紧张的作用。再次,圈子成为成员之间有效的交流平台和信息传播的渠道。政治信息就靠圈子在巴扎商人中传播,政治精英们的观点从首都向全国各地城市的清真寺、工厂、茶坊、巴扎等角落的传播在短时间内就可完成。圈子也是伊朗政治精英从下层获得信息的来源。最后,圈子成员来自不同的群体因而可以跨越阶级,其内部存在纵向流动的阶梯,因而充当了社会张力的减压阀,可降低阶级冲突的强度。

二 中东社会分层和社会冲突

大多数中东学者们认为,中东传统伊斯兰社会的结构包括七大阶级,即统治精英、官僚中产阶级、资产中产阶级、宗教中产阶级、工人、农民和牧民。[①] 20世纪初在伊朗上述各阶级是得到官方认可的,阶级也被作为政治选举的社会基础单位,1907年议会通过的选举法中规定的"六等选民",即教士、贵族、地主、商人、作坊主和农民,这是伊朗划分阶级的公认方式。20世纪以后,伊朗社会出现了两个新

[①] James A. Bill and Carl Leiden, Politics in the Middle East, Little, Brown and Company, 1985, p. 123. James A. Bill, the Politics of Iran Groups, Classes, and Modernization, Charles E Merrill Publishing, 1972, p. 7.

阶级,即产业工人和新兴中产阶级。

阶级在概念上分为"阶级结构"(class structure)和"阶级形成"(class formation)① 两种类型,几乎所有的人类社会都存在阶级结构,它是一种隐性的、客观的存在的状态,这种社会的阶级只是经济性和社会性的自然分层。不少学者倾向于将上述阶级称作阶层。中东社会的阶级特征不明显,这里的人们大多否认阶级概念,尤其是本地宗教学者认为伊斯兰社会是平等的、无阶级差别的社会。但古往今来所有的人类社会都是分层的,社会分层是一种自然的社会现象,差别仅是分层的程度不同而已。科技越发展,社会越复杂,劳动分工就越细,群体的差别及社会阶层(social stratification)的分野就越明显。② 社会群体中总有处于支配地位和从属地位之分,阶层的等级性是建立于"对财富、地位或权力的不平等的占有"之上。中东社会分层中,财富是一个重要标准,但不是唯一标准,判断阶层的标准包括由政治、经济、社会、教育、宗教等诸因素构成的复杂体系,中东社会学家又将之归结为权力和职位两项。职位本身附属了以上诸因素,中东社会成员的权力地位与职业技能直接相关;而权力就是对他人行为的影响力,这种能力来自个人出身、教育、社会关系及"政治操控能力和交易筹码"等。③

中东社会里民族、教派、职业等因素是社会分层的重要维度,纵向分为统治精英、中间阶层、劳动下层,各阶层内部又包含许多职业群体,又可细分为更多的阶层。中东社会又以家族、部族、宗派、地域、教育背景等标准在同一阶层内部再进行横向分层。社会在纵向和

---

① "阶级结构"和"阶级形成"是美国新马克思主义学者赖特提出的。见李春玲、吕鹏《社会分层理论》,中国社会科学出版社 2008 年版,第 92 页。赖特的这一学说源于马克思的阶级"自在"说(class in itself)和"自为"说(class for itself),见 K. Marx, *The Poverty of Philosophy*, Chicago, 1920, pp. 188 – 198。

② Abdolali Lehsaeizadeh, "Social Inequalities and Classification in Iran", *Center For Research and Middle East Strategic Studies, Discourse: An Iranian Quarterly*, Vol. 6, No. 1, 2004, p. 103.

③ James A. Bill, Carl Leiden, *Politics in the Middle East*, Little, Brown and Company, 1985, pp. 119 – 120.

横向分层之后趋向碎片化，其结果是呈现一种由社会群体组成的马赛克。社会各阶层是稳定的分级垒块，阶层代表了社会系统中等级秩序稳定性的框架。

社会分层中存在激烈的冲突。上层群体拥有最多的政治权力、最高的社会地位，同时也拥有最多的财富，而下层得不到资源分配。分层造成不平等的等级秩序，使社会群体不满现状，这又成为社会变革或革命的动因。詹姆斯·比尔认为黎巴嫩1975年爆发内战时，国内宗教的分界线与阶级的分界线产生重合，异质社会群体间的交叉性减弱，这导致社会冲突的烈度上升，从而使社会冲突全面爆发。[1] 社会分层的等级秩序和社会冲突体现了社会静力学和动力学的两大元素，这种二重性成为理解社会发展的一把钥匙。

在一定的历史环境和条件下，阶级成员开始意识到本阶级的利益所在，他们为本阶级利益而动员起来，经济性和社会性的阶级发生突变，成为政治性和社会性的阶级，即显性的阶级。阶级成员为了本阶级的生存和发展加入政治性集体行动中，社会发展到"阶级形成"阶段。

中东地区自近代以来出现了三次革命运动的浪潮，成为这一地区政治社会史的重要内容。其一是现代化运动，在19世纪末与20世纪之交占主导地位；其二是20世纪中叶之前伊斯兰退潮及世俗的现代主义运动兴起，如民族主义运动、自由民主运动和社会主义运动等；其三是20世纪中叶后激进伊斯兰运动逐渐取得主导地位，其规模席卷了中东地区几乎所有的国家，并形成全面复兴之势。

社会运动背后必然有"阶级形成"的动因，中东地区一旦"阶级形成"就会发生大规模的社会运动甚至社会革命，而社会经历变革或革命后又可以回归"阶级结构"的状态，因此两者之间是可以相互转化的。如果把"阶级形成"视为一种动态，而把"阶级结构"视为一种静态的话，动态和静态的交替应该是社会发展的两种常态形式。

---

[1] James A. Bill, Carl Leiden, *Politics in the Middle East*, Little, Brown and Company, 1985, p. 136.

如果脱离开社会群体或阶级、阶层，那么对社会运动的研究就难以深入。因此在关注中东社会的群体性同时，也有必要掌握其阶级或阶层的静态和动态。

第二节 伊朗前现代的社会结构和阶级结构

前现代伊朗社会是等级结构的，但这一阶段伊朗的阶级结构是经济性和社会性的，城市中主要的阶层是巴扎商人、作坊主和乌莱玛。

一 20世纪初伊朗经济状况和社会结构

20世纪20年代以前，伊朗社会处于以农牧业经济为主的前现代阶段。从经济结构看，伊朗90%的劳动力从事农业，其余10%的劳动力从事商业、公共服务和私人服务等行业。农业收入占国民收入的80%—90%，小规模的工矿企业及商业构成国民收入其余的10%—20%。[1] 由于伊朗农村土地归外乡地主所有，农业长期缺乏投资，生产条件恶化，农业发展基本处于停滞状态。鲁尔斯坦山区、库尔德斯坦山区、扎格罗斯山区存在强大的游牧部落，游牧区与定居的农耕地区相交错，农民和牧民间因土地和水源的竞争时常发生冲突。此外，英伊石油公司的经济活动与伊朗国民经济之间的关系几乎是隔绝的。英伊石油公司对伊朗当地资金、产品、劳务、管理人才等方面的需求极小，公司也从不向当地提供石油产品、借贷等金融业务，更没有帮助伊朗建立银行、保险及其他金融机构的举措。[2] 公司也没有帮助伊朗建立起石油下游产业如石化、炼油等工业。因此，伊朗虽拥有原材料、廉价劳动力、良好的投资环境，但未产生现代工业。

20世纪初伊朗95%的人口是文盲，除了宗教学校外，全国只有

---

[1] Julian Bharier, *Economic Development in Iran 1900 - 1970*, Landon, Oxford University Press, 1971, p. 5.

[2] Jahangir Amuzegar, *Iran - Economic Development Under Dualistic Condition*, The University of Chicago Press, 1971, pp. 23 - 28.

21所初中和1所高中。① 20世纪20年代以前伊朗农村人口增长率很低，平均每年仅为0.75%。人民的生活水平处在最基本的温饱线上，由于交通匮乏、物流落后，常有饥馑。

从人口结构看，20世纪初伊朗总人口986万人，其中779万人为农村人口，占总人口79%，这包括了247万游牧人口，牧民占总人口的24%。农村人口分散性大，全国总共有村庄15200个，53%的村庄居民人数都在340人以下。城市人口占总人口比例为21%②，城市人口分布于全国100个城市（5000人以上）里，其中最大的城市有德黑兰、大不里士和伊斯法罕，还有7个超过5万人的城市，其他90个城市规模都不大。③

伊朗传统社会大体分为游牧社会、农村社会和城市社会三大部分，其内部都具有很强的自组织性，村庄、部落和市区都是封闭的、自治的、自给自足的经济和社会实体。各实体有很强的独立性，与外部世界的联系较少。

1. 游牧部落的社会结构。在伊朗的游牧部落中，最小的单位是氏族，由血缘关系为基础的牧民胞族组成，氏族的大小规模依地形条件而定，从10户至100户不等。氏族头领即卡达胡达（Kadkhudes）或赛非德（Rish Safids），前者由本族人推选，由政府正式任命，而后者是没有经过正式任命的代理性地方长官。卡达胡达和赛非德的职能是解决其管辖范围内的水源和土地等争端，他们都是本族利益的保护者和内部事务的仲裁者，对外也是本族的代表人物。卡达胡达和赛非德拥有广泛的权力和相当高的权威，他们有能力将本族的财富和人力组合起来，氏族是有管理功能的和具权威性的社会实体，也是等级性的、分层化的群体组织。

---

① Julian Bharier, *Economic Development in Iran* 1900 – 1970, Landon, Oxford University Press, 1971, p. 5.

② U. K. Foreign Office, op. cit., p. 10, Encyclopaedia Britannica "Persia", 1902 edn., p. 617, *Economic Development in Iran* 1900 – 1970, p. 4.

③ Julian Bharier, *Economic Development in Iran* 1900 – 1970, Landon, Oxford University Press, 1971, p. 5.

比氏族高一级的是胞族（Tayifeh），通常都由几个氏族组成，胞族首领称"汗"（Khan）或"卡兰塔"（Kalantar）。汗用于称呼胞族首领，而卡兰塔称呼更高一级的主要首领，二者的职能和所扮演的社会角色类似卡达胡达和赛非德。比胞族更高一级即第三级的游牧组织是部落，其结构和胞族类似，例如巴赫蒂亚尔部落有55个胞族、恺什恰依部落有30个胞族（称Tireh）、玛马萨尼部落有4个胞族、波伊尔·阿赫摩迪斯部落有2胞族，卢尔地区的库尔德部落有6个胞族（称Agha）、俾路支部落有12个胞族（称Sardar）、阿拉伯部落有30个胞族。①

部落首领的角色和职能类似于胞族的汗或卡兰塔，他们不但要出身名门还要具备相应的治理才能，要保护本部落免受政府苛捐杂税的征敛，还有免于其他部落的侵害。部落首领的牙帐（Darbar）本身就是法庭，战时部落首领充任将军，平时他掌管外交和处理内部事务，如分配土地、带领族人迁徙、解决内部纠纷等，此外他还有维持本部落的文化认同的职能。恺加、巴赫蒂亚尔、恺什恰依等部落都有更高级的社会组织即部落联盟，部落联盟内都有最高权威，联盟的最高首领称伊利可汗，由部落首领推选产生，并经中央政府的正式任命。与伊利可汗平职的是暂时的代理可汗，称伊利伯（Ilbeg）。

2. 伊朗农村的社会结构。伊朗农村社会组织结构和牧民的部落结构相似。在库尔德、俾路支、卢尔等地区的农村，农民人口中有很大一部分是牧民定居而来，因此保留了部落式的关系，他们虽然放弃了游牧生活，但在之后的很长时间中仍维持了部落的组织形态。西阿塞拜疆地区定居的库尔德人有15个部落，分为75个胞族约合900个氏族，定居的农村公社组织仍类似于部落。而世代相传的农民与之不同，这些农民以村落的形态聚居，同样也是自足的、自治的群体，可以称之为村社。其长官也称卡达胡达，负责自治社区即村社的事务，当地的长官都从本村社的地主中推选出来。卡达胡达的名称是从游牧

---

① Ervand Abrahamian, *Iran Between Two Revolutions*, Princeton University Press, 1982, p. 19.

民社会借用而来。比较大的村社长官日常政务由萨非德辅佐处理,此外还有专职官员分掌具体事务,如裴卡尔(paykar)是执行官;达斯塔班(dastban)是财税官,掌管土地、收成、农畜和防务;米拉布(mirab)负责水利。

伊朗多数村庄整个属于部落酋长、领主、大地主、王室等统治精英的私有财产,也有很多村庄属于宗教地产瓦克夫。外乡地主给村庄提供监护,包括政治保护,还有维修水利设施、提供农种等,因而在农产品的分成中占有相当大的份额。村社实行生产资料共享,村社成员采用集体劳动的生产方式。耕犁队(boneh)是农村公社中强有力的组织,负责村社的主要经济活动,在农村的生产和分配等经济活动中起着决定作用。村社农产品分配采用的是一种分成制形式,按照人力、畜力、农种、水、地五大要素,依农户及地主各自贡献大小进行分成。产品消费方面,因为村民有共同的消费支出份额,因而在共同缴付政府赋税和支付手工业必需品之后,农产品才按照贡献大小进行分成。那些缺乏生产资料的村庄通常都属于外乡地主所有,地主有专门收租的代理人,称之为拜利夫(bailiff 或 mubasher),但地租在伊朗被视为地主的分成,地主分得较大的份额,且地主还控制着城乡间的农产品贸易,因而在伊朗经济中占据支配性的地位。

在20世纪下半叶之前农民大多属于这种分成制的成员,村社成员内部形成了牢固的联系,而在游牧部落地区的村社还会因为家族关系更为紧密。伊朗大部分地区自然降雨稀少,耕地中只有约1/3为水浇地,其他为旱地农业,农业用水严重依赖人工水利即坎儿井。地下水是稀缺资源,因而伊朗村庄都依水而建。只有大地主能够修建或担负坎儿井的维护费用,垄断着地下水资源。水的分配和使用制度是农村社会得以稳定的传统纽带之一①。

3. 伊朗城市社会的结构。伊朗城市社会是按照城市的区划进行组织管理的,市区长官也称卡达胡达,由萨非德推举产生,其职能和角

---

① Keith·Mclachlan, *The Neglected Garden – The Politics and Ecology of Agriculture in Iran*, London, 1988, pp. 94 – 95.

色与部落的卡达胡达相似。但由于城市居民有不少属于社会中上层，有部落酋长、高级乌莱玛（如穆智台希德）、富商等群体，还有地位显赫的家族定居这里，因而城市的行政管理更加复杂。卡达胡达之下有政务官瓦里斯、教区监护人和领祷人谢赫（shaykh al-islam）或杰玛耶赫（jom'eh al-islam）、监察官卡兰塔、水利官米拉布、法官莫巴沙尔（mobashar）、商会会长（darugheh）、市坊监察官（muhtaseb）等官员分管城市政务。城市社会中的不同群体都有各自活动的场所，如清真寺、茶坊、公共浴室、剧院和体育场等，这些公共场所均属于某特定群体使用。

伊朗城市的职业组织是行会（Asnaf）。技术精深的手工业行会都由会长负责（也称"卡达胡达"，由"萨非德"推荐）。行会内有严格的行规。行会也有特殊的家法、仪式和礼节，行会组织本身是相对封闭的社团组织，成员只进入属于本行会的公共场所。

城市下层中还有帮派（luti）组织。帮派受到各种政治和社会派系的支持，参与征收宗教税、保护费的日常事务，起到维持社会秩序的作用，是一种非官方力量。帮派起源于农村，起初地方贵族与其他贵族间常发生利益冲突，地方贵族就动员他的领地上的农户去解决纠纷，这是伊朗城市帮派的来源。[1] 帮派领袖热心于提高自己的社会威望，取得政治或宗教领袖的支持。帮派是城市下层居民的组织，在城市中以表演和娱乐行当谋生，成员具有农民家庭背景。帮派领袖从帮派中选用搏击健将来扩充武力，他们依靠武力成为地方豪强。此外帮派领袖还以帮规、荣誉、道德来约束成员的行为，他们充当着城市中各社区的保护人，法律对他们的约束很小。

帮派和乌莱玛、巴扎商人都有密切联系。乌莱玛向帮派提供政治保护，常利用帮派表达其政治立场，以此达到对政府施压的目的。帮派领袖则向宗教领袖捐赠财物。帮派在城市中代表着不同的经济团体的利益，通过声援政治或宗教派别的示威以参与政治运动。帮派反对

---

[1] Stephen C. Poulson, *Social Movements in Twentieth-Century Iran Culture, Ideology, and Mobilizing Frameworks*, Rowman and Littlefield Publishers, 2007, p. 69.

地方当局的限制，如果他们与地方政府有共同利益他们会选择支持后者。现代化进程开始以后，随着国家权力的扩张，帮派逐渐衰落，国王常动员军队扮成农民来应对宗教或政治反对派的抗议。①

二 社会群体的封闭、分散和内争

伊朗国内的地理分隔、民族差别、语言差异和教派分立等因素也造成了社会群体的分散性。首先在地理条件方面，伊朗地形地貌非常复杂造成交通不便，并且城市间道路遥远难行，沿途部落叛乱频发，陆上也缺少可以航行的河流。加上交通状况落后，中央政府的权威很难达到边远省区，各地基本上都处在地方政府、豪强地主、部落首领的支配下，各地村庄、部落和城镇是相互孤立的。只有到了19世纪下半叶随着商业经济的发展，城乡间的交流才开始加强。但另一方面，即便交通条件得到了改善也难以改变伊朗各地孤立和分散的格局。例如19世纪建成了德黑兰至大不里士的公路，但沿途经济却没有发展起来，其原因是交通的改善也方便了政府向地方征税。由于政府的横征暴敛迫使沿线居民迁往偏远的山区，交通干线一带肥沃的土地无人耕种，村庄被遗弃，因此"波斯较为富裕的村庄一般位于离交通线远的、不易于被人发现的山沟中。"② 其结果是闭塞的局面仍然没有改变，只有那些能免于政府重税和游牧部落洗劫的农村才能繁荣起来。

除了地理因素外，民族成分复杂、语言不通成为社会群体间交流的一大障碍，这是造成伊朗各地分散孤立的另一个重要原因。从语言方面讲，中央高原地区的城市人口大多操波斯语，而农村人口中有操波斯、卢尔、亚美尼亚、巴赫蒂亚尔等不同语言的居民；游牧部落里有巴赫蒂亚尔、恺什恰依、俾路支、阿拉伯、玛马萨尼等语言各异的民族。在里海沿岸的省份，农村人口中主要有操吉拉克、塔拉什、马

---

① Stephen C. Poulson, *Social Movements in Twentieth - Century Iran Culture, Ideology, and Mobilizing Frameworks*, p. 71.

② Ervand Abrahamian, *Iran Between Two Revolutions*, Princeton University Press, 1982, p. 14.

赞达兰等语言的居民；而城市人口中主要是波斯语和阿兹尔语的居民；部落牧民有操库尔德、土库曼等突厥语的民族。伊朗西部省份有操库尔德、卢尔、阿拉伯等语言的部落民；农村有操阿夫沙尔、阿兹尔、波斯、巴亚提、古拉尼、亚述等语言的居民。① 东南和东北省份的民族成分也相当复杂。

宗教派系的不同也使得伊朗社会群体差别更加复杂化。1900 年，伊朗85%的人口属于什叶派，几乎所有的伊朗城市的什叶派居民区都分为尼玛提（Nimats）和海达里（Haydaris）两种类型的教区（mahallat）。逊尼派将近占 10%，包括俾路支人、土库曼人、库尔德人和阿拉伯人。逊尼派分布于中央高原周围的库尔德、土库曼、阿拉伯、俾路支、哈拉尔等民族的部落里。非穆斯林占5%，巴哈伊教徒分布于亚兹德、设拉子、伊斯法罕和纳加法巴德，亚述基督徒分布于乌尔米耶，亚美尼亚人分布于伊斯法罕、拉什特、德黑兰和阿塞拜疆。犹太人分布于亚兹德、设拉子、德黑兰、伊斯法罕和哈马丹，袄教徒分布于亚兹德、克尔曼、德黑兰和伊斯法罕。②

城市居民以教区划分，他们因信仰不同互不通婚，日常活动的场所都是分离的。部落中，小到氏族大到部落间都充满了矛盾和竞争。穆斯林与非穆斯林之间、什叶派和逊尼派之间关系紧张。农村也充满矛盾冲突，当地的法官忙于解决村民之间的土地纠纷。社会群体内部矛盾重重，充满利益冲突。由于语言、民族成分、宗教信仰等方面的差异，伊朗社会群体具有很大封闭性，各个社会群体很难突破上述各种因素的限制，因此无法形成全国性的、跨越地域、民族和教派的阶级。

三　前现代伊朗阶级结构

从阶级结构看，伊朗社会呈金字塔形。社会上层群体在人口结构中的比重很小，位于金字塔的顶端，包括王室成员、地方贵族（ay-

---

① Ervand Abrahamian, *Iran Between Two Revolutions*, p. 15.
② 哈全安：《中东史》，天津人民出版社2010年版，第389页。

an）和豪强、部落首领（khan）、领主（tuyuldar）、大地主（malekin）、高级乌莱玛、富商（tujjaramdeh）等。处于金字塔中间的是各级地方长官（kadkhudes），还有中下层乌莱玛、中高级军官和官员、作坊主、巴扎商人、中小地主，这也是社会的中间阶层。中间阶层的人数规模和所占的人口比例，没有准确的数据，这一阶层大多数居住于城市，其人数超出城市人口一半以上，因而城市中间阶层人数占总人口比例高于10%。伊朗农村个体农户所占土地不到17%，中小地主和富农等中间阶层占农村人口约25%[①]，占人口总数近20%。伊朗农村和城市中间阶层人口总数略高于30%。农民、牧民和手工工人及贫民是社会下层，占人口近70%。

前现代伊朗社会中，城市的中间阶层具有很强的影响力，它包括乌莱玛、商人和作坊主三大阶层。伊朗传统社会的中间阶层人数比例虽然不大，但也具备一定的经济实力和很强的组织性，能够在一定条件下形成对王权的挑战，并迫使当局做出让步。社会运动中的领导者和主力军通常都由中间阶层的某一群体来充当。

宗教阶层是伊朗社会中的一个独特阶层。乌莱玛是由宗教学者和教法学家组成的群体，拥有较高的经济地位、政治权力和社会声望，在前现代阶段的国家政治中是不可或缺的组成部分，是伊朗传统社会的精英群体。萨法维王朝将伊斯兰教什叶派作为其统治的合法性来源，从而凝聚国力，在与信奉伊斯兰逊尼派教义的奥斯曼帝国的对抗中加强国民的国家认同，什叶派占据国教地位。伊朗也形成了正统的什叶派教阶制度，位于什叶派乌莱玛阶层顶端的大阿亚图拉依赖国家支持，以获得经济和政治资源及较高的社会地位。

什叶派宗教阶层在伊朗穆斯林社会日常事务中承担了管理者的角色，穆智台希德（mujtaheds）作为信徒的效仿渊源[②]（emulation），其

[①] Mansoor Moaddel, *Class, Politics, and Ideology in The Iranian Revolution*, Columbia University Press, 2013, pp. 72 - 73.

[②] "效仿渊源"波斯语"marja'- e taqlid"，英语 emulation 或 source of imitation，见 David Menashri, *Post Revolutionary Politics in Iran Religion Society and Power*, London Frank Cass, 2001, p. 13.

宗教指示具有一定的法律效力，伊斯兰的社会法得以执行。每个效仿渊源都有众多信徒，其对信徒影响很大，并以自己为核心各自形成相对封闭的社会关系网。乌莱玛垄断了教育和司法两大领域，承担了教育和民事司法（shar）及立法等功能。乌莱玛与巴扎商人之间存在紧密的经济联系，神学院的教学经费、宗教慈善机构的款项和其他宗教活动的经费的一大部分都是由巴扎商人捐献的。在前现代的伊朗，巴扎商人的子女几乎都进入宗教学校接受神学教育，不少因而成为宗教阶层的成员。乌莱玛和巴扎商人之间还有通婚的习俗。

由于什叶派乌莱玛依靠宗教税和瓦克夫宗教地产等财源而具有相对的独立性，在国家政治中处于相对独立的地位。[1] 在恺加王朝统治下，乌莱玛也建立了独享的宗教统治地位，其力量得到增强，而同时这也成为恺加王朝统治得以巩固的一大支柱。恺加王朝是部落后裔，为使其统治合法化必先脱离部落的统治方式，使国王由部落领袖转变为国家领袖，并建立健全官僚行政体系。乌莱玛阶层中有的和恺加王朝合作，依靠其支持以半官方的身份获得利益。有的宗教领袖只专注于学术研究；而一些宗教领袖更善于从政；还有的宗教领袖热心于赢得大众关注。[2] 不同的政治力量或集团寻求不同的宗教精英作为各自的政治盟友。

乌莱玛是社会的特权阶层之一，有较高的社会地位。为提高威望和维护其权威地位，宗教高层内部有激烈的竞争。什叶派乌莱玛分两个学派，阿克巴里学派主张宗教要脱离社会和政治，而乌苏里学派自19世纪以来与王权紧密结合，成为占统治地位的流派。乌莱玛之间还存在民族、地区和学派等方面的差别。师从渊源、所属学校、被同行的认可程度、资格辈分、财富基础等都对乌莱玛中的个人在本阶层中的地位产生影响。宗教领袖米尔扎·哈桑·设拉齐的威望和影响力远超过其他的穆智台希德，这是因为他吸引了更多的商人支持，拥有更多的资金因此有更广的社会基础和影响力。其家庭背景来自宗教和商

---

[1] Stephen C. Poulson, *Social Movements in Twentieth-Century Iran Culture, Ideology, and Mobilizing Frameworks*, p. 64.

[2] Ibid., p. 67.

人的结合,他的学生也长期接受商人的资助。随着其学派的扩大,自身的权威便得到增强。[1]

宗教阶层中存在两派对立的力量,一派以萨德尔(sadr)为首,另一派以穆智台希德为首。自萨法维王朝以来,萨德尔是宗教机构的首脑,负责宗教事务和宗教基金的管理。萨德尔在司法方面拥有很大权力,还拥有巨额资产。萨德尔是宗教首领,通常被授予伊玛目杰玛耶赫的头衔,较低的头衔还有谢赫伊斯兰、穆塔瓦里、哈菲兹、穆达里斯(mudarris)、纳马兹(pish namaz)、卡迪(qadi)等。以萨德尔为首的宗教群体本身是政府机构的一个组成部分,成员都是国王任命的。

穆智台希德及其什叶派信徒是脱离世俗政治之外的社会力量,他被人视为离隐遁伊玛目最近的人,对教法有解释权和创制权。这一群体内部的教职高低是基于学识和什叶派信徒的支持而进行划分的,在这类群体中精神权威是权力的来源。两派经过长时间的争斗,至萨法维王朝晚期,穆智台希德的地位提高,超过萨德尔一派。

恺加王朝时期穆智台希德的权力继续增长,法斯阿里汗时期这一派力量达到极盛。萨德尔派以谢赫伊斯兰为首,在各大城市中他们是当地的首席法官,受到君主任命和资助。但19世纪之交,萨德尔派已经衰落。为平衡穆智台希德的力量,恺加王朝的纳赛鲁丁汗国王支持伊玛目杰玛耶赫,使其成为当地清真寺星期五礼拜的领祷人。伊玛目杰玛耶赫在主要的几个大城市中的权力开始增长。他们受政府任命,拥有瓦克夫地产,开始扮演萨德尔派的角色。第一任杰玛耶赫是纳赛鲁丁汗的女婿。两派的对立和争斗因而再次出现,立宪革命中就有一派支持国王,这一派的领导人就是杰玛耶赫。[2] 巴列维王朝时期,两派的争斗仍然存在,而有世俗倾向的杰玛耶赫一派更有优势,因为国王实行工业化和西化改革其削弱的主要对象就是穆智台希德,国王

---

[1] Stephen C. Poulson, *Social Movements in Twentieth - Century Iran Culture, Ideology, and Mobilizing Frameworks*, p. 66.

[2] James A. Bill, *The Politics of Iran Groups, Classes, and Modernization*, Charles E. Merrill Publishing, 1972, p. 24.

也有意识地支持世俗派的宗教力量反对穆智台希德。

其次是商人阶层。伊朗传统社会中,商人具有很高的声望和社会地位,这源自伊斯兰文化中具有崇商的价值观念,从伊斯兰经训中可以发现不少赞美商人的句子,先知对商业贸易有着极大的兴趣。"信誉好的商人是先知和殉道者的朋友。在末日审判到来的时候诚信的商人将沐浴在安拉的荣耀之光下"。"商人是安拉的信使,也是安拉所信赖的人。"① 等等。因此伊斯兰文化也是一种崇商文化。对穆斯林来说经商是最优的谋生之道。人们倾向于认为商人是他们中最虔诚的人,商人是最安全也最能满足人们愿望的人,是社会各阶层中最受尊敬的人。

伊朗处于丝绸之路的商业要道上,具有发达的商品生产体系。早在前资本主义时代伊朗商业已经非常繁荣,古代波斯与拜占庭、巴格达等城市存在密切的商贸往来,与阿富汗、土耳其、印度和中亚等国家的商业往来也非常密切。从近代开始伊朗主要与英国、俄国、印度进行贸易,1800—1914 年伊朗外贸额增长了 12 倍之多。②

大商人群体在伊朗社会中的经济地位很高。从事批发贸易的大商人(tajir)是长途、大型的国内外贸易中的主角,这一群体控制着城市主要的经济活动。在地方的金融活动中,大商人扮演重要角色,地方政府的财政要靠他们来保证。但经济地位并非商人阶层形成的唯一重要的因素。伊朗商人拥有良好的教育背景,被视作居住于城市中的贵族。在城市中,商人和宗教精英穆智台希德之间有着密切的关系,什叶派伊斯兰传统文化是商人阶层形成的重要因素。

最后是作坊主。在手工作坊内部,作坊主雇佣家庭劳动力,与学徒之间大多也是家庭亲属关系。学徒可以成长为新的作坊主。19 世纪伊朗城市中行会制度严密,许多手工业行会都有自己的巴扎,作为他们处理内部事务的地方。手工业行会组织联合的程度很高,在城市经济生活中扮演了重要的角色。行会的主要职能是选举会长和收缴会

---

① Mansoor Moaddel, *Class*, *Politics*, *and Ideology in The Iranian Revolution*, Columbia University Press, 2013, p. 104.

② Ibid., p. 103.

费，具有行政和财政两项职能，主要的职能是税务，税率是由行会和政府共同协商并长期固定。商品的定价由行会在月初确定。行会在内部事务上具有司法裁判权，一方面避免行会内部竞争，另一方面对外垄断，新开办的作坊必须报会长批准。行会会长多采用世袭制，会长由行会推选但由政府批准和任命，因此受后者控制，与政府之间有密切的关系。

在前现代阶段，各阶层内的职业群体普遍存在世袭性。民族、性别、教派、家庭出身等作为先赋因素在分层中扮演着重要的角色。社会分层刚性很强，不同阶层间的纵向流动较少发生，社会阶层间流动的上下阶梯呈现出窄、细、长的特点。社会阶层的经济收入、政治地位和社会声望三者重合度较高。在传统社会，权力和财富在各阶级中的分配是不平等的，商人、贵族、地主、农民等群体之间的差别是一种阶级性的，但这一阶段伊朗阶级是经济性和社会性的，还没有进入阶级形成的阶段。

从政治结构看，伊朗呈现出宗教、王权、部落多极分立的格局。宗教是王权之外另一合法性来源，穆智台希德发布的法特瓦既可以是伊斯兰社会的法律，也可以是政治动员的命令，在特定历史时期可以对王权合法性形成挑战。恺加王朝时期，王权与乌莱玛的关系微妙，二者合流时后者是政府与民众协调关系的工具，二者反目时后者则是引领民众推翻政府的革命旗手。[①] 部落也是伊朗政治中的一极，国家统治表现出部族政治的特征，部落首领被任命为各省总督，在其封地上拥有行政、军事、税收和司法大权。伴随着部族力量的逐步扩大，部族分裂割据的局面逐渐形成，国家的统一和王权受到威胁。[②] 由于各地交通不便，中央政令难以下达，各地的豪强、地主紧密控制着社会下层。

恺加王朝时期伊朗政治权力是分散，王朝没有建立起完备的官僚体系，政府的行政管理效率很低，各地的管理松弛。而地方豪强（主

---

① 彭树智主编，王铁铮、黄民兴等：《中东史》，人民出版社2010年版，第174页。
② 同上书，第158页。

要是大地主和部落首领）也不能完全控制其管辖范围内的部落和教派群体，因此无法与中央抗衡。①恺加王朝利用部落内各家族的矛盾使他们相互牵制，以削弱潜在的对手等方法进行统治。部落首领日益向地主化、商人化和官僚化方向发展，恺加王朝以册封部落首领的方式将之纳入国家体系，加强了对游牧部落的控制②。

由于恺加王朝统治者无圣族后裔的高贵血统，其统治权力的合法性面临什叶派乌莱玛的质疑，教俗矛盾逐渐显现。③宗教高层的穆智台希德只是暂时、有保留地承认现世的世俗君主的统治，他们宣称只有隐遁伊玛目才具有政治合法性。从政治结构看，伊朗呈现出宗教、王权、部落多极分立的格局。

第三节 伊朗中产阶层的形成过程

一 传统中产阶层的形成

19世纪中叶以来，西方文明给伊朗带来电报网、公路、铁路等交通和通信业，报刊的发行、邮政的运行增强人们的交往能力，拉近了各中心城市的距离。国外工业品的大批进口使国内贸易增加，伊朗农产品出口的日益增长改变着自给自足的传统经济，农业开始商品化，逐渐形成的国内市场吸引着地方商人，这也加强了城乡联系。出口商、放贷商与农村的联系加强了，民族资本得到发展。伊朗传统社会的等级结构在社会群体流动的冲击下开始松动，社会群体间的横向联系开始加强，从而超越了地域、民族和教派等因素的分隔。伊朗传统社会分散、隔离的状态开始被打破，巴扎商人和手工业主逐渐向跨地区、跨民族、跨教派的方向发展，最后转变成为全国范围的力量。

---

① Ervand Abrahamian, "Factionalism in Iran: Political Groups in the 14th Parliament (1944—1946)", *Middle Eastern Studies*, Vol. 14, 1978, p. 23.
② 哈全安：《中东史》，天津人民出版社2010年版，第395页。
③ 同上书，第390页。

外部威胁是伊朗社会群体"阶级形成"的原动力。这一时期外国资本加强渗透,西方工业产品的倾销对伊朗本土工商业形成猛烈的冲击,伊朗商人在国内市场中逐渐失去原有的地位,他们处于外国资本的支配之下。民族工业也遭到重创,有不少传统手工业逐渐消失。巴扎商人和作坊主的生存受到威胁,但恺加王朝不能给予他们必要的保护。为了共同对付外国资本和恺加王朝间的联盟,二者走向联合。巴扎商人和作坊主原本就有紧密的经济联系,且以什叶派宗教意识形态和伊斯兰文化价值观为共同的纽带,因而在政治上有很强的活力。城市中的乌莱玛阶层是一支强大的、独立的政治力量,该阶层与巴扎商人之间存在千丝万缕的联系,乌莱玛生存和发展的大部分经济来源是由巴扎商人提供的,前者又为后者提供政治庇护。同样,乌莱玛和作坊主之间也存在紧密的联系。乌莱玛、巴扎商人和作坊主形成经济上的利益共同体,其中的某一群体因利益受损而发出抗议就会得到其他两个群体的声援。这在"烟草运动"中得到充分的印证。

1891年4月纳赛鲁丁国王向英国商人塔尔波特出让烟草专营权的事件引发了设拉子市巴扎商人的抵制行动。这一运动在全国迅速蔓延,伊朗各主要城市,德黑兰、伊斯法罕、大不里士、马什哈德、加兹温、亚兹德、克尔曼沙阿等城市都爆发了抗议运动,抗议运动不断扩大进而形成全国范围的总罢市。运动是由宗教领袖领导,大阿亚图拉以法特瓦的形式宣布全国性禁烟运动①,禁烟运动也得到境外宗教中心卡尔巴拉的宗教领袖的支持。通过宗教的纽带,商人与外国资本的冲突转换成了穆斯林反对外国资本入侵的斗争,从而动员更多的社会群体反对外部力量。在伊斯坦布尔的阿富汗尼和在伦敦的马尔克姆汗也声援禁烟运动,此外也有沙俄等外部力量支持伊朗国内的烟草运动。德黑兰发生大规模街头抗议,王室地产上的农民和手工工人也参加了抗议运动,这样各种社会力量一起行动形成空前的压力,最后迫使国王就范。

---

① 一说此禁烟的法特瓦是一群商人伪造的,由于宗教领袖支持禁烟,态度谨慎,没有对法特瓦的可靠性提出质疑。参见 Mansoor Moaddel. *Class, politics, and ideology in the Iranian revolution*, Columbia University Press, 2013, p. 113.

从烟草运动开始，伊朗社会发生了一个根本性的变化，即地方的暴乱开始具备了发展成全国运动的条件。在外国资本渗透加强的情况下，巴扎商人、作坊主和乌莱玛之间因"烟草运动"中政治动员而组合，他们突破民族、宗派、语言、地域分隔的局面，进而发展成为全国性的阶级。运动中，传统中产阶层得到现代中产阶层的支持，最终取得胜利，这显示出阶级形成后在政治动员和组织形式等方面的优势。伊尔万德·阿布拉合曼说："19世纪后期伊朗两大阶级已经形成，旧的社会结构解体，小资产阶级与乌莱玛的阶级意识逐渐觉醒，形成了共同的政治经济利益。"[1]

传统中产阶层形成后对伊朗现代政治的发展产生深远的影响。面对现代思想的挑战，伊斯兰社会需要创新传统文化或发动改革运动来促进社会变化和进步。宗教阶层是传统中产阶层一支较早觉醒的力量，进步的乌莱玛企图在伊斯兰和现代思想之间建立起沟通的桥梁，努力使伊斯兰政治理论与立宪政治思想相融合。通过改进伊斯兰实现伊斯兰和现代性的统一，伊斯兰现代主义发端。伊朗立宪革命时期，塔巴塔巴伊、纳伊尼、卡沙尼等宗教知识分子将什叶派政治理论与立宪政府观念相协调。宗教阶层要求建立一个强有力的中央政府，保护商业和民族工业的安全和发展，结束外国资本对本国的控制等。

二　现代中产阶层形成

恺加王朝后期开始，伊朗社会中逐渐形成第一代知识分子，其活跃的时间是从19世纪20年代至20世纪20年代。现代知识分子是伊朗现代化改革的产物。伊朗在第一次伊俄战争（1804—1813年）中遭到惨败，被迫签订《古利斯坦条约》，丧失了大片国土；1828年第二次伊俄战争中再次失败，签订的《土库曼恰伊条约》使伊朗丧失了领土、司法及海关主权。对俄战争的失败促使恺加王朝着手实施改革，改革最先在军事、工业和技术等方面展开，以此达到富国强兵的

---

[1] Ervand Abrahamian, "Factionalism in Iran: Political Groups in the 14th Parliament (·1944—1946)", *Middle Eastern Studies*, Vol. 14, 1978, p. 23.

目的。为加强军队伊朗采用军事教程和语言教材,成立军校和翻译学校,同时西方文学、史书和医学典籍也传入伊朗,政府还创办官方报纸《时事报》等杂志及出版物。19世纪中期伊朗现代学校开始出现,接受现代教育的毕业生和留学生、职业外交官等群体成为最早的知识分子。

另外随着西方思想和现代理性的传播,伊朗社会中贵族、王室成员、公职人员、商人和乌莱玛等群体最先接受新的观念和思想,其中受到思想启蒙的成员成为知识分子群体新的来源。该群体不乏社会上层成员,如改革派的政府官员,如埃米尔·卡比尔和阿敏·道拉等,甚至还有开明的皇室成员如阿巴斯·米尔扎等。现代知识分子与王室知识分子不同,他们不依附于王权,要求改变落后现状,实行政教分离和引入西方民主制度,在经济、政治和社会方面进行比较彻底的改革。

现代知识分子开办报刊,方便了思想交流。1875年加拉勒·大不里兹创办《星报》(Aktar),1890年马尔克姆汗在伦敦创办《法言报》(Qa'nun)。伊朗人还在开罗创办《智慧报》(Hakmat),在印度创办《团结报》(Kaghai–I Ittifaq)等[1]。知识分子创办的报刊抨击专制王权,宣扬民主、改革、宪政和法治等思想,起到了传播新思想和开启民智的作用。还有的知识分子致力于文学创作,他们强调民族主义,并向专制王权发起挑战,要求改变腐败和低效的官僚体制,他们还关注社会的衰退现象。知识分子由于成员来自不同的群体或阶层,该群体并不是一个独立的阶级,但他们都具有现代教育背景和新思想,都有明显的西化特征,从而形成了一个独特的群体。该群体在唤醒民族意识、伊朗现代化的启动及促进社会变革等方面起到了积极作用。

纳赛鲁丁汗时期(1848—1896年)工矿业、银行业、铁路交通、公共服务业等现代行业开始出现,现代化的发展需要现代教育为其培育和输送人才。恺加王朝开始教育改革,建立了第一所世俗学校"大

---

[1] 王泽壮:《阿里·沙里亚蒂思想研究》,南京大学,博士学位论文,2008年。

学堂"（Dar-fonun）以培养现代化人才。①1867年大不里士成立第一所现代小学，1901年德黑兰已建成7所小学，设拉子、马什哈德、拉什特和布什尔等各有1所小学。1910年伊朗国内小学增至113所，有10531名学生，其中1/3是女子学校。1906年至1922年伊朗小学教育发展较快，农村也开始出现小学。②为适应城市社会发展的需求，1898年德黑兰还成立了私立初中，主要课程有波斯语、历史、宗教、数学、伦理、几何、艺术等，学制实行6年学制。同年德黑兰成立高中尼扎姆（Nezam），可以为军队输送专业人才。1911年立宪政府的教育部也成立了国立小学和中学，都采用法国教育模式，课程有世界历史、阿拉伯语、语法、文学、地理、历史、写作、数学、物理、化学、生物、地理、药学，学制为6年。高中阶段学习初等经济学、动物学、几何等。伊朗现代高等教育也在发展，20世纪初伊朗外交部、农业部、教育部、司法部等部门也分别建立大学，当时首都有6所大学，1934年合并为德黑兰大学，坐落于首都郊区的卡拉季，开办有文科、理科、教育、法律、医学和农学等专业。③

伊朗接受现代教育的人主要来自工匠、政府官员和富商等家庭，现代学校的学生毕业后进入政府部门担任要职，有的留校任教，还有的出国深造。这一时期回国留学生也增多了，他们从事于现代教育，开设新课程。现代知识分子群体逐渐壮大起来。从19世纪70年代后，欧美传教士在伊朗建立教区，开办教会学校和女子学校，此外还开办语言学校，如法国的联合法语学校和英国清教徒开办的语言学校等④，这也是伊朗现代知识分子群体增长的一个因素。

知识分子是伊朗社会中思想启蒙的导师。他们提倡学习西方，主张从西方文明中吸收进步因素以改变伊朗的落后面貌，其代表人物是哲马鲁丁·阿富汗尼。他认为传统知识已经落后，应以科学、理性和

---

① Hossein Godazgar, *the Impact of Religious Factors on Educational Change in Iran Islam in Policy and Islam in Practice*, the Edwin Mellen Press, 2008, pp. 83, 84.

② Ibid., p. 86.

③ Ibid., pp. 85, 86.

④ 王泽壮：《阿里·沙里亚蒂思想研究》，宁夏人民出版社2013年版，第47—48页。

现代先进技术使伊朗走上独立和富强。这一时期进行思想启蒙的知识分子有提倡自由和权利的塔莱布夫，还有用西方哲学重新释读前伊斯兰文化的米尔扎·克尔曼尼等。

知识分子也是社会改革的引领者。其代表人物有伊朗经济学家马尔克姆汗，受土耳其坦齐马特改革的启发，他主张首先在司法和行政等方面进行改革，并在军队、教育、税务和金融等方面进行较为全面的改革。马尔克姆汗提出"殖民有益论"，反对闭关锁国求独立的方法，主张与西方国家进行贸易往来。他向米尔扎·侯赛因汗请求进行变革。马尔克姆汗的开银行、修铁路、办学校等主张都得到实施，1876年恺加王朝邀请奥地利专家修建造币厂，1878年一座现代化的货币局在德黑兰成立。[①]此外，在大不里士的阿兹尔知识分子创办了突厥语期刊《知识财富》，其代表人物有阿里汗和坦齐栽德等，他们都是接受西式教育的现代化改革的倡导者。德黑兰的知识分子群体组织学社，还在首都开办了55所世俗中学，其领导人是什叶派教师摩塔卡勒敏，他也是阿富汗尼的追随者，要求进行现代化改革。

知识分子依靠末代王朝的专制君主推行改革是无法成功的，因为改革遭到了来自贵族和保守乌莱玛的反对。19世纪80年代改革运动失败后，知识分子开始转向革命。他们联合宗教阶层，其斗争的阵地也从国家机构转向激进的新闻媒体领域。知识分子开始提出宪政主义，代表人物有赛义德·杰玛尔（Seyyed Jamal）和阿胡德·栽德（Akhund Zadeh）等。赛义德·杰玛尔反对专制统治，强调公民基本权利及言论和选举自由，要求实行三权分立的民主政治。但他又强调伊斯兰法则的实行，议会不能成为立法机构，只有上帝才具有立法权，议会的职责是监督伊斯兰法的执行。[②] 这类知识分子都是宪政主义的鼓吹者，他们竭力主张将伊斯兰与现代宪政相结合。他们认为伊斯兰在规范个人行为及动员大众反对西方入侵的斗争中是唯一有效的途径，因而致力于从经典信条中引申出现代科学的法则。

[①] 彭树智主编，王铁铮、黄民兴等：《中东史》，人民出版社2010年版，第235页。

[②] Asghar Fathi, "Ahmad Kasravi and Seyyed Jamal Waezon Constitutionalism in Iran", *Middle Eastern Studies*, Vol. 29, No. 4, 1993, p. 708.

宪政主义的主张遭到阿亚图拉法兹勒·阿拉·努里（Fazl Allah Nuri）的反对，他认为立宪政府与伊斯兰是不兼容的。阿兹尔人（伊朗阿塞拜疆族）艾哈迈德·卡斯拉维也反对宪政与伊斯兰的结合，卡斯拉维虽然也出身教士职业，但他与努里有很大差别，他是现代世俗主义的鼓吹者，他认为部族、语言、教派等方面的问题是伊朗落后的根源。卡斯拉维批判宗教与现代社会格格不入，宗教导致人民各种不幸、冷漠和自大，阻碍了改革和社会进步，宗教机构贻害民众，是造成伊朗落后和不发展及各种不幸的根源。宗教被西方国家利用，以实现其政治目标，他指出这样的伊斯兰只是打着安拉的幌子。卡斯拉维的思想对后世产生深远影响，20世纪20年代和30年代阿里·阿赫黙德、哈里尔·马勒克等（Khalil Maleki）都承袭其思想成为世俗主义知识分子。

烟草运动结束后，恺加王朝政策开始转向政治高压，日渐远离"危险"的改革，如限制现代教育的发展，减少与西方国家的联系等。恺加王朝在20世纪初实行了一些自由主义政策，这为政治反对派的发展创造了有利时机。现代知识分子群体中产生了许多革命组织，如德黑兰就有30多个拥护宪政的政治组织，此外还有行会、宗教学生、专业技术人员、少数民族等群体的政治社团等。各省议会的议员大多由巴扎商人组成，他们发展为独立于地方政府之外的权力中心。

19世纪末20世纪初，伊朗知识分子群体成长为一个独特的阶层，其人数规模较小、内部成分复杂，因而还不是一个独立的阶级。知识分子群体中领取工薪的专业技术人员逐渐增多，群体呈现职业分化的特征，因此被称为职业中产阶层，该群体因接受现代教育和现代思想而称为现代中产阶层。恺加王朝晚期，激进报刊大量涌现，由6家增至100多家，中产阶层的政治组织得到发展。革命组织中最大的有社会民主党（Social Democratic Party）、人文学社（Society of Humanity）、革命委员会（Revolutionary Committee）、秘密会社（Secret Society）和秘密中心（Secret Centre）等。创建于大不里士的秘密中心由12名激进知识分子组成，成员有商人、公职人员、知识分子等，领导人是谢赫派商人阿里·卡尔巴拉，与传统商人不同，他熟知法国文学和西方哲学。秘密中心的政治要求包括进行社会改革和改善工人处境等。

成立于沙俄境内高加索地区的巴库的社会民主党是由巴库当地的伊朗人组成的,其社会基础是巴库油田的伊朗工人,党的领导人是伊朗的阿兹尔人教师纳里姆·纳里马诺夫,成员多是阿兹尔人知识分子。人文学社的建立者阿巴斯·库里汗曾任司法部的高级官员。学社的成员多来自社会中上层,该组织要求政治平等和自由,主张通过社会改革促进民族进步和发展。

革命委员会于1904年在德黑兰市郊区成立,其最初的成员是76名激进知识分子,其中有15名公职人员、8名教师、4名作家、1名医生、14名宗教人士、1位酋长、3名商人和4名手工业主等。他们都是通过世俗学校教育而熟悉西方制度文明的,且大多数精通外语,深受阿富汗尼、马尔克姆汗思想的影响。该组织成员年龄为40—50岁,来自贵族家庭的3人,来自乌莱玛家庭的有21人,来自公职家庭的有7人,来自巴扎商人家庭的有8人。[①] 他们主张向宗教阶层寻求支持,争取宗教阶层及官员和军官当中的自由派,通过媒体传播立宪民主思想,主张实行法治和社会公正。

这一时期传统中产阶层中也形成了政治组织秘密会社,该组织成立于1905年,属于温和改革派。秘密会社的成员向《古兰经》宣誓接受马赫迪思想,尊重乌莱玛的权威和实行伊斯兰法,他们反对压迫,要求实行土改和行政改革,中央向地方分权。"秘密会社"与首都的穆智台希德赛义德·阿布杜拉·巴哈巴哈尼和赛义德·穆罕默德·塔巴塔巴伊有密切关系。伊斯法罕商人还成立了伊斯兰公司,它是首个全国范围的组织,提出培育现代工业、保护传统手工业和争取国家独立等主张。

19世纪末20世纪初从伊朗群体社会中孕育出传统和现代两类中产阶层,两类中产阶层各有不同的经济利益和政治诉求。传统中产阶层占有生产资料,对国家依赖性较小,经济上较为独立,在政治上传

---

① Ervand Abrahamian, *Iran Between Two Revolutions*, Princeton University Press, 1982, p. 78.

统、保守，具有浓烈的伊斯兰性。传统中产阶层反对社会革命，但又追求民主和自由，因此既想革命又容易妥协。与之不同，现代中产阶层不占有生产资料，其所具有的专业技术和管理资质使其在生产过程中处于一种"自治"地位。现代中产阶层是脑力劳动者或称"白领"工人，其文化程度较高，深受西式世俗教育的影响，有世俗化倾向，倡导激进的社会革命。两者在社会文化和习俗方面，在生活习惯、衣食、娱乐、语言等方面差别很大。

尽管传统和现代两类中产阶层差异很大，政见存在分歧，但二者在推翻恺加王朝和实行宪政等方面达成一致。革命委员会的马赫迪·马勒克栽德说："如果恺加王朝能成为民族利益的代表，原本可以此建立中央政府的权威并继续进行统治。但它出卖国权，不能担当民族利益的保护者，在共同的外敌面前继续实行分治的老办法显然已经过时，社会动荡的大海终将打翻整个航船。"① 中产阶层对王室腐败、现代化速度过慢等现状极为不满，产生了改造伊朗社会的强烈愿望。他们要求民族独立、发展民族经济和参与政治，共同的政治和经济要求促使巴扎商人、手工业主、乌莱玛和知识分子等社会力量走向政治联盟，中产阶层的联盟正在形成革命之势。

三 中产阶层联盟的形成和立宪革命运动

中产阶层推动了革命的发展。经济危机是政治革命的导火索。1905年中央政府财政发生困难，推迟了还贷日期从而引发了经济危机。农业歉收也造成物价上涨，政府收入减少，政府增加税收的政策引起社会各阶层不满，从而激化了社会矛盾，引发城市中产阶层的抗议运动。在穆哈兰月（muharram）的宗教节日，巴扎商人首先举行抗议运动，要求政府停止损害民族工商业的政策。乌莱玛也加入运动，支持抗议的商人。政府的镇压反而导致运动规模扩大，库姆的宗教阶层也加入抗议运动，手工行会的业主和富商为运动提供经济支持。妇女团体和学生团体也都加入运动，示威者发表政治演说，反对恺加王

---

① Ervand Abrahamian, *Iran Between Two Revolutions*, p. 74.

朝的统治,世俗学校的学生提出实行共和政治。各地政要都向政府发出通电,要求撤换首相和召开议会。

社会各阶层提出实行君主立宪和召开议会的主张,抗议运动逐渐发展成为立宪革命运动。革命参与者主要是城市中产阶层,其中包括巴扎商人、神学院和世俗学校的学生、神职人员和公职人员。参与者有商业公司及手工行会的成员,有穆斯林和非穆斯林,波斯民族和非波斯民族,海达尔派和尼玛提派、谢赫派和穆塔沙尔等教派,有什叶派和逊尼派等。

社会下层的广大民众虽然仍支持王室,但保持沉默,并没有诉诸行动。王室成员中的保守派也看到形势已经无法挽回,他们劝告国王接受宪政。国王被迫让步,1906年8月5日宣布召开立宪会议,制定宪法。1906年10月7日伊朗第一届议会召开,通过了第一部宪法即基本法,这也是东方较早的一部资产阶级性质的宪法。同年12月30日基本法由国王批准执行。基本法规定,成立上下两院,实行立法、行政和司法三权分立;在宗教法庭之外成立世俗法院;在各省和州的恩楚明(即委员会);什叶派伊斯兰教为国教,成立五名高级教士组成的监护委员会监督伊斯兰法的执行①。立宪革命取得成功。革命委员会的马勒克栽德评价说:"没有传统中产阶层的参与,要结束旧秩序是不可想象的。"② 革命打破了传统的权力结构,城市中产阶层由此获得了政治影响力,其在社会中的整体地位得到提高,对伊朗历史的发展产生深远的影响。

1907年颁布的《议会选举法》规定了六等选民(tabaqat):王室成员、乌莱玛、贵族(包括显要人物Ashraf和贵族A'yan)、巴扎商人、资产1000土曼以上的地主、行会手工业者等。议会在选举上实行选区制,总共156席中首都占60席(王室成员占4席,乌莱玛4席,地主4席,巴扎商人10席,103个行会占32席,低收入阶层被排除在外),其他省份占96席。③

---

① 彭树智主编,王铁铮、黄民兴等:《中东史》,人民出版社2010年版,第254页。
② Ervand Abrahamian, *Iran Between Two Revolutions*, p. 92.
③ Ibid., p. 86.

立宪革命成功后,议会是权力机构,对条约、贷款等重大国事有最后决定权,对法律、条例、预算有批准权和监督权。第一届议会成员大部分来自中产阶层,巴扎商人和手工业主的代表就占议员总数的41%。① 议会中26%的成员是手工业主,20%是乌莱玛,15%是巴扎商人,这三大传统中产阶层群体共占议员总数的61%。② 第一届议会成员中商人、乌莱玛成为多数,中产阶层占多数的议会拥有更多的权力,是伊朗多极政治结构中的一极。

第一届议会中保王派（Mostabed）是少数派,在议会中政治影响不大。该派由王室成员、贵族、地主等社会上层构成。议会中的温和派（Mo'tadel）是多数派,社会基础是城市中产阶层,其政治影响力很大。温和派受到宗教领袖支持,其领导人是富商。议会中的自由派（Azadilkhaw）有31位代表,他们来自革命委员会、人文学社、大不里士谢赫派教区、德黑兰手工业主等。自由派多是知识分子,领导人是来自大不里士的坦齐栽德和德黑兰的亚赫雅·伊斯坎德尔。自由派在议会人数虽然少但发挥很大作用,他们注重与温和派合作,致力于推行成文法和世俗化改革。

中产阶层是保卫议会权力的主要的社会力量。伊朗新任国王穆罕默德·阿里③与议会关系紧张,他欲借英俄武力来扩大王权。为迫使国王接受议会通过的基本法补充条例,巴扎商人组织运动支持议会,公职人员也参加运动,"中央社会"组织5万人集会和3000武装保卫议会,社会民主党组织市民保卫议会。阿塞拜疆少数民族发起自治运动,成为与首都议会呼应的力量。1907年10月7日国王被迫在基本法补充条例上签字,他还任命自由派的纳赛尔·穆尔克为首相。国王还加入人文学社以示进步,至1908年人文学社成员中有一半为王室成员。

立宪革命后伊朗进入议会政治时期,这也是伊朗社会发展的一次飞跃。伊朗社会变迁的过程中政治变革走在了前列,这也是发展中国

---

① Mansoor Moaddel, *Class, politics, and ideology in the Iranian revolution*, p. 114.

② Ibid..

③ 1907年1月8日穆扎法尔丁国王病逝,穆罕默德·阿里继位。

家后发现代化所具有的一般特征,即政治现代化先行。但提倡议会民主的中产阶层规模仍然很小,社会上层和下层在政治上大都是保守的,他们站在议会民主制的对立面。所以要想维持政治革命的成果,中产阶层面临强大的阻力。

第四节 立宪革命失败及伊朗向现代君主制过渡

中产阶层是维护立宪革命成果的重要力量,曾多次击败保王派的复辟活动。但中产阶层内部分歧严重而削弱了力量,立宪政府最终在沙俄的干涉下被颠覆,伊朗政治向现代君主制过渡,礼萨汗在各阶层支持下建立了巴列维王朝。

一 中产阶层内争和立宪民主制危机

立宪革命后国王权力受到限制,议会成为国家政治的中心,同时也是民主政治的载体之一,也是中产阶层改造社会、取得进步与发展的主要阵地。伊朗在政治意义上实现了转型,但议会政治的基础并不牢固,政治转型面临诸多困难。

首先,中产阶层力量不够强大。虽然在第一届议会中商人和小企业主等居多,但伊朗缺乏大工业也没有成熟的资产阶级,城市中产阶层中的主要群体仍是从旧制度中发展而来的、带有传统性和保守性的巴扎商人和乌莱玛,他们在经济和政治上逐渐呈现下降趋势,小企业主群体由于缺乏政治领导能力其力量逐渐受到削弱。中产阶层是伊朗最激进、最具革命性的群体,但力量薄弱,在权力结构中处于不利地位。相反,保守力量比较强大,社会力量仍未脱去旧制度的痕迹,反对革命的部落仍然强大,王室成员、贵族和大地主在政治中仍占重要地位,国家行政部门的高级职位几乎全是由社会上层所把持。社会下层民众和宗教保守派也是议会民主制的反对力量,他们与立宪政府处于对立状态。强势的群体或保守的上层阶级在政治中处于优势地位。旧的社会力量在新制度下继续存在,并时不时对新制度的生存产生威胁。

其次，中产阶层内部分歧矛盾重重。伊朗第一代知识分子有很多是少数民族，其宗教信仰和意识形态上与广大穆斯林群体之间有很大差别，被大多数社会群体视为异端而加以排斥，因此常处于孤立无援的境况。现代中产阶层批判本土传统文化，并视宗教为发展的障碍，他们的反宗教和世俗化倾向引起传统中产阶层的疑虑。传统中产阶层要求建立强有力的中央政府以对抗社会革命，逐渐向统治精英靠拢。传统和现代两类群体的内争削弱了中产阶层的力量，议会的地位动摇了。

最后，中央政府对地方控制力量很弱。伊朗民主国家仍处于幼年时代，北部和西北部如吉朗省和阿塞拜疆省兴起了自治运动。其他各省也与中央政府貌合神离，地方部落叛乱频发，中央政府难以驯服。少数民族分离运动、各省自治运动都削弱了中央政府的权威。伊朗还面临英俄等外部势力的入侵。

由于农业歉收和物价上扬，议会成为保守力量攻击的对象。宗教保守派开始转而支持王室，他们召唤毛拉和神学院学生成立保守政治组织，以保卫伊斯兰秩序的名义反对议会。以谢赫·法兹勒·努里为代表的保守乌莱玛批评自由派是"受到亚美尼亚的无神论者马尔克姆汗影响而正在走向雅格宾主义"的人。[①] 保守力量聚集在王权周围，他们妄图复辟君主制度，形成了反对议会的阵营。部落武装也发生叛乱，他们也相继加入保王党阵营，城市下层民众也支持国王。诗人马勒克·巴哈尔说："上层和下层都支持国王反对议会，仅仅中产阶层仍然支持立宪政府。"[②]

1908年2月穆罕默德·阿里国王与议会矛盾激化，他调集武装力量驻扎于议会广场，这威胁到议会的安全。恩楚明成员和费达伊（敢死队）武装及议会中的左派议员占领了议会大厦和附近的谢巴赫·萨拉尔清真寺，两者形成对峙。德黑兰的巴扎商人和手工业者的政治组

[①] Ervand Abrahamian, *Iran Between Two Revolutions*, Princeton University Press, 1982, p. 95.

[②] Ibid., p. 96.

织"行会社团"组建了 7000 名武装志愿者以保卫议会。但国王勾结英俄,于 1908 年 6 月 23 日发动武装政变,俄国控制的哥萨克旅参与了政变①。立宪派和武装志愿者无力抵挡国内外反动势力的联合绞杀,国王复辟取得暂时成功,议会也遭到解散。

但身处伊拉克的宗教中心卡尔巴拉和纳杰夫的宗教领袖反对国王复辟。德黑兰之外的北方各省的省会如大不里士、伊斯法罕、拉什特等地的中产阶层力量相对强大,是反对国王复辟的主要力量。阿塞拜疆省知识分子群体相对比较强大,许多是阿兹尔人和亚美尼亚人,该省立宪派成立省议会(恩楚明)作为权力机构,还成立了省临时政府。立宪派来自谢赫派教区和亚美尼亚教区的中产阶层②,他们成立武装组织费达伊,成员多来自谢赫派教区中产阶层;领导人萨达尔汗和巴盖尔汗③出身于城市帮派(luti),是阿米尔教区和卡班教区的卡达胡达。阿塞拜疆临时政府成为革命大本营,卡斯拉维评论道:"大不里士就像法国革命中的巴黎,社会下层是推翻国王的原动力⋯⋯伊朗是经历了动荡、混乱和恐惧的时期。"④

除阿塞拜疆外,其他北方省份的中产阶层也都在当地组织起来,向首都进军。伊斯法罕的巴赫蒂亚尔部落得到德黑兰革命委员会支持,在占领伊斯法罕后向首都进军。布什尔的立宪派接管了该省的权力机构。克尔曼沙阿的立宪派驱逐保皇派,掌握了议会和省政府。马什哈德城市中产阶层也掌控了当地政权。各地武装都向首都进军。此外,毗邻伊朗北部的巴库地区社会民主党也在组织革命武装。

拉什特的革命组织是由激进知识分子组成,除穆斯林外还有不少亚美尼亚人,首领为谢别赫达尔,他组建的革命武装得到高加索社会

---

① 冀开运、蔺焕萍:《二十世纪伊朗史——现代伊朗研究》,甘肃人民出版社 2002 年版,第 43—44 页。
② Ervand Abrahamian, *Iran Between Two Revolutions*, pp. 97 - 98.
③ 冀开运、蔺焕萍:《二十世纪伊朗史——现代伊朗研究》,甘肃人民出版社 2002 年版,第 44 页。
④ Ervand Abrahamian, *Iran Between Two Revolutions*, p. 98.

民主党武装的支持。谢别赫达尔在里海沿岸省份地方长官支持下，1909年5月带领武装和马赞达兰农民队伍向首都进发。1909年7月13日谢别赫达尔进入德黑兰，废黜了穆罕默德·阿里国王，另立艾哈迈德·米尔扎为国王。这样出现了地方各省联手主宰首都命运的局面。立宪派入主德黑兰后主张再建议会，1909年11月17日正式成立第二届国民议会，行政内阁主要由自由派贵族担任。这届议会取消了选民的资格限制，因此选举权扩大了，并增加地方代表以平衡各选区名额，此外还增设宗教少数派代表的席位。至此，自由派的政治改革要求基本上都实现了。

第二届议会中，中产阶层占有相当大比例，议会中代表现代中产阶层的政党为民主党，该党受到城市中产阶层及世俗学校学生的支持。民主党代表多来自伊朗北部，在议会中共有27名代表，其中阿塞拜疆13人、呼罗珊2人、德黑兰7人。从职业看有8人为政府公职人员、记者4人、乌莱玛5人、地主1人、医生1人。议会中的温和保守党53人，受城市传统中产阶层支持。他们大多是北部省份土地贵族和传统中产阶层，有13名乌莱玛、10位地主、9名巴扎商人、10名公职人员、3名部落酋长。①

二 立宪革命失败，伊朗向现代君主制过渡

伊朗政治转型中的问题仍未消除，议会民主制的生存面临保守阵营的威胁。中产阶层无法得到社会下层的支持，因为村民和城市下层都将立宪革命者视为异端，他们选择和保守乌莱玛站在了一起。伊朗农村社会结构仍原封未动，广大的农村地区、部落和城市下层劳动群众深受保守派和上层的影响及控制。保王派以大不里士的伊玛目杰玛耶赫为首，其在组织下层民众方面具有很大优势。沙赫沙维部落也加入保王党阵营，保王派中有不少部落首领、地方贵族和大地主，是强大的地方势力，控制着广大社会下层民众，保守阵营的力量在增强。

---

① Ervand Abrahamian, *Iran Between Two Revolutions*, pp. 103 – 105.

中产阶层的政治参与存在结构性问题，传统中产阶层和现代中产阶层政见分歧仍然突出。民主党和保守党在首相人选、土地改革、收税、世俗化、妇女及非穆斯林成员的社会地位等问题上形成了尖锐对立。① 民主党是自由派，要求扩大选举权范围来吸纳更多的社会群体参与政治，以此扩大议会政治的基础。他们主张削减王室支出和裁减王室随员，司法体系方面世俗和宗教分离，支持妇女运动等。其主张引起保守党不满，保守党维护君主立宪，保护私有权和基本人权，要求实行伊斯兰法和发展宗教教育，主张维持现状，反对进一步改革。

激进派在议会中人数较少，他们反对王权，也反对宗教干预政治。激进派批评宗教阶层迷信、狭隘、妥协、教条至上等，要求乌莱玛退出政治。保守党则谴责激进的政治组织是宗教异端，是社会道德堕落的根源。中产阶层内部不同派系的分歧削弱了中央政府的权威，城市中产阶层想要通过议会民主制遏制王权，并实现民族独立的目标将面临诸多困难。

1911年7月，伊朗废王穆罕默德·阿里在沙俄的支持下率领3万雇佣军在里海沿岸登陆，向德黑兰推进，但被击溃。同年11月沙俄出兵入侵伊朗北部，12月保王派在德黑兰发动政变，恺加王朝复辟。立宪派的据点议会大厦被占领，成员遭到捕杀，自由派报刊被查封。1912年1月俄军攻陷革命派最后据点大不里士②，立宪革命在沙俄和伊朗保王派联合绞杀下失败。

1914年7月，第一次世界大战爆发后伊朗政府宣布中立，但中立的外交政策没有换来和平，由于国家积弱、列强环伺，伊朗很快成为列强争夺的战场。伊朗中央王朝的统治逐渐陷入瘫痪。

首先，外国军队占领伊朗大片国土。1914年11月英国出兵占领了伊朗西南胡泽斯坦省，以确保英伊公司的石油生产。同年12月俄

---

① Ervand Abrahamian, "Factionalism in Iran: Political Groups in the 14th Parliament (1944—1946)", *Middle Eastern Studies*, Vol. 14, 1978, p. 24.

② 彭树智主编，王铁铮、黄民兴等：《中东史》，人民出版社2010年版，第257页。

国派出 7 万军队占领伊朗西部和北部地区①,并向伊朗内地渗透。英、俄扶植政治代理人以控制中央政府,把激进派人士清理出去,它们还直接与地方长官或部落酋长进行交易,谋取利益。奥斯曼帝国趁机侵入阿塞拜疆及伊朗北部省份,德国渗透进中央省的部落。

其次,中央政府发生分裂。为抵制英俄势力的扩张,民主党和保守党联合组成民族抵抗委员会,与恺什恰依、俾路支等部落结盟,同时也寻求德国支持。他们在库姆另立政府,与德黑兰恺加王朝对立。但英国支持恺加王朝与民族抵抗委员会对抗,英国还扶植巴赫蒂亚尔部落、阿拉伯部落、哈姆色赫等部落,加强对地方渗透。

再次,地方势力更加强大。巴赫蒂亚尔部落的首领撒姆萨·伊利汗占据了行政部门高级职位,由他主持内阁,其弟萨达尔为民主党党魁,他的另一兄弟任宫廷侍卫长。哈吉·伊利汗家族控制了国防部门,统治着首都周边省份,并保护英伊石油公司,从中分得红利。其他部落也争相效仿,在地方上占据高位,与外国势力合作以谋取私利。此外,阿塞拜疆和吉朗两省都成立了自治政府,受到苏俄的影响,不听中央政府号令。伊朗北有库尔德民族自治运动,南有胡泽斯坦的阿拉伯人自治运动,南部边远地区的锡斯坦和俾路支斯坦脱离中央政府,处于当地部落首领的支配之下②。恺什恰依、波伊尔·阿赫摩迪斯、阿拉伯、俾路支、巴赫蒂亚尔等部落都对抗中央政府。首都之外的地方保守势力趁机作乱,法尔斯地区陷入部落混战,中央政府无力控制。③

最后,外交失败使中央政府信誉扫地。一战结束后伊朗政府派出参加巴黎和会的代表团被拒之门外,1919 年 8 月 9 日伊朗与英国签订的《英伊条约》将伊朗军队、财政、铁路和关税等完全置于英国控制

---

① 冀开运、蔺焕萍:《二十世纪伊朗史——现代伊朗研究》,甘肃人民出版社 2002 年版,第 51 页。

② Ramesh farzanfar, *the Iranian Dowreh Network and Its Functions*, Tehran University, 1979, p. 16.

③ Ervand Abrahamian, "Factionalism in Iran: Political Groups in the 14th Parliament (1944—1946)", *Middle Eastern Studies*, Vol. 14, 1978, p. 24.

下，使伊朗成为英国的保护国。伊朗议会拒绝批准条约，《英伊条约》不仅遭到国内激烈抗议也引起美、法、苏俄的反对，立宪政府已经孤立无援。① 此时北有苏联红军、南有英军深入伊朗腹地，而中央政府无力对抗。

1921年2月21日礼萨汗率军进入德黑兰，掌控了局势。礼萨汗提倡民族独立，礼萨汗和苏联在2月26日签订了友好条约，苏俄不再支持伊朗国内分离运动，伊朗收回了一部分的国家权力。他通过赛义德·辛亚得到英国信任，于3月23日废除了英伊条约。外交方面的成就使他得到国内各社会群体的认可和支持。1923年礼萨汗出任首相。

这时，社会上层和保守派也都希望有稳定政局、重建秩序的人，他们都寄希望于礼萨汗。巴扎商人和乌莱玛等传统中产阶层也支持礼萨汗。英国也希望与礼萨汗合作，继续维持在伊朗的利益。土耳其废除苏丹制后，礼萨汗主张立即实行共和制以取代奄奄一息的恺加王朝，但传统中产阶层支持君主制，他们称对君主制的攻击就是对神圣沙里亚法的攻击，并在巴扎和清真寺组织运动倡议拥护君主制。② 最终，礼萨汗依靠各阶层支持于1925年12月登上国王宝座，建立了巴列维王朝，伊朗进入一个新的历史时期。

本章结语

前现代阶段，伊朗城市中的乌莱玛、巴扎商人和作坊主是社会结构中的重要组成部分。他们在权力结构中处于中等地位，具有中等收入水平和较高的社会声望。而其中人数较少的高级乌莱玛和大富商，属于社会上层。19世纪中期以来由于外部力量的入侵，伊朗社会经济和群体结构都发生了变化，中产阶层开始逐渐形成，烟草运动后中产

---

① 冀开运、蔺焕萍：《二十世纪伊朗史——现代伊朗研究》，甘肃人民出版社2002年版，第54页。

② 彭树智主编，王铁铮、黄民兴等：《中东史》，人民出版社2010年版，第305页。

阶层开始形成全国规模。

中产阶层形成后对伊朗社会发展产生深远影响。传统中产阶层中的进步乌莱玛提倡伊斯兰现代主义，而现代中产阶层力主西化改革，这成为伊朗社会前进的推动力量。传统和现代两类中产阶层联手发起立宪革命，建立了议会制立宪政府，伊朗社会在政治意义上开始向现代转型。中产阶层是革命的领导者，也是议会政治的保卫者，是社会进步力量。

但政治制度和社会力量间契合的问题突出，议会民主制是西方民主国家成功整合后建立的政治制度，伊朗超前的政治建构与落后社会阶级结构是脱节的。虽然伊朗已经形成中产阶层，但规模仍然很小。社会整体结构依然如旧，社会上层和下层在政治上大都是保守的，他们站在议会民主制的对立面。其结果是建立于议会民主制之上的中央政府职能受到了很大局限，权威被严重削弱，对内难以驯服反对力量，对外不能御敌。中产阶层建立的政权还很脆弱，王权、地主、保守乌莱玛、部落及英俄等外部力量都与之形成对抗。最终立宪革命被扼杀，中产阶层力量受到削弱。

这一时期伊朗经济和社会结构的变化是微量的、局部的。伊朗农业占整个经济体系的绝大部分，经济结构基本没有改变。人口结构方面，农村人口与城市人口比例没变化。伊朗社会下层及其教育状况改变很小，直到20世纪40年代全国平均识字率仅为5%左右，农村绝大多数人口仍是文盲。社会结构方面，最先接触西式文明向现代转变的是社会中上层，下层的改变较晚，也最为困难。虽然中产阶层形成并得到一定发展，社会下层没大的变化，社会结构的发生只是局部。所以伊朗最后又回到君主政治下。

第二章

伊朗向现代社会转型及中产阶层发展壮大（1925—1979年）

罗荣渠先生认为，社会变迁有渐进型的也有突发型的，有快速的变迁也有缓慢的变迁，传统社会的变迁没有根本改变社会结构，例如改朝换代的政治变迁虽然形式上轰轰烈烈但并未与传统体制决裂，还属于一种限定的社会经济结构中量的变化和微弱的质的变化[①]。

社会转型不同，它是一种突发性的、快速的和剧烈的社会变迁，从传统向现代的变迁几乎都属于社会转型。而社会转型一般表现为社会结构和经济结构方面的巨变。巴列维王朝建立后伊朗开始向现代社会转型。

第一节 伊朗现代化的启动及成就

巴列维王朝的两代君主都极力推行现代化改革，工业化迅速发展，同时传统农村社会解体，这对伊朗社会发展产生深远影响。

一 伊朗中央政府的加强和现代化的启动

巴列维王朝建立后，为了结束伊朗政治上四分五裂的局面，礼萨汗组建和强化新军，以此平定了边疆各省的反叛游牧部落，又征服并解除了部落武装。他还削弱酋长的权力，限制部落游牧，强制其定

[①] 罗荣渠：《现代化新论——世界与中国的现代化进程》，商务印书馆2009年版，第124页。

居。国王征用部落地产，征召部落青壮年入伍，以此削弱地方豪强的力量。他加强王权对军队的控制，以优厚的待遇取得军队支持，通过义务兵役制组建新军使王权的影响力扩展到边远的村镇。"现代化的独裁者建立新兴民主国家的过程都开始于创建现代军队、现代官僚体系和加强中央政府的集权。"① 礼萨汗的以上措施削弱了地方势力，大大加强了中央政府对全国的控制力量。

礼萨汗在位时期国家职员达到了9万人，扩充和组建了10个行政部门，中央政府职能得到加强。他吸纳旧王朝的官员（mustawfis）和世袭的米尔扎，扩充了现代官僚体系。礼萨汗还对伊朗政治制度进行现代意义的改造，他对全国行政区重新划分，设置了11省49县，县下设城镇及乡村一级行政区。省、县级以上官员皆由中央任免，村镇一级官员由内务部任免。自近代以来，国家权力第一次超越首都范围，出现在外省的城市和乡村。②

礼萨汗的一系列措施增强了中央政府统治全国的能力，随着君主权力日益集中，国家力量增强，领导现代化的阶层其权力逐渐巩固，具备了现代化的初始条件。从20年代中期开始，巴列维王朝两代君主都大力推进工业化，国家作为一种超经济的组织力量发挥了控制和管理作用，担当起自上而下社会变革的领导者角色，由此伊朗开启现代化的进程。

礼萨汗从粮食、糖、烟草等大宗商品的垄断经营入手，努力控制国家的经济要害部门，扩大政府财源，并掌握金融，为适应强有力的中央政府奠定经济基础。伊朗通过增加税收和货币贬值政策，政府财政收入大幅提升。伊朗发展现代化的同时也就强化了其控制全国的手段，公路、铁路系统的建立便利了中央政府对边远省区的控制，军队可以便捷地投送到发生问题的地区，伊朗各地区闭塞的状态由此完全

---

① Ramesh farzanfar, *the Iranian Dowreh Network and Its Functions*, Tehran University, 1979, p. 17.

② 哈全安：《中东国家的现代化历程》，人民出版社2006年版，第277页。

被打破。①

礼萨汗在位时期伊朗开始推行工业化，政府于1931年通过对《外贸易垄断法》和宣布提高关税，并以减免工业税和提供低息贷款的方式支持民族工业的发展。一批与民生密切相关的轻工业，如纺织、制糖、烟草、制革、食品加工等企业建立起来。1940年全国开办了25家棉纺厂和8家丝织厂，从而形成纺织工业系统。还开办了水泥厂、化工厂、机器制造厂和机械修理厂等。重工业方面建造了钢铁和有色金属冶炼企业。② 从20年代至40年代初伊朗非石油工业的企业数增长17倍，达到346个。③ 1940年注册的商业、工业和其他股份公司达到1902家，同年伊朗工人数量达到40万—50万人。④

礼萨汗以民族主义的国家认同来整合社会，凝聚了社会力量。他强调前伊斯兰时代波斯帝国的历史和文化，并清除了波斯语中阿拉伯语和突厥语词汇。他在经济、政治、司法、教育领域打击传统宗教势力，加强了世俗君主权力。最后，他以波斯贵族身份自居，以此强调其君主统治的合法性。礼萨汗以民族主义整合国家，由此形成伊朗民族认同和祖国观念。

二 巴列维时期经济发展计划的执行

伊朗第一个"七年计划"（1949—1955年）于1949年被议会批准实施，大型项目的建设由新成立的"计划组织"（Plan Organization）执行。⑤ 但因前期缺乏资金，至1955年伊朗并没有没完成计划的各项目标。1954年10月伊朗与国际石油财团达成合作协议后，石油收入在国家财政中稳步上升，第二个发展计划时（1956—1962年），国家

---

① Keith Mclachlan, *The Neglected Garden The Politics and Ecology of Agriculture in Iran*, London, 1988, p.39.

② 彭树智主编，王铁铮、黄民兴等：《中东史》，人民出版社2010年版，第307页。

③ 张铁伟编著：《伊朗》，社会科学文献出版社2005年版，第71页。

④ 冀开运、蔺焕萍：《二十世纪伊朗史——现代伊朗研究》，甘肃人民出版社2002年版，第70—71页。

⑤ Robert E. Looney, *Economic Origins of the Iranian Revolution*, Pergamon Press, 1982, p.10.

经济计划开始执行和落实,农业方面建成三座大型水坝,建筑业、制造业、交通业和通信业加速发展,大型基础设施项目也初具规模。

从"三五计划"(1963—1967年)开始,年均增长18%的石油收入成为伊朗其他产业发展的资金来源[①],为了尽快建成一个现代的伊朗社会,国王以国家意志的形式贯彻经济和社会发展计划,以急行军性的赶超模式推进现代化。石油经济繁荣带动了制造业、建筑业、交通行业和服务业的高速增长,伊朗经济开始进入起飞阶段。国家加大了对工业的投入,加上国外资金和技术的引进,使机械制造、钢铁工业、电业和汽车制造业等重工业得到发展,伊朗经济结构发生巨变,形成了以石油工业为支柱的工业体系。

国家投资份额呈现逐年增长的趋势。"三五"时期国家投资占五年计划总投资的30.3%,"四五"时期(1968—1972年)占41.7%,"五五"时期占(1973—1977年)44.3%。[②]国家向交通业、重工业、金融业等领域进行重点投资,建设公路、港口、大型水坝等工程,完善了公共卫生部门,农业生产发展和教育规模扩大,为经济发展奠定了基础。但通信业、工矿业领域私人投资份额超过了国家投资。

表2-1　　　　　　　　伊朗经济增长率　　　　　　　　(%)

年份	1959—1963	1963—1972	1973—1977
GDP年均增长率	5.6	11.5	12.6
人均消费年增长率	1.5	-0.3	3
农业实际年增长率	1.4	4.5	4.3
工业实际年增长率	10	13.2	15.4

资料来源:Bank Markazi Iran, Annual Report. Robert E. Looney, *Economic Origins of The Iranian Revolution*, Pergamon Press, 1982, pp. 61, 75。

工业化导致经济结构发生改变。工业产值在国民生产总值中的比

---

① Jahangir Amuzegar, *Iran - Economic Development Under Dualistic Condition*, The University of Chicago Press, 1971, pp. 36, 44.

② Mansoor Moaddel, *Class, politics, and ideology in the Iranian revolution*, p. 58.

例开始上升,40年代工业产值仅占GDP的5%,1959年工业产值(交通业和通信业不计入)占GDP比重上升至13.6%,1967年为17%,1970年为17.1%。与此同时农业占GDP比重在降低,1959年为31.4%,1967年降为22.2%,1970年降至18.2%,1978年已降到10%。服务业在GDP中所占比例40年代约38%,1954年达到40%[1],1965年为40%,1970年为37.4%(见表2-2)。

表2-2　　伊朗经济结构中经济部门占GDP比例的变化[2]　　(%)

占GDP	1959	1962	1965	1968	1970
农业	31.4	26.4	23.6	21.2	18.2
工业	13.6	13.5	15.6	17.2	17.1
石油业	17.2	19.6	20.8	24.3	27.3
其他	37.8	40.5	40	37.3	37.4

资料来源:Bank Markazi Iran, Annual Report。

经济结构中三大产业的变化也引起劳动力分布的变化。20世纪初农业劳动力在全国劳动力人口中的比例为90%,1926年降为85%,1946年为75%[3],1966年仅为47.1%。工业劳动力的比例明显上升,1956年占劳动力的14%,1966年升至26.9%,1977年达到35.4%。在绝对数上,工业劳动力1956年为81.5万人[4],到1961年增至136.2万人,1968年增至167.9万人。1968—1972年"四五计划"期间,新增就业人数达到120万人,高于计划中的96.6万人。工业部门实际增加了73.7万人,高于计划的41.7万人。服务业就业人数增加了72万人。但农业部门就业人数却下降了20.2万人,而计划增

---

[1] Hadi Salehi Esfahani, M. Hashem Pesaran, "The Iranian Economy in The Twentieth Century: A Global Perspective", *Iranian Studies* Vol. 42, No. 2, 2009, p. 191.

[2] Jahangir Amuzegar, *Iran - Economic Development Under Dualistic Condition*, The University of Chicago Press, 1971, p. 96. 其他部门中包括交通业、通信业等服务业。

[3] Julian Bharier, *Economic Development in Iran 1900—1970*, Landon, Oxford University Press, 1971, p. 35.

[4] Ibid..

长为 22.6 万人。① 产业结构和劳动力分布结构的变化情况说明伊朗正在从农业国向工业国过渡。

表 2-3　　　　伊朗农业劳动力就业人口统计表　　　（单位：万人）

年份	1906	1926	1946	1956	1966
总人口	1029	1186	1593	2038	2707
男性就业	381.2	439.4	510.4	589.9	689
农业就业	343	373.5	382.8	330.3	316.9
农民比例	90%	85%	75%	56%	46%

资料来源：Julian Bharier, *Economic Development in Iran* 1900 – 1970, Landon, Oxford University Press, 1971, p. 34。

表 2-4　　　　劳动力在各经济部门的分布情况②　　　　　（%）

部门	1959	1962	1964	1966	1968
农业	53.5	51.6	49.4	47.1	53.1
工业	20.6	24.1	25.4	26.9	24
石油业	1	0.7	0.7	0.7	0.6
服务业	24.9	23.6	24.5	25.3	22.3
劳动力总计	625.5 万	632.1 万	652.1 万	673 万	699 万

资料来源：Bank Markazi Iran, Annual Report。

巴列维王朝时期伊朗所推行的现代化在短期内取得巨大成就，其工业化成效令人瞩目。如果借用罗斯托的第三世界发展理论的话，关于现代社会的形成可划分为传统社会、为起飞创造条件、起飞、向成熟推进和高额大众消费五阶段。③ 伊朗这一时期的发展可以被视为"起飞"阶段。伊朗经济发展和社会变化处处都被打上国家干预经济

---

① Mansoor Moaddel, *Class, Politics and Ideology in the Iranian Revolution*, Columbia University Press, 2013, p. 66.

② Jahangir Amuzegar, *Iran – Economic Development Under Dualistic Condition*, The University of Chicago Press, 1971, p. 98.

③ 罗斯托代表了西方资产阶级右翼，其现代化理论被归为传播论，由于被历史发展反证而备受诟病。参见罗荣渠《现代化新论——世界与中国的现代化进程》，商务印书馆 2009 年版，第 34 页。

的烙印,"为达到现代化目标,伊朗以一种近乎残酷的方式通过科学、技术、计划和威权的手段加以推进。"①

三 外国资本的渗透和国家的依附发展道路

50年代初伊朗石油国有化运动中国王权力削弱,国王依靠英美的支持于1953年发动政变推翻摩萨台民族阵线政府,此后王权与外国资本的关系得到加强,伊朗走上依附性发展道路。国家为了加快工业基础设施的发展,鼓励外国资本的引进,1955年政府出台《引进和保护外资法》,为外资提供损失补偿和投资保险,为美国和德国资本提供最惠国条件。1956—1977年在伊朗的外资有1.49亿美元,占伊朗工业资本的28%;1977—1979年投资3.76亿美元,占伊朗工业资本72%。伊朗工矿业发展银行(IMDBI)受到重建与发展银行等外国财团的资助,并受后者控制。伊朗工矿业发展银行(IMDBI)是外国资本进行渗透的主要渠道,它开办有58家工业、农业和贸易公司,其资本总额1978年达到3.39亿美元,坐拥155家工、矿、农业、交通等大型公司。

外国资本通过"计划组织"(PO)进行大型项目和工程投资,并建立了完备的金融系统。从1953年到1963年外国资本渗透进了伊朗经济生产中的重要部门,如工业、金融业和交通业等。外国资本通过参股伊朗银行向伊朗金融业渗透,外资占40%份额,但由于外资股份较为集中,可对伊朗金融进行有效控制,而伊朗金融都是混合资本,本土股份分散在许多不同的股东手中,因此无法与外国资本抗衡。外国资本运用借贷杠杆为工业发展厘定基本的框架,成为外国资本支配伊朗工业发展的主要渠道。外国资本在伊朗经济中处于支配地位。

跨国公司和大型现代工业得到发展,其通过工业生产特许权来排除竞争对手,从而获得暴利。重工业中以国有企业为主,私人资本集中于轻工业。中小型企业没有得到国家扶助,1959—1977年国家贷

---

① Robert E. Looney, *Economic Origins of the Iranian Revolution*, Pergamon Press, 1982, p. 58.

款仅有5.3%是小额贷款，1977—1978年小额贷款占1%。伊朗现代经济发展处于外国资本的支配之下，而广大的农村地区和边远地区仍以农业经济为主，出口的非石油产品以农业和手工业商品为主，伊朗仍是出口初级产品的欠发达国家。

四 "白色革命"及对伊朗社会结构的影响

1953年后，巴列维国王肃清了政敌开始独掌大权，然而1958年伊拉克军人政变成功推翻了哈希姆家族的君主统治，这对伊朗君主制形成震撼。阿拉姆首相说，为了避免政变在伊朗重演，伊朗需要一场白色革命。[①] 美国肯尼迪政府也要求国王改变政治现状。巴列维国王为了稳固统治，改变人们心目中"政变政权"的印象，也需要这样的"革命"来增加自身的合法性。为了稳固统治，国王推行土地改革，促进工业发展，他要在短时间内把伊朗建成现代化强国。国王试图以经济增长取得各阶层的支持，并以社会革命的先锋自居，宣称："伊朗需要一场深刻的、根本性的革命，来彻底结束社会的不平等和剥削制度，要消除那些阻碍我们社会进步的一切力量。"[②] 国王把自己的统治描绘成进步、文明和公平的社会，伊朗"在一个富有经验的船长（指国王）的引航下，社会正通过风暴在正确的航道上驰向伟大文明的彼岸"。[③]

巴列维国王把1963年的"白色革命"称为"国王和人民的革命"，其目的是避免左派的"红色革命"和宗教阶层的"黑色革命"上演。[④] "白色革命"核心是土地改革，还包括许多其他内容，如在工业中实行工人分红，以增加工人福利；为了加强对农村的控制，他组建了"文化大军"和"卫生大军"开赴农村，广泛宣传国王的发展计划。国王还推行世俗化政策，排除宗教势力的影响等。

[①] Ali Ansari, "The Myth of The White Rebolution: Mohammad Reza Shah, Modernization and the Consolidation of Power", *Middle Eastern Studies*, Vol. 37, 2001, p. 5.

[②] Mansoor Moaddel, *Class, Politics, and Ideology in the Iranian Revolution*, p. 63.

[③] Ibid..

[④] 彭树智主编，王铁铮、黄民兴等：《中东史》，人民出版社2010年版，第406页。

1. 土地改革的措施。土地改革前，全国土地65%归大地主所有，只有15%的土地为农民所有，另有15%为宗教地产瓦克夫，5%为王室地产。37户最大的地主家庭拥有19000个村庄，占伊朗农村村庄总数的38%；450户大地主拥有57%的村庄；拥有1—5个村庄的中小地主约7000户，这种村庄占总数14%。[1] 农村人口中，中小地主和富农占农村人口25%，分成制农户及佃农占40%，无地农民占35%。[2]

地主对农村地区控制的现状是不符合巴列维国王统治利益的，他要赢得农民阶层的支持，以此巩固自身的统治，为此国王进行土地改革。1962年1月首相阿尔桑贾尼签署的《土地改革法》规定了地主拥有土地的最高限额，多出的部分要卖给政府，再由政府卖给农民，款项分15年付清。

土地改革中地主拥有的600万—700万公顷土地分配给了分成制农户和佃户，这占伊朗农村耕地的52%—62%。至1964年年底，分到土地的农民占农民总数的8%。土改第二阶段（1965年2月至年底）中另有7%农民分到土地，这样土改过程中一共15%的农民成为新的土地所有者。1966年1月至1971年9月是土改第三阶段。土改完成时，92%的农户有了耕地，受益农户达250万户，近1000万人。占地300—2.5万公顷的特大地主有320户，占地100—300公顷的大地主9000户，占地51—100公顷的中小地主3.7万户，占地11—50公顷的有40万户，占地3—10公顷的农户120万户，占地3公顷以下的农户100万户。[3]

2. 实行农业合作化。1962年国王将约50万公顷的王室土地分给了3.5万户农民，在此基础上成立了1080个合作社，创造了一个独立的小土地所有者的阶级，他们与政府的联系较为密切。国王于1963年建立农村合作社联盟，召开联盟会议，有4700位代表参与德黑兰会议，他们表示拥护国王的土地改革。

---

[1] Mansoor Moaddel, *Class, Politics, and Ideology in the Iranian Revolution*, p. 72.

[2] Ibid..

[3] 冀开运、蔺焕萍：《二十世纪伊朗史——现代伊朗研究》，甘肃人民出版社2002年版，第125页。

1963 年宗教阶层反对国王土改的抗议事件发生后，国王的土改措施转向保守化，推行改革的阿尔桑贾尼被解除职务，国家改变了对农民阶层的保护政策，开始发展现代农场、农贸公司及农村合作社。1967 年国家出台农业合作化法令，土地改革部推行农场合作化。1968 年建成 15 个合作社共有 2.4 万农户，1976 年增加到 89 个合作社，有 18.6 万户。

国家规定最少拥有 50 公顷土地才有资格参与合作社，要求不参加合作社的农户交出土地并转交给地区农业发展组织。大多数农户因达不到参加合作社的条件而放弃其土地份额，加入了无产者的行列，他们流向城市寻找生计。[①] 在土改第一阶段有 5.7 万农户变卖了土地，在土改第二、第三阶段有 59.2 万户破产成为无产者。[②]

3. 土地改革的影响。受土改影响，分成制农户和佃户群体分化，分成制农户有的上升为小地主，有的变卖土地成为无地农民。农村中分成制农民群体的消失给伊朗农村社会带来深刻影响。农村出现了新阶层，即小地主、富农、中农，其人数增长很快，无地农民略有下降。富农和小地主的土地占可耕地 45%，中农占 28%，贫民占 5% 以下。[③] 1976 年统计农村劳动力 240 万人，农业工人 110 万人，其他 130 万人是农村或城市郊区的工业和服务业部门中的工人。土地改革使农村社会的传统纽带消失，紧密的人际关系开始松动。传统结构开始瓦解，而新的结构没有建立，农村社会变成不稳定的流动体。

土改为外国资本的渗透大开方便之门，土改中成立的大型农业公司和农贸公司与外国资本有紧密的联系。在国家投资中受益的是管理者、顾问、技术官僚等。"四五计划"期间主要发展大型机械化农业，租借农民土地，农商公司、农业合作社及大型建设项目占去了农业发展的拨款。传统农业生产没有得到国家的支持，50% 的贷款由高利贷者中间商提供。这一时期国家向农业的投资大多投向大型水坝项目的建设，但这对农业发展的促进不大。现代农业没有给农业生产带来增

[①] Julian Bharier, *Economic Development in Iran* 1900—1970, p. 31.
[②] Mansoor Moaddel, *Class*, *Politics*, *and Ideology in the Iranian Revolution*, p. 76.
[③] Ibid., p. 72.

收，伊朗农业87.8%的收成来自传统方式的生产部门，现代农业生产只占12.2%，合作社和农商公司占2.4%。

伊朗农业高投入、低产出的状况没有改变，农业生产的增长幅度不大。但人口增长过快，同时食物消费能力得到提高，其结果是伊朗粮食缺口越来越大。70年代中期伊朗从农业出口国转变为进口国家，每年食物的14%靠进口。为维持物价稳定，政府出资平抑食品价格进行补贴，这损害了农业生产者的利益。农业生产陷入恶性循环，石油价格下降，食物价格上涨削弱了国家财政能力，为国家带来经济动荡。

第二节 伊朗经济和社会的深刻变化及向现代社会转型

这一时期伊朗出现了具有经济和社会意义的社会转型，其主要表现为经济结构、人口结构和社会结构等方面都发生变化。

一 人口结构的变化

巴列维王朝时期人口自然增长率得到提高。20年代伊朗交通状况得到改善，卡车解决了农产品运输的问题，国家能够把粮食从有盈余的地区运向存在饥荒的地区。因营养问题引起的疾病得到有效控制，人口增长率由1%增长到1.5%，30年代增长率稳定在1.5%。[1] 40年代开始，国外资金的注入对伊朗经济产生刺激作用，随之兴起工业建设的热潮，国民平均收入增加，流行疾病得到有效控制，健康状况得到改善，城乡地区此后十年的人口增长率平均为2.5%。[2]

从50年代中期开始，石油收入在国家财政中稳步上升，出现了新资源、新财富、新产业，伊朗进入"石油历史的新时代"。石油作为新的资源参与到国民经济的发展中，刺激了经济活动，直接为经济

---

[1] 张超：《巴列维王朝时期的伊朗人口》，《兰州大学学报》（社会科学版）2014年第3期。

[2] 同上。

发展提供了所需的副产品,如化肥、塑料,带动了其他部门的经济发展,使整个经济体系充满动力。伊朗在高积累、高投资的同时,居民生活水平在在同步提高,人口增长速度得以提高。经济状况和医疗条件的改善大大降低了死亡率。妇女劳动力增长、婚育年龄推迟等因素导致生育率明显下降,但人口仍呈现强劲增长的势头,1965 年达到 3%,1966—1976 年人口年均增长率为 2.7%。国家为了保持经济增长速度,甚至开始采取控制人口增长的政策,限制生育率增长。① 这一时期伊朗经济飞速发展,发生了经济意义上的社会转型。

伊朗人口由游牧人口、农村人口、城市人口三大部分组成。由于现代化的推进,伊朗人口结构发生剧烈变化,游牧人口由于被强制定居而急剧下降;农村人口由于向城市迁移而大量流失,在人口结构中的比重持续下降;城市人口迅速增长,已逐步成为人口结构的主要部分。

游牧民主要分布在法尔斯、巴赫蒂亚里、胡齐斯坦、俾路支斯坦、阿塞拜疆和呼罗珊。受到政府强制定居政策的影响,游牧民开始从事农耕生产,大片牧场变成了耕地或果园。② 因此,游牧民的人口持续下降。20 世纪初游牧人口 247 万人,占总人口比例 25%;到 1932 年减为约 100 万人,比例降到 13%;1955—1966 年游牧人口 24 万人,占人口比例 3%,到 1976 年仅占 1%。③

伊朗农村人口在增长。1913 年农村人口约有 610 万人,到 1932 年增至 924 万人,1956 年达到 1382 万人④。农村人口由于增速缓慢其所占比例逐渐下降。1901 年至 1934 年伊朗农村人口占 79%,巴列维国王时期农村人口比重开始急速下降,1956 年占全国人口 69%,

---

① Djavad Salehi Isfahahi, "Demographic Factors in Iran's Economic Development", *Social Research*, Vol. 67, No. 2, p. 611.

② Keith Mclachlan, *The Neglected Garden – The Politics and Ecology of Agriculture in Iran*, London, 1988, p. 34.

③ *The turban for the crown: the Islamic revolution in Iran*, pp. 69, 215. 转自哈全安《中东国家的现代化历程》,人民出版社 2006 年版,第 303 页。

④ Bharier, J., "the Growth of Towns and Villages in Iran, 1900 – 1966", *Middle Eastern Studies*, 1972, Vol. 8. No. 1. pp. 51 – 61.

1966年降至61%，1976年为53%，伊斯兰革命前降至50%。[1]

1920年伊朗城市人口为239万人，1932年为272万人，1940年达到320万人。40年代以后城市人口增长速度明显提高，1956年达到632万人，1966年达1056万人，1970年达1310万人。1934年以前伊朗城乡人口增长率持平，城市人口占总人口比重约22%，而且这一比例基本没有变化。从40年代开始城市人口比例逐渐增大，1956年达到全国总人口的31.41%，1966年达到37.98%，1976年达到47.03%。[2] 伊朗城市人口急速增长从而成为人口结构的主要构成部分。人口结构的巨大变化反映了伊朗城市化的发展，也深刻地反映了其现代化转型的力度和广度。

表2-5　　　　1901—1976年伊朗城乡人口比例的变化　　　　（%）

年份	1901	1934	1940	1956	1966	1976
城市	21	21	22	31	39	47
乡村	79	79	78	69	61	53

资料来源：Julian Bharier, *Economic Development in Iran* 1900—1970, Landon, Oxford University Press, 1971, p.25。

城乡人口增长率的差距是造成城乡人口结构变化的原因。1900—1926年城市人口和乡村人口年均增长率皆为0.8%，1927—1934年都达到1.5%。1934年以后城市人口增长率超过农村人口增长率，并且差距逐渐扩大。城市人口1935—1940年年均增长2.3%，1941—1956年达到4.4%，1956—1970年年均增长率至5.3%。[3] 而农村人口年均增长率在1935—1956年降为1.3%。见表2-6。

表2-6　　　　1900—1970年伊朗人口增长率　　　　（%）

年份	总增长率	城市增长率	农村增长率
1900—1926	0.8	0.8	0.8

---

[1] Julian Bharier, *Economic Development in Iran* 1900-1970, pp.25-29.

[2] Ibid..

[3] Ibid..

续表

年份	总增长率	城市增长率	农村增长率
1927—1934	1.5	1.5	1.5
1935—1940	1.5	2.3	1.3
1941—1956	2.2	4.4	1.3
1956—1970	2.9	5.3	1.7

资料来源：Bharier J., "The Growth of Towns and Villages in Iran, 1900 - 66", *Middle Eastern Studies*. 1972（1）：51 - 61。

城市人口高速增长与农村人口向城市大规模迁移直接相关。从20世纪30年代开始移入城市的乡村居民年均3万人，1941—1956年年均13万人，1957—1966年年均25万人，1967—1976年年均达到了33万人。[①]1966—1978年农村迁入城市的青壮年300万人，亲属计算在内可达1200多万人。[②] 农业低速发展是农村人口流失和移向城市的重要原因。伊朗农业生产效率低，经济比重不断下降，农业劳动力过剩而大量流向其他产业。[③] 新的信贷机构鼓励农机进口，这导致技术性失业现象的出现，大量农村人口到城市谋生；此外60年代伊朗农业连年歉收，生产停滞也导致农业的从业人口大量下降[④]。这是人口流向城市的"推力因素"。此外还有"拉力因素"：城市大工业的发展、城市中迅速扩展的基础设施建设使城市中的就业机会增多；城乡收入差距的扩大也使人们相信，在城市中总会得到期待的高收入，这促使人们离开农村到城市谋生。正是在收入水平、就业机会、生活水平方面的差异，导致乡村人口迁往城市，推动了人口城市化进程。

[①] *Fragile Resistance: Social Transformation in Iran From 1500 to the Revolution*, West View Press, 1993, p.337. 参见哈全安《中东国家的现代化历程》，人民出版社2006年版，第303页。

[②] 车效梅、王泽壮：《城市化、城市边缘群体与伊斯兰革命》，《历史研究》2011年第5期。

[③] Hossein Askari, "Recent Economic Growth in Iran", *Middle Eastern Studies*, 1976, Vol.12, No.3, p.110.

[④] Jahangir Amuzegar, *Iran - Economic Development Under Dualistic Condition*, The University of Chicago Press, 1971, p.48.

博格提出，在人口流动过程中人口迁入地通常会有新资源、新财富、新产业的出现，或者空闲土地的分配①。伊朗从20世纪50年代开始进入"石油历史的新时代"，石油作为新的资源参与到国民经济的发展中，刺激了经济活动，直接为经济发展提供了所需的副产品，如化肥、塑料，带动了其他部门的经济发展，使整个经济体系充满动力。新资源、新财富、新产业相继出现，这成为人口流动的深层原因。

这一时期伊朗人口高速增长、流动性增强，出现了人口大规模流动的现象。W. 泽林斯基提出：在前现代社会，人口被限制在惯常性活动范围内，迁移很少；现代早期的过渡社会里人口增长加快，出现大规模人口迁移，迁移类型有城乡间迁移、城市间迁移、向未开垦地区迁移、国际迁移等；现代后期的过渡社会，人口增长放慢，各类型的人口迁移减慢，迁移方式和复杂性仍然呈上升趋势。② 巴列维王朝时期仍有乡村间迁移的类型但所占比例很小，人口迁移的类型属于第二阶段即现代早期过渡社会。

二 社会结构发生变化

詹姆斯·比尔认为中东国家向现代社会转型的过程中，促使社会结构变化的因素有游牧部落定居、土地改革、工业化和城市化等。③ 巴列维王朝时期，王族、贵族、地主、部落首领、乌莱玛、巴扎商人、农民等群体仍然是主要阶层，传统的社会结构保留下来，民族、教派、性别、地域等仍是社会分层的重要因素。另外，现代工商业、现代教育在发展，国家机构和军队等部门在扩充，使伊朗社会结构更加复杂化和多样化，伊朗社会结构处于渐进的变化过程中。

（一）社会结构变化状况

1. 地主阶级的变化。礼萨汗统治时期，部落首领因强制定居政策的影响其势力下降，由于大批游牧人口转变为定居农民，许多部落首

---

① 李竞能：《现代西方人口理论》，复旦大学出版社2004年版，第140页。
② 同上书，第144页。
③ James A. Bill, *Politics in the Middle East*, Little, Brown and Company, 1985, p. 128.

领也改变身份成了地主。20世纪20—50年代,地主阶级群体在增长,部落首领、高级军官和官员、高级乌莱玛等都成为地主,他们在国家政治中的地位在逐渐上升。地主阶级是国家最强有力的阶级,国王本人是最大的地主,也是地主阶级的保护人。大地主在议会中占多数,在行政机构和司法部门都占据重要职位,在地方很有影响力,他们与地方官员有紧密联系。国王实行的经济政策有利于地主阶级,农业税基本都由农民负担,地主在伊朗的农村享有很高的地位。当摩萨台开始执行土地改革时,地主阶级支持国王反对摩萨台。60年代初巴列维国王推行的土地改革大大削弱了旧地主阶级,也降低了地主的社会影响。地主中有的将资金投向工商业领域成为资本家,有的将资本存入国外银行从而成为食利阶层。

2. 统治阶层的变化。伊朗统治阶层被笼统地称为"一千户"[1],包括王室、地主、贵族(阿米尼、阿拉姆、巴雅特、卡拉克兹鲁、穆卡达姆、贾罕巴尼等家族)、军政高官等。但这并不意味上层人数达到千户规模,实际上可能不足200户,其中还有一部分是萨法维王朝和恺加王朝的遗族和部落贵族(如哈马丹和克尔曼沙阿等地的贵族)[2]。转型时期伊朗统治阶级的构成发生变化,出现了新的上层,即由地主、商人或官员转变而来的大资本家,而与王室有紧密关系的人成为大承包商,由此产生新的经济精英。经济精英包括富商、银行家、工业资本家和大承包商。伊朗的经济精英和食利阶层都加入到社会上层中。

3. 现代工商业资本家群体的发展。自30年代开始伊朗推行工业化,机器设备及消费品的进口扩大了,这有利于现代工商业发展,地主和商人中分化出一部分群体也被吸引而来,他们成为现代工商业资本家。二战期间在战争中发家的一部分人积累起资本,现代工商业资本家进一步壮大,他们有不少成为商会或工矿业议事会的成员。从50

---

[1] 王宇洁,《伊朗伊斯兰教史》,宁夏人民出版社2006年版。
[2] James A. Bill, *the Politics of Iran: Groups, Classes, and Modernization*, p.9. 贵族姓氏有:Alam、Pirniya、Hidayat、Nafisi、Hikmat、Alam、Qavam、Akbar、Sami'i、Mansur、Amini、Mahdavi、Adl。

年代开始,国家以提供大额的低息贷款扶植私人资本的发展,银行家、外贸商、承包商及技术精英也发了家。60年代和70年代伊朗出现石油经济繁荣,这为私人资本快速增值创造良机,现代工商业资本家1976年达到2.3万人。

4. 专业技术官僚兴起。从20年代开始,专业技术官僚开始扮演重要角色。从20—50年代起,政治权力逐渐从以地主和酋长为主体的传统政治精英向专业技术官僚转移。虽然专业技术官僚人数所占比例不大,但其在议会、内阁、各政党及国营工业中占据重要职位。1925—1961年议会议员中,地主占30%—40%,官僚占30%,专业技术人员占9%—13%。从议员出身和家庭背景看,40—60年代议员中来自公职人员家庭的占40%,地主家庭占26%,商人家庭占12%,宗教家庭占8%,工人家庭占6%。60—70年代,70%的议员和全部内阁成员都是有学士学位的技术官僚[1]。

5. 新兴中产阶层的发展。该阶层包括教师、律师、医生、工程师等专业技术人员,还有专门从事现代管理的科层化人员。他们主要来源于现代教育,在40年代占就业人口的7%[2],是一支重要的社会力量。新兴中产阶层反对外国资本的渗透,主张减少外部势力的影响,要求伊朗在经济上走上独立。该阶层支持礼萨汗的现代化和世俗化改革,他们在政治上却很少有参与的机会。1941年礼萨汗退位后,该阶层政治参与扩大。二战后,民族主义和马克思主义在该阶层中盛行,人民党和民族阵线成为他们实现政治理想的两大组织。1953年巴列维国王发动政变后,他们再次被排除于政治之外。60年代以来,该阶层中来自农村的知识分子增多,他们逐渐抛弃西化道路而转向伊斯兰,促进了伊斯兰现代主义的发展,这在大学生中被广泛接受,伊朗国内大学生和国外留学生人数迅速增长,成为反对国王的最激进的力量。60—70年代,受到国外青年运动激进化的影响,大学生接受左派革命思想,成立游击队组织以反抗国王统治。

---

[1] Ahmad Ashraf, Ali Banuazizi, Class System vi Classes in the Pahlavi Period, *Encyclopaedia Iranica*, Vol. V, Fasc. 7, 1992 (update: Oct. 2011), pp. 677 - 691.

[2] Ervand Abrahamian, Iran Between Two Revolutions, p. 145.

6. 产业工人规模持续增长。伊朗最早的工人阶级不在本土产生，而是诞生在高加索地区的巴库油田，高加索油田的伊朗移民是伊朗石油工人的雏形。立宪革命期间，他们大部分归国。30 年代后，伊朗西南胡泽斯坦省也发现了油田，阿巴丹石油业发展起来，本土石油工人才开始形成。

20 年代伊朗国内纺织、印刷、电力等小型现代企业中仅有几百名工人，德黑兰手工工人有 7000 多人。从 30 年代开始伊朗工业劳动力明显增长，至 30 年代末工人达到 26 万人，分布于工矿企业、建筑业、交通业及手工业行会中，手工业工人为 7.5 万人。

40 年代伊朗资本主义生产得到发展，工人阶级继续成长。但现代产业工人数量仍然较少，他们只占伊朗国内劳动力比例的 4%，且主要分布于少数几个工业集中的城市。德黑兰、大不里士、伊斯法罕、吉朗、马赞达兰等地产业工人占全国产业工人总数的 75%。仅德黑兰就有 62 个现代工厂，而传统手工工场有 6.4 万工人。大不里士有 18 个中型企业，伊斯法罕有 9 个大型纺织厂，工人有 1.1 万人，阿巴丹油田 1.6 万工人，胡泽斯坦有 4800 工人。[①] 工人主要来自农村移民，伊朗产业工人集中于大城市的钢铁和石油等要害部门，由于其特殊的地位而在伊朗社会运动中起到了关键作用。

40 年代和 50 年代工人阶级人数进一步增长。百人规模以上的现代企业，如石油、化工、钢铁、机械、进口替代制造业及交通业，这些行业的工人收入较高，占产业工人总数的 1/3，被称为"工人贵族"。1941—1956 年大工业中工人从 4 万增至 7 万。[②] 而半熟练工人和中小型企业工人 50 多万，收入较低，构成城市贫民阶层。

60 年代和 70 年代工人阶级规模迅速扩大。1976 年伊朗工人阶级约 350 万人，占劳动力总数 40.2%。其中制造业工人 223 万人，占工人阶级人数 63.1%；农业工人有 61.4 万人。私人经济的工人有 297

---

① Ervand Abrahamian, *Iran Between Two Revolutions*, p. 147.
② 1976 年大工业中工人达到 40 万人。Ahmad Ashraf, Ali Banuazizi, Class System vi Classes in the Pahlavi Period, *Encyclopaedia Iranica*, Vol. V, Fasc. 7, 1992（update：Oct. 2011), pp. 677 – 691.

万人，占工人阶级总数的84%；在国企或公共服务部门的工人约有56.6万人[①]，主要分布于石油、钢铁、制造、服务业、交通业、水电等大型企业或公共部门。

这一时期农村社会群体逐渐分化，流动性增强，农村人口大批向城市迁移。他们通过社会流动的阶梯，例如接受现代教育、进入国家机构或从军，其地位得到提升，结果是中产阶层和工人阶级队伍不断壮大。60年代有200万农村人口移入249个城市，有40万农村人口在城市中就业。1956—1966年，农村劳动力增长了19%，城市中劳动力增长了47%。在1956—1977年，政府机构就业者增长了158%，其中公共服务部门增长123%，工矿业和建筑业中就业增长111%，而商业、石油业、银行业就业分别增长了83%、60%和55%；交通运输业和农业就业者增长为23%和14%。现代生产部门劳动者增长总计约45%。[②]

7. 官僚买办资产阶级出现。1953年以后外国资本对伊朗加强渗透，美国的发展和资源开发公司（P&R）、田纳西河流域管理局及原子能委员会等相继进入伊朗农村，进行农业开发。外国资本控制了伊朗农业、工业和金融等部门。伊朗走上依附发展道路，国王及技术精英移植美国经济发展模式，自身成为大资本家，一个与外国资本有紧密关系的、受其控制的官僚买办资产阶级产生了。他们是伊朗发展国家资本主义的产物，这一阶层来自现代工商业资本家、王室成员、高级官员和军官、现代银行家、农业资本家等。官僚买办资产阶级在银行、工业、外贸、保险、建筑等行业取得独占地位，85%的大型私企都属于这一阶级。

（二）社会结构变化的影响

首先，传统和现代两种经济部门的对立。国家经济政策偏向于发展大型现代农、工、商等行业，而传统生产部门被排斥于政府经济发展计划之外，且市场狭小，生产技术落后。国家进口补贴政策也打击

---

① Farhad Numani, Sohrab Behdad, *Class and Labor in Iran: Did the Revolution Matter?* p. 98.

② Mansoor Moaddel, *Class Politics and Ideology in the Iranian Revolution*, p. 58.

了传统生产部门，使现代工业生产与传统生产部门之间的差距扩大。传统生产部门的大宗产品地毯出口在 1977 年下降了 13%，棉花出口下降 45%。国家经济结构呈现二元性。

其次，阶级对立和冲突。各阶层与官僚买办资产阶级、外国资本的对立加剧了。传统中产阶层支持礼萨汗，是王权进行统治的社会基础之一。但礼萨汗的世俗化改革降低了乌莱玛阶层的政治和社会影响，其宗教地产受到侵夺而日渐减少，其在司法和教育方面的垄断地位也被打破了。① 1941 年礼萨汗退位后，宗教阶层也有了能够重新发挥社会作用的机会，重新夺回了之前失去的财产和恢复社会地位，他们要求在更多领域中执行伊斯兰法的规则。②

传统中产阶层虽未得到国家经济政策的扶持，但其在战时经济中受益，规模也在扩大。40 年代和 50 年代，坚持伊斯兰意识形态的群体大大萎缩，在社会中的影响下降。巴扎商人群体逐渐远离宗教阶层转而支持民族阵线，成为反对王权的一支重要力量。

最后，传统中产阶层和现代中产阶层并存和对立。现代中产阶层来自现代教育，他们支持国王世俗化改革，与宗教阶层在意识形态上处于对立。伊朗社会结构上出现两种相互排斥的社会群体，这对伊朗历史发展进程产生了深远的影响。

总之，巴列维王朝时期是伊朗社会大转型的重要时期，"白色革命"和土地改革促使传统社会结构解体，向现代化转型社会的阶级结构逐渐形成。

第三节 伊朗中产阶层的发展壮大

现代化转型时期，伊朗中产阶层发展壮大起来，其内部类型更加复杂多样。"白领工人"在增长，"技术官僚"兴起；私人经济迅速

---

① Hossein Godazgar, *The Impact of Religious Factors on Educational Change in Iran Islam in Policy and Islam in Practice*, The EDWIN mellen Press, 2008, p. 32.

② Ibid., pp. 31 - 32.

发展，中小资本家群体人数增长；农村富农、中农和中小地主等群体的比重都在增长，也都加入中产阶层行列。

1966年伊朗就业人口为689万人，其中2%为雇主，40%是个体经营者，9%为政府职员，39%为私人经济中的被雇佣劳动者，10%为家庭工人。[①]中产阶层分布在雇主、政府职员和个体经营者三大群体（占就业人口51%）中，但其人数和比例无法确定。1976年统计数据可以大致确定中产阶层的人数和比例，如下表。

表2-7　　　　1976年伊朗劳动力和阶层分布统计表[②]　　（人数单位：万）

资本家		新中层		公职人员	
18.2	2.1%	47.7	5.4%	73.2	8.3%
现代类	传统类	私企	国企	高层	中低层
2.3	15.9	10.2	37.6	5.9	67.3
工人阶级		家庭工人		个体经营者	
353.5	40.2%	102.1	11.6%	281	31.9%
私企	国企	/	/	现代类	传统类
297	56.5	/	/	3.4	277.6

注：以上各阶层占99.5%，另有4.1万未分类群体占劳动力比例0.5%。公职人员中的职员类群体中包含武装力量67.3万人，占公职人员群体的52.7%。资料来源：MAI censuses for 1976, 1986, 1996, 2006。

从表2-7来看，中产阶层包括新兴中产阶层47.7万人，公职人员中的中下级职员67.3万人，传统资本家群体15.9万人，共计130.9万人，占877.9万劳动力的比重为14.9%。个体经营者281万中有220万为巴扎商人、作坊主、中小地主和富农中农等收入中层，如果加上这部分收入中层，中产阶层为350.9万人，占就业人口39.97%。

西方社会学家所定义的中产阶级（middle class）仅限于专业技术人员和现代管理人员等"白领工人"，但这仅是现代中产阶层中的一

[①] Julian Bharier, *Economic Development in Iran 1900-1970*, p. 35.

[②] Sohrab Nehdad, "What a Eevolution! Thirty Years of Social Class Reshuffling in Iran", *Comparative Studies of South Asia, Africa and the Middle East*, Vol. 29, No. 1, 2009, p. 89.

部分，中产阶层（middle strata）范围更大，既包含"白领工人"又包含乌莱玛、巴扎商人、手工业主、中小地主、富农等传统中产阶层，此外还有中下级公职人员及中小资本家群体等收入中等的阶层。

一 国家机构扩充及官僚中产阶层的发展

官僚中产阶层（karmandan）是政府公职人员，具有传统的宗教教育背景，兰普顿称这一群体"是文人阶层，其基本的功能是文书和财务等，他们在伊朗社会中相对于部落酋长和地主的地位较低"。[1] 礼萨汗时期，这一阶层大多接受传统教育，被视为传统中产阶层的组成部分。阿赫默德·阿史拉夫将50年代以前的伊朗官僚中产阶层归入到传统中产阶层之中。[2] 这一阶层与社会上层的交往最多，也拥有更大的权力，官僚机构本身是社会流动的一个重要的阶梯。该阶层组成政府机构的核心，受到上层统治精英的领导，他们服务于上层阶级，与社会下层存在诸多矛盾。

随着现代教育的发展，官僚中产阶层中接受传统宗教教育的政府公职人员的数量呈缩小趋势，而接受现代教育的公职人员正在壮大，这一群体又称"技术官僚"。工业化发展和专业化的需求使统治阶级对专业技术官僚的需要更急迫，因而这一群体成为增长最快的阶层，即技术官僚（professional bureaucratic intelligentsia）。现代国家机构扩充和现代军队的建设都促使技术官僚迅速成长，成为新阶层。社会中下层向上流动进入专业技术官僚的群体中，这一阶层中政府职员的后代是一大来源。

国家经济职能的发展和国家政治机构扩充是中产阶层发展壮大的重要原因。1928年德黑兰政府职员有2.4万人，1956年全国公职人员总数达到31万人[3]，1966年达到62万人，1976年达到73.2万人。

---

[1] Ann Lambton, "Persian Society Under the Qajars", *Royal Centeral Asian Journal*, April 1961, p. 133.

[2] Ahmad Ashraf, "Ali Banuazizi, Class System vi Classes in the Pahlavi Period", *Encyclopaedia Iranica*, Vol. V, Fasc. 7, 1992, pp. 677–691.

[3] Mansoor Moaddel, *Class Politics and Ideology in the Iranian Revolution*, p. 59.

公职人员中的中级和低级职员占本群体约90%，这构成官僚中产阶层的主要部分。1976年国家机构中的就业人口比例达到8.3%。国家高级职员近6万人，其中包括议员、法官、高级官员、高级军官等公职人员。[①] 中下级国家公职人员包括各部、局、科室等非军事部门的职员达30.6万人，加上国家武装力量共计67.3万人[②]，这一阶层占就业人口总数的7.64%。

国王有意分隔和重复设置各政府机构，使其具有相同的功能而相互牵制，以此达到政治上绝对控制的目的。如工会由内务部和劳动部共同管理；文化团体由武装力量和教育部共同管理；经济部与发展及住房部机构重叠。这样设置的结果是管理机构的规模增大，1953年共有11个部，1960年增加为16个部，1975年增至27个部。此外，国王为争取反对派的妥协，增加民事岗位以安置和笼络反对派。

在许多中东国家，受过良好教育的、有现代意识的、训练有素的军人和中下层官员率先成为现代化的推进者。伊朗现代军队中较先进的有俄国训练的哥萨克旅和瑞士训练的宪兵队伍，他们与本土队伍逐渐成为一体。军队增加了西方国家的军事训练科目，其规模也在增长，由于在平定部落叛乱中他们获得很高的声望，其职能和权力都扩大了。军官的待遇得到提升，在新中产阶层中军官是一个享有特权的阶层。

官僚中产阶层属于旧的统治集团，最初的现代化改革力量就是从官僚中产阶层中分化出来的。由于他们最先接受了现代教育并具有理性主义特点，最先感受到先进技术和西方思想而成为整个社会中最具现代性意识的社会力量。

70年代城市中每2个全职劳动力就有1人是国家雇佣的职员。国家政治职能部门及经济部门吸纳大量就业人口，1976年达到167.3万人，占就业人口的19%，其中包含以下三大群体：国营企业工人

[①] Farhad Numani, Sohrab Behdad, *Class and Labor in Iran: Did the Revolution Matter?* Syracuse University Press, p. 96.

[②] Ibid..

56.5万人，公职人员73.2万人，国企的中产阶级37.6万人。①

二 宗教中产阶层

礼萨汗在位时期，什叶派乌莱玛的社会影响下降，国王颁布的兵役制度中所规定的征兵范围包含宗教学生，这引起了乌莱玛的激烈反对。此外国王世俗化改革的举措也打破了教育和司法领域被宗教阶层把持的局面。宗教学校马德拉萨的学生数从1925年的6000人降至1941年的800人。国王对宗教地产的剥夺都严重损害了宗教阶层的利益，但宗教阶层仍享有独立的政治地位。礼萨汗退位后，宗教力量得到恢复机会，1968年宗教学校马德拉萨学生数恢复到7500人。宗教学校打破陈规，也开始招收来自世俗学校的毕业生，宗教学校和世俗学校交流逐渐增多。

宗教阶层具有广泛的社会基础和社会影响。该阶层中除了极少数高级教阶的大阿亚图拉可归入社会上层外，绝大多数都归入宗教中产阶层，该阶层由神职人员（akhund）和宗教学生（talabah）两个群体组成。其主体是中下层乌莱玛，占就业人数的比例为4%。伊朗有大清真寺5000座，小清真寺1.5万座，另有100多所宗教学校。伊朗宗教学者总数9万人，加上宗教学生共计约15万人。其中100名穆智台希德包括大阿亚图拉和阿亚图拉（ayatallah）两大高级教阶，教阶较低的希加特伊斯兰（hojjat al-islam）有5000多名，普通毛拉约1万人，其余8万人为教阶最低的宗教神职人员和宗教学生。②

宗教中产阶层的数量和官僚中产阶层的数量之间有密切的关系，因为官僚中产阶层几乎都来自传统教育体系，而有一部分政府官员本身就是赛义德（sayyid，即圣裔），有不少神职人员和宗教学生塔拉布在政府机构中任职，司法和教育部门是他们集中的地方。二者之间不同之处是，官僚中产阶层为上层服务，而宗教中产阶层多代表社会中下层群体的利益。宗教中产阶层会因为指责社会上层违背伊斯兰法则

---

① Sohrab Nehdad, "What A Eevolution! Thirty Years of Social Class Reshuffling in Iran", *Comparative Studies of South Asia, Africa and the Middle East*, Vol. 29, No. 1, 2009, p. 89.

② Ervand Abrahamian, *Iran Between Two Revolutions*, p. 433.

的言行而与之关系紧张。

宗教阶层与政府官员有密切联系，他们也和商人、地主、手工业主等其他社会阶层之间存在着广泛的联系。巴扎商人为宗教阶层提供了额外的经济收入，商人通过联姻与宗教阶层建立密切关系，他们还将子女送入宗教学校玛德拉萨接受传统教育。商人和地主家庭的后代也有不少成为神职人员。

伊朗向现代社会转型过程中，乌莱玛阶层的政治、经济和社会地位受到严重削弱。宗教学生数量、清真寺领祷人的数量以及宗教机构接受的捐献都有明显下降，不少神职人员越来越依附于国家机构。60年代后宗教地产被国家不断剥夺而日渐减少，这导致清真寺数量急剧下降，1965年伊朗有2万座清真寺，1975年仅剩9015座。同一时期德黑兰32所宗教学校减少了9所，另有3所知名的神学院被政府关闭[1]。宗教机构接受的捐献减少，一大部分乌莱玛都依靠国家的经济补助，萨瓦克和首相办公署每年要为1.5万名乌莱玛发放生活补贴。

虽然宗教阶层遭受国家政策的损害，但绝大多数乌莱玛长期以来在政治上仍是温和派，库姆和马什哈德的宗教高层反对社会革命，他们大多数都超脱于政治之外，以大阿亚图拉哈桑·布鲁吉尔迪（Hasan Burujirdi）为代表的宗教保守派支持国王，反对民族阵线。这是因为宗教阶层在40年代和50年代由于受到世俗主义的挑战，他们大多数站在国王一边，反对中产阶层的改革，1953年政变中他们大多选择支持国王。但从60年代初开始，宗教阶层发生分化，产生宗教反对派即亲霍梅尼的激进乌莱玛，但这一群体只是少数，且集中分布于少数几个城市中。50年代在摩萨台民族主义运动中，只有少数乌莱玛参加摩萨台民族阵线，宗教阶层内部派系分歧因而没有能力对抗国家。

巴列维国王60年代的土地改革损害了乌莱玛的利益，这才引起了大多数宗教阶层的反对。阿塞拜疆、伊斯法罕和科尔曼的土改都使

---

[1] Misagh Parsa, *States Ideologies and Social Revolutions a Comparative Analysis of Iran, Nicaragua, and the Philippines*, p. 136.

清真寺和其他宗教机构的财产遭受损失。支持国王的乌莱玛成了少数,多数乌莱玛反对国王的土改和给予妇女选举权的改革措施。大阿亚图拉沙利亚特马德里(Shari'atmadqri)和礼萨·戈尔甘尼(Reza Golpayegani)等人宣称妇女参政是不可接受的,要求国王收回成命。阿亚图拉穆罕默德·塔莱卡尼(Mahmoud Taleqani)与左派联系紧密,他反对国王专制统治,要求社会公平。

与王权尖锐对立的是霍梅尼,他反对土改和妇女参选权,认为这些都是违背伊斯兰法则和立宪精神的。霍梅尼强烈谴责国王亲西方立场,正是伊朗依附西方国家造成外国资本的渗透、民族市场的丧失及本土产业的破产。霍梅尼是第一个要求推翻国王的宗教领袖,他提出建立一个关心民生的伊斯兰政府,他对国王政策进行系统和全面的痛斥。在其号召下1963年6月5日发生了宗教阶层反抗国王的运动,但运动被国王镇压,霍梅尼被放逐国外。

60年代以后国王加速发展经济,推行世俗化改革,强化军队,不再依靠国内社会力量的支持。石油收入使政府财政不再依赖税收,这样国家经济产生独立性,王权的统治越来越依靠美国的扶植,王权可以不靠社会力量的支持来维持,国家政治与社会力量脱节的现象日益严重。1963年事件后,王权和宗教阶层的联盟开始瓦解,宗教阶层被完全排除在政治之外。沙利亚特马达里抱怨说:"乌莱玛一直都是政府与人民之间的中间人,王权完全排斥乌莱玛违背了历史规则。"[1] 神职中产阶层政治上日益独立。

70年代后期宗教阶层的经济条件进一步恶化了,国家为减少开支缩减了宗教阶层的补贴。此外,反对政府的神学院教师遭到审查被禁止授课,有的被投入监狱。有不少传统的宗教活动被禁止,政府还照"文化大军"的样子成立了"宗教大军"开赴农村,向农民宣讲"真正的伊斯兰"[2],以此进一步削弱传统宗教的社会影响力。国家政策和世俗化教育的发展都对传统的宗教教育产生削弱作用。尽管如此,这

---

[1] Misagh Parsa, *States Ideologies and Social Revolutions a Comparative Analysis of Iran, Nicaragua, and the Philippines*, p. 135.

[2] Ibid..

一时期伊朗宗教中产阶层人数还在增长。70年代伊朗圣城库姆有3名大阿亚图拉和十多名阿亚图拉，有50名高级教授，在马什哈德、伊斯法罕、大不里士、哈马丹、阿瓦士、设拉子及德黑兰等地的宗教领袖有20多名，受人尊敬的长者、宗教学者达1000多人，大城市清真寺的领祷人有3000多名，此外还有宗教学生和教阶较低的毛拉。1976年政府普查的神职人员为2347人，但这远远低于实际数字。①

宗教阶层除了承受国王的打击外，还遭到伊斯兰知识分子的挑战。自50年代以来，伊朗伊斯兰现代主义兴起，以阿里·沙里亚蒂（Ali Shariati）为代表的伊斯兰知识分子也向宗教乌莱玛阶层发难，他认为当代什叶派神职人员不能代表真正的伊斯兰，几个世纪以来他们将统治者的权力和上层阶层的财产合法化了，从而背叛了伊斯兰的事业。正是乌莱玛的蒙昧、冷漠和虚假才导致伊朗青年滑向西方文化。

沙里亚蒂的思想产生了极大反响，宗教学生也开始出现离开宗教阵营的现象，有的人还私下进入世俗学校学习。有许多伊朗青年不再参加礼拜活动，远离清真寺。宗教阶层反对西式的现代化和世俗化，霍梅尼说："我们的文化中充斥了外来文化，以致它将我们的人民和伊斯兰完全分离开来。"②他要求伊斯兰知识分子和大学生不能抛弃伊斯兰。但宗教阶层的影响力在日益削弱，清真寺宗教活动、参加人数、宗教收入等方面都有明显地减少。由于公私部门就业机会增多，不少神职人员离开宗教职业而从事其他岗位。1976年神职人员的队伍约有13.2万人③。

三 资产中产阶层

在伊朗社会中，资产中产阶层是人数庞大的群体。其中最大的群

---

① Ahmad Ashraf, Ali Banuazizi, "Class System vi Classes in the Pahlavi Period", *Encyclopaedia Iranica*, Vol. V, Fasc. 7, 1992, pp. 677 – 691.

② Misagh Parsa, *States Ideologies and Social Revolutions a Comparative Analysis of Iran, Nicaragua, and the Philippines*, p. 138.

③ Farhad Numani, Sohrab Behdad, *Class and Labor in Iran: Did the Revolution Matter?* Syracuse University Press, p. 98.

体是巴扎商人和作坊主,两大群体规模约 100 万户。① 他们本身是独立从事个体经营的手工业者或店主,这一阶层包含冶金、木器、建筑、瓷器、纺织、皮革、食品工艺等行业的作坊主等;还包括批发商、零售商和商业代理等群体。作坊主和巴扎商人不仅规模大,还具有很强的组织性及动员能力,在伊朗社会运动中扮演重要角色,如在烟草运动、立宪革命中,石油国有化运动和伊斯兰革命中他们都充当了主力军的角色。

1. 作坊主和中小资本家群体。作坊主②是一个独立的群体,他们拥有少量资本,采用手工生产或零售方式,雇佣家庭工人。作坊主与宗教阶层关系密切,是城市传统生活方式的载体,联系他们的组织是行会,其首领被称为长者"花胡子"。1928 年德黑兰行会作坊主 1.2 万人,1976 年首都小企业主增长至 25 万人,70 年代这一群体加上所雇佣的家庭工人占德黑兰城市劳动力的 25%。③

随着工业化发展,地主、作坊主和巴扎商人等群体中的一部分开始从事现代工商业,从而形成现代工商业资本家群体,但以中小资本家为主,这成为资产中产阶层的新的构成部分。因而资产中产阶层按照经营方式可划分为两大群体,即中小资本家(雇主阶层)和个体经营者。资本家数量 1966 年为 13.78 万人④,1976 年达到 18.2 万人(78.6% 在城市),该群体中的现代资本家仅占 12.8%,他们本身是管理人员或专业技术人员,具有很强的专业背景;其余 87.2% 仍以传统方式经营,分布于工业、农业、商业、服务业等部门。伊朗资本家群体规模很小,他们具有较大的分散性,除了行业和职业的差别外,资本集中程度很低,97% 的工厂都是雇佣 10 人以下的小企业,50 人以上的企业全国仅 923 个,中型企业有 4500 个。资本家群体从事制

---

① Mansoor Moaddel, *Class Politics and Ideology in the Iranian Revolution*, p. 67.

② 被称为"小资产阶级"(kasaba)。

③ Hossein Godazgar, *The Impact of Religious Factors on Educational Change in Iran Islam in Policy and Islam in Practice*, The EDWIN mellen Press, 2008, pp. 31 - 32.

④ Julian Bharier, *Economic Development in Iran 1900—1970*, Oxford University Press, 1971, p. 35.

造业的有6.6万人，占36.5%；农业资本家有3.6万人，占19.7%；从事销售和服务业的有5.3万人，占29%。[1]

2. 个体经营者。个体经营者群体1966年为275.6万人[2]。1976年该群体为280万人，占就业人口31.9%，他们本身也是劳动者，但同时也雇佣家庭劳动力[3]，家庭工人有100万人（农业中家庭工人占家庭工人57.5%，制造业中的家庭工人占40.9%）。个体经营者中仅有1.2%是现代经营方式即专业技术人员，其余的98.8%仍从事传统经营方式。个体经营者分布情况是：农业占60.7%、交通业占21.1%、服务业占16.7%。[4]

表2－8　　　　　1976年10年以上工龄劳动力统计表[5]　　（单位：万人；%）

行业	企业主	个体户	公共职员	私人职员	家庭工人	未分类	总计
人数	18.2	281.1	167.3	307.2	102.2	40	880
比例	2.1	31.9	19	34.9	11.6	0.5	100

资料来源：Iran Statistics Center data of different census years。

3. 巴扎商人。巴扎是城市经济的脉搏，同时也是外资的主要投放地，是批发商大宗贸易的集散地。巴扎商人控制着德黑兰的批发市场，德黑兰巴扎商人掌控40%的民族资本、60%的工业投资，拥有雄厚的经济实力。从事进口贸易的商人掌控绝大部分进口消费品和半成品及非石油出口物资的贸易额度。批发商在流通环节中充当重要角色，与跨国公司、大型现代企业有业务联系，进口商品通过德黑兰的

---

[1] Farhad Numani, Sohrab Behdad, *Class and Labor in Iran: Did the Revolution Matter?* Syracuse University Press, 2006, p. 92.

[2] Julian Bharier, *Economic Development in Iran 1900—1970*, Landon, Oxford University Press, 1971, p. 35.

[3] 家庭工人97.5%是从事制毯业和纺织业，85.9%在农村，因此不领薪水的家庭工人是伊朗社会中的农村现象。

[4] Farhad Numani, Sohrab Behdad, *Class and Labor in Iran: Did the Revolution Matter?* Syracuse University Press, 2006, p. 94.

[5] Zahra Karmi, "The Effects of Trade Liberalization on The Labor Standards in Iran", www.global-labour-university.org/fileadmin/Papers, p. 10.

大批发商配销各地。在近代欧美发达国家，商人阶层是形成统治精英的一个重要来源，是社会中最先取得支配地位的群体。但在伊朗不同，该群体很少能够向上流动而进入社会上层中。在伊朗社会权力架构中，巴扎商人的地位处于旧官僚阶层和宗教阶层之间。[①]

巴扎商人被国王视为一切落后因素的代表，因为它阻碍了伊朗社会发展和现代化。政府投资多投向大型现代建设项目，现代经济部门吸收了过多的资本，他们还享有免税、低息贷款、补贴和商业保险的保护。那些和西方资本有密切联系的王室家族、官员和现代工业家才能得到国家经济政策的支持。传统工商业经济部门被排除于现代化发展计划之外，除了极少数富商依附于外国资本成为大合同商之外，大部分巴扎商人维持传统的小规模生产和经营。

尽管在国王统治下巴扎商人受到削弱，但他们仍控制了 1/3 的进口贸易额及 2/3 的国内销售额[②]。1963 年巴扎信贷额度与当年伊朗商业银行总储量相等。德黑兰零售商、各省批发商、私人产业都需要巴扎商人的贷款。巴扎商人积累的财富在市场资本流动中起着关键作用。1975 年德黑兰巴扎外贸额达 300 亿美元，放贷额有 210 亿美元，控制当地 20% 的市场份额。国家对巴扎商人的敌视强化了其群体意识，巴扎商人内部形成独立的金融系统，商人中出现专门放贷的群体，为巴扎的商业投资或进出口贸易提供资金来源。长期合作的商业搭档的信用制进一步升级，定期清理和平衡账务，他们之间复杂的账务可连续多年甚至在代际之间交传。

巴扎商人对国家依赖性较弱，巴扎和现代工业不同，巴扎中没有集中的、形成规模的劳动力，其内部经济纠纷也不需要国家机构的仲裁和管理。此外，政府大量投资于耐用消费品的生产，主要面向社会少数中上层，从而在消费品市场方面为巴扎商人和作坊主留出了一定的发展空间。他们虽没得到国家经济政策的扶持，但也在 40 年代的

---

① Goitein, *studies in Islamic history and Institutions*, Leiden: E. J. Brill, 1966, pp. 217 – 241.

② Mansoor Moaddel, *Class Politics and Ideology in the Iranian Revolution*, New York: Columbia University Press, 2013, p. 67.

战时经济中受益，规模也在扩大。二战后伊朗工业得到发展，实力雄厚的商人向工业领域进军，不少工业资本家有商人背景。如马什哈德的阿赫玛德·哈亚米就来自商人家庭，他从干果出口商转变成为伊朗最大的汽车制造商，在国王资助下他建立全国的分支机构和连锁网。还有拉加瓦尔第家族由进口商转变为产业资本家。① 绝大多数企业主的父辈都经商，也有部分是地主或政府官员。②

巴扎商人带有浓重伊斯兰性，长期以来与乌莱玛合作，是传统的政治同盟。40年代和50年代坚持伊斯兰意识形态的商人大大萎缩，这一群体逐渐远离宗教阶层转而支持民族阵线，成为反对王权的一支重要力量。1951—1953年巴扎商人政治组织不断罢市支持摩萨台，据统计这种运动达50多次。在摩萨台倒台后巴扎商人继续组织抗议运动以保护摩萨台。

60年代巴扎商人抗议国家的税收、外贸和信贷等政策，拒绝交税长达3年，巴扎商人与王权日益对立。由于政府的严密监视和高压态势，民族阵线一直未能恢复，不少作坊主转而加入宗教反对派行列。他们参加了1963年的宗教抗议运动，但因缺乏组织最后被国王镇压。70年代后巴扎商人与宗教联系开始弱化，他们参与宗教机构的活动减少，经济捐赠也下降了。大多数巴扎商人不再将伊斯兰作为其意识形态，相反，他们拥有较大的经济和政治资源，因而他们对乌莱玛阶层的影响渐渐增强，一些政治上活跃的巴扎商人称，是他们决定着乌莱玛的政治立场，而不是相反。③

4. 资产中产阶层的农村部分。60年代伊朗土地改革使中小地主、富农、中农和农村资本家群体成长起来。土改后新产生农业资本家，该群体和地主阶级在农村中处于上层地位。70年代末，伊朗农村各阶

---

① Arang Keshavarzian, *Bazaar and State in Iran, the Politics of the Tehran Marketplace*, p. 79.

② Mohammad Reza Vaghefi, *Entreoreneurs of Iran: The Role of Bussiness Leaders in the Development of Iran*, Oalo Alto. Ca: Altoan Press, 1975, pp. 81 – 83.

③ Misagh Parsa, *States Ideologies and Social Revolutions a Comparative Analysis of Iran, Nicaragua, and the Philippines*, pp. 202 – 203.

层依地产大小大致可分为三类:地主阶级,富农、中农和农业资本家,少地或无地农民。地主阶级约 10 万人,拥有 600 万公顷较为肥沃的土地,占地 100 公顷以上的大地主有 9500 户;其余为占地 30—100 公顷中小地主,约 9 万多人。富农、中农约 45.7 万,少地或无地农民 150 万户。[①] 中小地主、富农、中农以及农业资本家都可归入农村中产阶层。

国王在土改中创造的小农阶级与王权的联盟并不牢固,随着人口的加速增长,农业问题日益突出,伊朗自 70 年代中期开始失去了农业自给的能力。国家发展与社会严重脱节,这不仅触动了地主的利益也削弱了农民对国王的支持。同时,城市中新兴中产阶级和产业工人的在快速增长,反对王权的力量日益壮大。

四 传统中产阶层的特点及内部关系

传统教育一般指在清真寺附近的宗教学派,古兰经班称马克塔布(maktab),是初级教育;中级和高级教育称马德拉萨(madrasah),宗教课程由毛拉任教。传统教育保留了大部分的阿拉伯教育模式,所开办的主要课程是经学、阿拉伯文学、伊斯兰科学等。此外还有苏菲学派(Khaneghah)和宗教大学。官僚中产阶层、资产中层阶层和宗教中产阶层都有传统教育背景,他们的社会地位和政治地位处于中等水平,被归类为传统中产阶层。

宗教中产阶层拥有优越的宗教地位,并且控制了传统教育体系,拥有一定的权力和社会资源;资产中产阶层掌控一定数量的生产资料和更多的社会财富;而官僚中产阶层有一定政治地位和社会资源。巴扎商人可以买通官僚以获得商业的经营许可权,神职人员可以通过接收商人子女入学以获得商人所提供的经济利益,官僚可以给予神职人员提供政府任命以获得神职人员的服务等。[②] 总的来看,这三种类型的群体都享有一定的优越地位,他们有能力向上层统治者施加压力迫

---

① Mansoor Moaddel, *Class Politics and Ideology in the Iranian Revolution*, p. 66.
② Ahmad Ashraf, "Ali Banuazizi, Class System vi Classes in the Pahlavi Period", *Encyclopaedia Iranica*, Vol. V, Fasc. 7, 1992, pp. 677 – 691.

使其让步,例如在烟草运动、立宪革命、40年代人民党组织的工人运动、50年代摩萨台领导石油国有化等运动中,中产阶层都发挥领导和组织作用。上述三大阶层都有共同的教育背景、相似的价值观,在政治上都倾向于保守,当其自身利益受到威胁的时候他们会向统治当局发起强有力的挑战。但传统中产阶层一般只要求对伊朗进行局部改良,反对根本性的革命。近代以来在伊朗历次社会运动中,这三大阶层的利益和要求一旦得到满足他们就会退出运动,转而成为革命运动的阻力。

五 现代教育的发展与职业中产阶层的壮大

现代教育的发展是现代中产阶层壮大的重要因素。巴列维王朝时期,传统宗教学校马克塔巴及玛德拉萨(Madrasah)呈现萎缩之势。1925—1941年,宗教学校学生总数从28949人增加到37287人,但同一时期神学院学生从5984人减至285人。巴列维国王统治时期,政府极力削弱传统宗教在社会和家庭中的影响,大力发展世俗化教育。宗教领祷人被排除于现代教育之外,他们被禁止讲授宗教课程。政府在德黑兰成立了中央执行局以处理教育事务,将国家教育资源集中回拢,通过教育来塑造具有现代意识的伊朗公民。

这一时期现代教育迅速发展。1921—1941年伊朗小学从432所增至2407所,学生达287245人。世俗中学从33所增至351所,其中私立中学110所、国立中学241所,学生28194人,采用的是法式教育体系,统属于教育部。1941年小学毕业生6.5万人、初中毕业生2.5万人、高中毕业生1万人。高等教育也得到发展,至1941年德黑兰大学有3300名学生,同年留学归国的有950名;技校培训职工3200名;成人教育毕业生173909名。1925年至1941年伊朗教育拨款增长了12倍[1],现代教育体系初具规模。

1956—1962年私立学校和职业学校的规模都在扩大。"三五计

---

[1] Hossein Godazgar, *The Impact of Religious Factors on Educational Change in Iran Islam in Policy and Islam in Practice*, The Edwin mellen Press, 2008, p. 88.

划"时期（1963—1967年）国家预算支出的9%投入教育，还制定《20年长期规划》作为"白色革命"的一部分，主要目标是破除旧的制度和秩序，提高妇女社会地位，提高生活水平，消除财富分配不平等，为民众提供教育机会。"四五"和"五五"期间教育规模扩大3倍，技术学校、职业学校、师范院校学生从1.4万人增至22.7万人，大学生从2.48万人增至15.4万人；留学生从1.8万人增至8万人。[①]"四五"时期（1968—1972年）高等教育发展尤为迅速，高校学生人数从6万增至11.5万，35.6%的学生是社会科学领域，22.3%为工程、12.4%为医学、4.4%为农学[②]。

作为国王"白色革命"中的举措之一，政府成立"文化大军"以执行人力资源开发计划，3.5万"文化大军"被分别派往3.4万村庄，教育了38.68万名学生，共计11942个班级，成人班3973个，成人学生有72530名。1956年伊朗识字率达到15%[③]，至1978年伊朗识字率已经达到60%[④]。1953—1977年教育规模扩大了十倍。

巴列维王朝两代国王都致力于发展现代教育体系。伊朗工业化的发展要求现代教育培育更多的专业技术人才，而青年群体也希望接受现代教育和从事现代职业。这一时期绝大部分中学和大学毕业生进入政府部门任职，成为专业技术人员，如教师、律师、医师等，还有公共部门中的管理人员。专业技术人员和现代管理人员具有明显的专业背景和职业特征，因而被称为职业中产阶层。

职业中产阶层分布在教育和医疗等社会服务部门及石油、交通、通信等大型国营企业及大中型私人企业。他们也形成了完整的科层化序列，专业技术人员有教师、医师、医护的序列，而行政管理人员有行政官员及科员的序列。1976年公有和私人经济中管理人员、专业技

[①] Misagh Parsa, *States Ideologies and Social Revolutions a Comparative Analysis of Iran, Nicaragua, and the Philippines*, p. 100.

[②] Ibid..

[③] Ibid..

[④] Ibid..

术人员等"白领"总数共计47.7万人，占就业总数的5.4%。[1] 公有经济中有37.6万人，占该群体78.7%，私人经济中这类劳动力达到10.2万人（专业和技术人员占85%），占该阶层人数的21.3%。[2] 在私人经济中，现代中产阶层主要分布在大型的现代企业，私人经济中现代中产阶级人数较少。

20世纪30年代以前，职业中产阶层成员多来自上层社会，阿赫默德指出"贵族、教士、地主、部落酋长是知识分子的主要来源。"因为仅上层社会家庭可以支持现代教育的费用。[3] 这一时期，该阶层基本等同于伊朗第一代知识分子群体，他们人数较少，内部职业差别很大，家庭背景、收入水平、受教育程度、生活方式都不相同。他们多来自伊朗西北地区阿兹尔和亚美尼亚等非波斯语的少数民族，该群体大多接受西式现代教育，西方制度文明和价值文化对他们产生了极大影响，这一阶层都具有世俗化倾向，反对王权、反对保守宗教势力，赞同激进的社会改革，要求实行民主政治，是立宪革命的领导力量。他们是民族主义者，寻求民族独立，也是现代化改革的先行者。[4] 这代知识分子最初支持礼萨汗，但后来对其专制统治失望。由于缺乏参与政治的机会，他们逐渐对王权统治产生不满。知识分子不认同国王的民族主义，因为它建立于前伊斯兰历史文化之上，他们转而反对礼萨汗的统治。

自40年代开始，职业中产阶层出现新的来源，即城市的传统中产阶层家庭。伊朗直到1948年文盲仍占总人口95%，人口受教育状况还没有根本改观，伊朗现代教育的中级和高等教育规模还不大，而职业中产阶层是伊朗中产阶层群体当中文化程度最高的部分，所以职

---

[1] Sohrab Nehdad, "What a Eevolution! Thirty Years of Social Class Reshuffling in Iran", *Comparative Studies of South Asia, Africa and the Middle East*, Vol. 29, No. 1, 2009, p. 97.

[2] Farhad Numani, Sohrab Behdad, *Class and Labor in Iran: Did the Revolution Matter?* Syracuse University Press, 2006, p. 97.

[3] James A. Bill, *The Politics of Iran Groups, Classes, and Modernization*, Charles E. Merrill Publishing, 1972, p. 68.

[4] Stephen C. Poulson, *Social Movements in Twentieth-Century Iran Culture Ideology and Mobilizing Frameworks*, p. 142.

业中产阶层占人口比重还很小。伊尔万德·阿布拉赫曼提出40年代职业中产阶层的统计数字已经达到劳动力总人数的7%。[①] 职业中产阶层人数要比宗教中产阶层大，但比资产中产阶层小。60年代以后，由于高校入学考试方式变化、高等教育机构增多，以及政府各部所属培训机构及高等院校扩充，伊朗社会男性和富人垄断教育的时代结束了，社会中下层成员是职业中产阶层的主要来源。这一时期伊朗形成第二代知识分子群体，他们最早出现于30年代，来自德黑兰、大不里士、拉什特、伊斯法罕、库兹温等城市中小规模的激进知识分子群体。第二代知识分子多是德黑兰地区操波斯语的年轻知识分子，属于操波斯语的民族。政治上他们反对君主专制，要求实行共和制。

总之，这一时期向现代化转型中伊朗的社会结构发生了变化，中产阶层群体在壮大，力量在增强。但中产阶层政治地位下降，参与政治的渠道被堵塞，因而要求改变现状，反对王权专制。

第四节　国家经济发展对中产阶层的影响及社会分层的变化

一　国家经济发展中存在的问题

20世纪60年代和70年代伊朗经济明显发展了，现代大型工业增长最快，矿业、冶金业年均增长19.1%，橡胶业为12.2%，石化业为26.7%，电气业为7.9%，汽车业为6.6%，建材业为3.5%。[②] 但伊朗经济具有明显缺陷，对其社会发展产生巨大影响。

首先，伊朗经济对外国资本形成严重的依赖。现代工业部门由于资本密集、技术复杂，伊朗更多地依赖于引进外国资本和专业人员，进口半成品及先进生产设备。工业生产不能满足国内有效需求的增长，由此导致通货膨胀和物资稀缺，其结果是进口扩大，国家支出随

[①] Ervand Abrahamian, *Iran Between Two Revolutions*, p. 145.
[②] Mansoor Moaddel, *Class Politics and Ideology in the Iranian Revolution*, p. 84.

之增长,但支出超过了石油收入,使经济脆弱性更为明显。伊朗经济易于受到国际市场价格波动的影响,70年代中叶后世界市场上对石油需求的下降导致伊朗经济状况不断恶化。

其次,伊朗国家经济结构畸形发展。石油盈利最多产,是国家主要的经济部门,也是国家财政的支柱。巨额的石油美元收入导致伊朗经济在60年代和70年代过热,但是基础设施建设不足成为经济发展的瓶颈。工业发展依赖于石油收入,伊朗经济呈现一种贸易依赖性。贸易依赖性的度量指标是外贸总额对国民生产总值(GNP)的比率,1959—1966年伊朗贸易依赖性为0.27,1973年达到0.38,1975年达到0.67[①],这主要表现为对石油收入的依赖。石油收入占政府收入的比例如表2-9。

表2-9　　"三五"至"五五"时期石油收入在财政收入和出口中的比例　　(%)

类型	"三五"时期	"四五"时期	"五五"时期
石油收入占岁入	48.1	55.2	77.7
石油占出口份额	78.7	82.8	96.7

资料来源:Mansoor Moaddel. *Class, politics, and ideology in the Iranian revolution*, p.85。

国家出口产品主要集中于石油,传统生产部门具有出口优势但没有成为国家出口政策的首选。出口市场的畸形发展使资源配置发生巨大变化,产生了投资、就业、工业需求等方面的错位。各经济部门间缺乏必要的流通渠道,因此并不协调。

最后,农业生产出现严重蜕化。1977—1978年农业劳动力占劳动力总量一半以上,但农业产值仅占GDP的9.4%[②]。政府加大推进农业合作化,建立大型农产品商业公司等,在贷款和补贴等方面给予扶持,但大型现代农场长期高投入、低产出,而占绝大多数的传统农业受到破坏而面临解体,农业劳动力外流导致资金和技术流失严重。由

[①] Mansoor Moaddel, *Class Politics and Ideology in the Iranian Revolution*, p.85.

[②] Misagh Parsa, *States Ideologies and Social Revolutions A Comparative Analysis of Iran, Nicaragua, and the Philippines*, p.67.

于农业生产停滞、过度城市化及人口的快速增长等多因素导致农业不能自给,从70年代开始伊朗从农业出口国变为进口国,平均每年花费15%的外汇填补农产品缺口。农业等基础经济的削弱使伊朗经济脆弱性问题更加突出。

最后,国家高度干预经济。在伊朗,政府高度介入经济发展,政府干预代替了市场机制。国家干预经济程度的高低首先反映在固定资产中公共经济部门所占的份额的大小。一般来讲,发达国家仅占8%—18%,而发展中国家普遍在1/3以上,中东地区国家在一半以上。二战后发展中国家在取得了民族独立成功后,随着外国资本的撤出,产生了有一定规模的国有企业,在国民经济体系中占有相当大的份额。由于各国普遍都缺乏一个拥有雄厚经济基础的资产阶级,而资本、技术引进的成本又很高,因此高风险的大型投资只能由国家承担。这样,发展中国家都走上高度干预经济的道路,为私人经济发展提供工业化的基础,保护民族工业免受外国资本的竞争,促进民族工业发展。发展中国家基本上都采取进口替代的发展战略,高竖关税壁垒;引进技术,实行外汇升值等。

在伊朗,国家拥有和控制了国内大部分经济资源,成为国民经济发展的主角,国家处于经济发展和活动的中心地位。但国家广泛参与经济活动,过多的规则和计划限制了市场机制的运行[①]。国家本身就是最大的企业主,但国家的高度干预限制了资本的自由流通。

二 国家经济对中产阶层的影响

伊朗政府在经济不平等的形成过程中起到重要作用。国家执行的经济发展计划中,官僚买办资产阶级受到国家扶持和保护。政府支持现代经济的发展,但资源过度集中于少数经济部门。虽然大型企业能得到政府资源的支持,但大型企业与当局相互取利,滋生了严重的腐败。伊朗中小资本家规模庞大,1977年现代企业主和作坊主在就业人

---

① Misagh Parsa, *States Ideologies and Social Revolutions A Comparative Analysis of Iran, Nicaragua, and the Philippines*, p. 17.

口中占30.55%，发达国家这一比例较小：美国为8.1%，英国7.57%，德国为8.36%，日本为14.29%。伊朗工业中98%是中小型的传统制造工业，雇佣了城市劳动力的2/3①，仅传统工业如毛毯业就雇佣了城市劳动力一半。小型企业基本无缘国家贷款和补贴等资源，中小企业不能得到经营授权、贷款和补贴，还要面临机器工业品的竞争。传统工业在1973年仅得到国家工业拨款的0.2%，1976年增加到5.2%，所占比例仍很小。② 国家以牺牲传统生产部门来换取经济增长，这损害了传统经济部门的利益，小型经济的发展空间受到挤压，呈现严重的萎缩现象。工商业资本家群体的利益受到损害，因此对国家产生不满。

地主的利益也受到损害。国家发展现代农业的政策脱离伊朗农业现实情况，现代大农场得到国家扶助，而传统农业的生产难以维系。此外在劳动法方面，国家禁止工人罢工，将工会纳入国家监控范围降低了工人和资本家谈判中的地位，工人工资福利无法保障因而对现状不满。

国家的税收政策也是不平等的，据统计伊朗人口中占10%的贫困人口缴纳了11%的国税，而最富的10%的人口只缴纳了8%的国税。③ 正是由于国家对经济的高度干预，国家成为社会群体攻击的目标，一旦出现经济危机，国家首先要为经济失败和政治混乱负全责，政府会成为社会抗议运动的对象。

1973年经济危机后石油需求下降，各国通货膨胀恶性发展，西方各国采取紧缩政策导致失业率上升，工业生产下降。而刺激经济又会导致通货进一步膨胀，因此西方各国都陷入滞胀。伊朗经济增长速度也开始放慢，石油收入下降，财政赤字、军费支出增加，伊朗开始寻求向世行借款。在经济危机中，政府采取减少支出的政策，首先削减的就是社会福利，终止了政府给予宗教阶层的补贴政策和给予宗教学

---

① Misagh Parsa, *States Ideologies and Social Revolutions A Comparative Analysis of Iran, Nicaragua, and the Philippines*, pp. 15, 66.

② Ibid., p. 66.

③ Ibid..

校的拨款，这损害了乌莱玛利益，此外政府反暴利运动使巴扎商人的利益受到损害。政府经济政策引起各阶层的不满，城市中产阶层经济利益受到损害而在政治上处于无权地位，他们自视为"被剥夺者"，是无权阶层。无权阶层如果形成于市场经济机制之内，那么这类社会群体的不满不会直接针对国家，他们更倾向于改良。但这一时期，伊朗政府高度干预成为社会不平等的根源，无权阶层产生于国家干预的体制下，其不满会直接指向国家，他们在反对国家的基础上形成联盟。伊斯兰革命的源起主要是经济原因。

伊朗经济"起飞"后并没有进入罗斯托所设想的经济持续增长，相反在70年代中叶以后受到国际市场和油价波动等因素的影响经济陷入停滞。伊朗推进工业化的过程中国家高度干预经济的方式容易引起社会力量对国家的对抗情绪。此外，国家经济政策对社会群体和各阶层产生不利影响，例如国家对农业发展的忽视使小农阶层的利益受到损害，为发展工业禁止罢工和限制工会组织等措施也成为工人进行动员的背景。伊朗各阶层最终走向联合，加入反对国王的阵营。

伊朗发展现代化的外部环境是一种不平等的经济秩序，晚近起步的后发现代化国家往往受到发达国家的支配。一方面是国际不平等交换；另一方面是发达国家的资本输出都使伊朗经济发展处于不利地位。这一时期伊朗的发展模式被伊万斯称为"依附性发展"。[1] 创立增长政治经济学的保罗·巴兰和安德烈·弗兰克提出了与现代化理论相对立的依附论，又称依附与低度开放论。其理论认为第三世界国家的经济落后与低度开发并非由于它们的前资本主义结构，而是由它们在资本主义世界经济体系中处于依附地位造成的。外在的依附关系与内部收入结构的极不平等及其相互作用，使发展中国家的工业化进程遭到扭曲。[2]

---

[1] Mansoor Moaddel, *Class Politics and Ideology in the Iranian Revolution*, p. 66.
[2] 罗荣渠：《现代化新论——世界与中国的现代化进程》，商务印书馆2009年版，第42页。

三 转型社会的分层发生变化

社会阶层是按照经济收入、政治地位和社会声望等指标进行纵向分层的。传统社会中，政治因素在社会分层中的作用很大，先赋因素在分层中起着至关重要的作用。先赋性特征指个体出身时即决定的身份特征，如性别、民族、父辈财富、家庭背景，这影响个人的后续的社会、政治和经济地位。与先赋性特征相对的是获致性特征，如学历、专业技能、资格等。如果人们的地位主要取决于获致性特征，那社会就较为公平。相反同理。

伊朗传统社会具有一定流动性，在群体内部成员来自不同的阶层，个体在阶层间可以上下流动。在家族、部落、民族群体或宗教等群体内有跨越阶层的现象，例如部落成员间有社会等级的差别，酋长位于上层，但因权力的争斗激烈其地位不稳固。家族成员内部也有所处阶层不同的情况。詹姆斯·比尔认为伊斯兰给伊朗社会带来了社会流动的四大渠道[①]，即：（1）先知家族的成员。他们有很大的社会影响力，伊朗政治运动总是以圣裔作为领导人物，而许多政治人物也尽量将其家谱渊源与先知家族或阿里、阿巴斯等家族相联系。（2）什叶派乌莱玛。低阶层成员可以接受传统教育而成为宗教领袖，甚至上升至社会的上层。女性也可以借助此通道向上流动，伊朗曾经有女性穆智台希德[②]。（3）官僚系统。伊朗有不少上层社会家族是通过官僚机构得到提升的，如穆斯塔韦夫·马木路克、米尔扎·塔齐可汗、阿凯汗、努里、哈吉·阿布拉合曼等[③]。（4）军事部门。军官可以凭借自

---

① 他认为伊朗在伊斯兰化之前，在萨珊波斯帝国时期社会流动性很小，而现代伊朗社会的纵向流动又被上层控制，因而传统伊斯兰社会中自由流动的阶梯主要来自宗教体制。James A. Bill, *The Politics of Iran Groups, Classes, and Modernization*, Charles E. Merrill Publishing, 1972, p. 28。

② 有关女性穆智台希德的记载见于1925年出版的 Khayrat – I Hisan, 作者 I'timad al Saltanah。James A. Bill, *The Politics of Iran Groups, Classes, and Modernization*, Charles E. Merrill Publishing, 1972, p. 28。

③ James A. Bill, *The Politics of Iran Groups, Classes, and Modernization*, Charles E. Merrill Publishing, 1972, p. 29.

身的勇武来抓住向上流动的机会,巴列维王朝的建立者就是从低阶层军官向上流动的例子。

伊朗社会转型属于快速的、大规模的社会变迁运动,这一过程中传统社会中的宗法因素和部落传统在社会分层中的角色呈现弱化趋势,政治因素逐渐变弱。社会进步中轴原理在于生产力的突破,它也是社会变迁中根本性的转变力量。生产力水平低的社会里,超经济权力大于经济权力,随着生产力的发展,政治因素对社会发展的独立影响相对削弱。国际因素则随着现代生产力的发展而具有越来越大的影响和互动作用。[①] 巴列维王朝时期,科技日益先进,生产力取得进步,先赋因素的分层作用开始减小,教育和专业技能等后天获得因素在分层中作用开始增强。伊朗社会开始朝着多元分层的方向发展。教育是国家进行社会整合的有效机制,一方面可以凝聚社会力量,为现代化培养人力资本和人才储备,另一方面国家发展教育,力图建设一个民族、一个国家、一个政府、一种语言和文化的伊朗。以此消弭社会分层所产生的阶级意识和可能发生的阶级对抗。

这一时期随着工业和现代教育发展,现代社会为个人的社会流动创造了有利条件。但政治精英控制了官僚和军队系统内的流动渠道,其结果是从社会中下层向上流动的个人日益依附于上层,而社会流动的宗教渠道被阻塞。复兴党等御用政党和秘密警察成为社会下层向上流动的主要通道。

伊朗群体社会的特征逐渐弱化,阶级社会的特征更加明显。礼萨汗加强王权统治的结果是上层与中产阶层的矛盾趋于尖锐化,分层中社会群体的政治、经济、社会等级的相关度提高了,群体分界明晰化,这造成社会群体冲突的烈度升高,阶级对抗的形式升级。

伊朗经济和社会发展具有明显的不平衡性,社会结构的变化仅发生在局部,社会结构的整体没有改变。伊朗社会向现代化转型的程度仍停留在浅层次。后天获致因素的作用仅限于社会中上层的群体之

[①] 罗荣渠:《现代化新论——世界与中国的现代化进程》,商务印书馆2009年版,第128—129页。

中。40年代末伊朗整个农村仍有90%人口为文盲。现代化在工商业发达的人口稠密的地区得到发展，还远没有达到民族地区和边远的农牧业地区，这对社会分层的影响仅触及了一部分群体，即社会中上层及广大下层群体在的地位没有明显改变。

先赋因素在分层中仍然存在，例如民族因素方面，少数民族中非波斯语人口由于其所聚居社区的学校和出版机构关闭，其识字率明显下降了，官方的这一政策引起少数民族和宗教少数派的反对。阿兹尔人反抗尤为强烈，因为其城市化水平较高，识字率比库尔德、阿拉伯、俾路支、土库曼等民族高出许多。因此，阿兹尔知识分子群体具有独立的民族意识和群体意识，对波斯文化的同化有强烈的抵触心理。

本章小结

巴列维王朝建立后，伊朗进行现代化改革，工业化发展取得巨大成就，伊朗经济结构和社会结构发生变化，人口结构也发生巨变，伊朗农牧业社会瓦解并向工业社会转变，由此开始了现代化转型。这一时期国家机构扩充、现代教育发展及工业化推进都深刻地改变了伊朗社会结构。部落首领转变为地主，地主和商人向现代工商业领域进军，地主阶级和乌莱玛呈现衰落之势。此外，外国资本加强渗透，官僚买办资产阶级出现成为社会上层新的成分。

伊朗中产阶层人数在增长，成为伊朗社会结构中一个重要的部分，且其内部各群体类型更加复杂多样。首先，国家经济职能发展及政治机构扩充使官僚中产阶层数量增大。其次，作坊主和中小资本家群体在增长，土改后中小地主、富农中农及农业资本家等农村中产阶层群体成长起来。最后，现代教育的发展使职业中产阶层壮大起来，经济精英和技术官僚等新的阶层也登上历史舞台。在经济上，国家政策倾向现代经济部门，忽视了占主体的传统经济的发展，这损害了传统中产阶层的经济利益。在政治上，现代经济部门中的中产阶层处于无权地位，也对现状产生不满。同时，社会下层如工人阶级要求改善劳动条件和提高工资待遇，也对政权提出抗议。这一时期，巴扎商人经济和政治的独立性增强，中产阶层与国家间逐渐形成对立的关系。

伊朗全盘西化的改革对传统社会的破坏很大。土地改革导致农村生产方式发生巨大变化，传统社会结构开始解体，伊朗向现代社会的转型速度加快。农村传统关系的纽带的消失使农村社会成为不稳定的流动体，农业劳动力外流使农业成为发展最慢的部门。此外，伊朗现代社会的建设仍存在不少问题，突出表现在现代大工业的发展依赖于石油经济和国家财政的支持，缺少农业等传统经济部门的支撑，因此具有很强依赖性和脆弱性。过快的城市化所产生的城市剩余人口也产生了就业、贫困等严重的社会问题。

现代化的发展和经济的增长没有带来政治的稳定，相反社会阶层对立日益明显，阶级冲突加剧。国家高度干预经济发展的政策最终结果是促使反对派结盟，国家成为社会主要阶级共同反对的目标。因此，现代化的发展最终并没有产生社会稳定，相反产生了大量的社会不安定因素。巴列维国王想要通过发展现代化和提高经济增长速度来稳固专制统治的愿望最终会落空。

第三章

转型时期伊朗的政治变迁及中产阶层政治发展（1925—1979年）

强有力的中央政府是伊朗启动现代化一个重要的初始条件，这在巴列维王朝统治下得到实现，中央政府加强了掌控全国的能力，并平定部落叛乱，地方自治运动趋于低落，伊朗现代民主国家的政治基础得到巩固。现代化改革极大地改变国家的面貌，但执行现代化的国家机构蜕变为君主集权的工具，中产阶层政治参与的渠道被堵塞，他们处于无权地位。王权和中产阶层政治上对立，在不同时期形成此消彼长的互动关系。

第一节 王权加强及中产阶层政治地位的削弱（1925—1941年）

一 中产阶层的政治参与状况

1911年12月恺加王朝复辟后，其政治统治更加虚弱，王朝的权力范围仅限于首都及周边地区，且它本身仰仗沙俄的扶持。中产阶层中的革命派、各省和州的"恩楚明"（地方委员会）及其武装费达伊被镇压下去，自由派被排挤出政权，中产阶层政治力量受到严重削弱。

1914年7月12日艾哈迈德沙继任，成为恺加王朝的新国王。三周后即8月3日，第一次世界大战爆发了。伊朗政府宣布严守中立，由中立派的莫斯图菲·马茂莱克出任首相。1914年11月1日伊朗第三届议会正式召开①,保守党和民主党在第三届议会中平分秋色,二者在对外政策和对内改革等问题上相互对立。民主党内有不少成员来自上届议会的中产阶层温和派和自由派,中产阶层开始重新参与国家政治。第三届议会中民主党是改革派,在其倡导下通过了民主选举法,由此扩大了选举权范围。伊尔万德认为这实际上是民主党一项策略性失误,农村下层加入选举后反而增强了农村精英阶层的权力,导致议会中保守派力量增强。其结果是削弱了自身政治力量,在以后各届议会中民主党开始由多数变为少数。②民主党是捍卫议会民主政治和对抗王权的一支重要力量,主要由自由派知识分子组成。巴列维王朝建立后,民主党内部出现政治分歧,其中的一支拥护中央政府组成复兴党,在第五届议会中成为多数。另一支支持地方自治,后改组为社会党,这样民主党一分为二后消失了。

在礼萨汗统治初期,伊朗中产阶层政党在议会中尚有较大的影响力。在伊朗第四届议会(1923—1925年)③中有四大政党,分别是改革党、复兴党、社会党、伊朗共产党。在政治立场上改革党是保守派;而复兴党是改革派;社会党是激进派;伊朗共产党是左派力量,它主张继续革命。

复兴党大部分成员是原来的民主党,其骨干成员多来自立宪革命中的老兵和城市中产阶层,都有世俗教育背景。复兴党领导人阿里·阿克巴·达瓦尔,他曾在司法部任职,属于官僚中产阶层,曾在西方学习法律。党的另一领导人帖木儿塔什出身于呼罗珊地主家庭,在俄国的军校毕业,曾任内务部官员。该党政治要求有:强化中央政府和建立现代国家;发展民族工业和进行工业化,实行税收改革和教育改革;打破旧的政治权威和凝聚民族意识,提倡世俗化改革;实行牧民定居政策等。

社会党领导人有苏莱曼·伊斯坎德伦、穆罕默德·礼萨·穆斯瓦

---

① 张铁伟:《伊朗》,社会科学文献出版社2005年版,第65页。
② Ervand Abrahamian, *Iran between Two Revolutions*, p. 121.
③ Homa Katouzian, *The Political Economy of Modern Iran Despotism and Pseudo - Modernism, 1926 - 1979*, New York University Press, 1981, p. 87.

特和库斯米汗·苏尔等,他们大多是知识分子。社会党人认为伊朗社会落后、土地贫瘠且没有大工业,没有形成无产阶级,城市中产阶级还很弱小,地主贵族仍控制农村和城市下层。因此只有实现了工业化,经济结构发生根本性变化后社会主义才能实现。社会党提出应当放弃不切实际的革命标语,进行现实性改革,并从社会的上层群体寻求盟友。社会党与伊朗共产党联系比较密切,他们成立全国工人联合会,提出工业国有化和保障工人权利等改革主张。社会党后来改变了要求地方自治的政治立场,转而要强化中央政府,反对英国扩张等。在第四届议会和第五届议会(1925—1927年)期间,社会党和复兴党都支持礼萨汗,并在国会中占多数。

改革党是伊朗政治中的保守派,其成员包括宗教上层、富商、贵族、大地主等。在第四届议会中改革党首次占据多数。君主制下伊朗保守派力量逐渐增强,地主和旧贵族政治地位上升,在议会中的比例呈上升趋势。地主在第四届议会占12%,第十二届议会中其比例上升至26%,议会中大地主、高级官员、大商人占议会成员84%。1925—1941年10个行政部门50任部长中37个都是官员或贵族出身。[①]

礼萨汗以地主阶级为统治基础加强君主集权。国王成为地主阶级的保护人,他拒绝土改,将农业税转嫁给农民,农村官吏不再由村社委员会选举而是由地主任命。王权的加强削弱了议会民主制,从第六届议会开始国王可以决定选举结果,议会失去权力机关的作用,伊朗进入了君主专制时期。

这一时期政党政治被破坏,媒体自由被取消。中产阶层政治组织受到压制,社会党总部被暴徒烧毁,党组织被迫解散。伊朗共产党也遭到镇压。改革党和复兴党被国王建立的伊朗党取代,拥护君主、法西斯社团的进步党也仅仅因为有共和嫌疑而被取缔。随着礼萨汗的集权,中产阶层在政治中逐渐被边缘化了。

---

① Ervand Abrahamian, *Iran between Two Revolutions*, p. 150.

二 王权的逐步加强和中产阶层政治地位削弱

礼萨汗时期，王族成员资产快速积累，他们垄断了进出口贸易，私人贸易受到排斥。国王还通过攫取地产而积累了大量个人财富，大幅度增加军费，以土地和军队作为拱卫王权的基础。礼萨汗采取的通货膨胀等经济政策也损害了国家经济的发展，1933年他与英国签订石油出租协议，这都遭到各阶层的反对。

尽管宗教阶层支持礼萨汗即位，为建立王权做出了贡献，宗教在维持社会秩序，稳定社会下层民众方面有不可替代的作用，但宗教被国王视为社会发展的障碍。国王要求改变伊斯兰服饰，恢复前伊斯兰文化，他全力推行世俗化改革，极力贬低伊斯兰文化，禁止宗教节日举行庆典活动，严格限制有关宗教的活动，如朝圣等。礼萨汗强调前伊斯兰时代文化，极力复活波斯帝国时期的荣耀。他以民族主义取代什叶派伊斯兰，努力培育一种公民意识以替代宗教意识，以此来塑建民主国家意识，最终达到其重新整合社会的目的。

乌莱玛的宗教权力被削弱了，他们失去了对教育和司法领域的控制。乌莱玛在国会中也丧失了大部分席位，在第五届议会中有24席，第十届议会中其代表只剩下6席。1939年政府颁布法令接管宗教地产瓦克夫，瓦克夫处于国家控制之下，使得乌莱玛在政治、经济和社会方面的影响受到全面削弱。礼萨汗世俗化改革和司法改革引起乌莱玛敌意，从而失去了宗教阶层的支持。乌莱玛阶层开始分化，一派加入反对国王的行列，另一派支持国王，因而得到了财富并恢复了原有的地位。

礼萨汗统治时期中产阶层队伍壮大了，其在人口结构中的比例在增长，然而中产阶层在伊朗政治中的地位和影响却没有相应地增长，相反其政治权力受到削弱。礼萨汗对商人采用高税收政策，对其执行了一系列限制和削弱措施，首都等几个大城市的资本都向少数特权阶层集中，这也损害了各省巴扎商人的经济利益，引起城市传统中产阶层的普遍不满。国家取消了行会会长的征税权，削弱行会组织，使其成为执行国家政策的工具。这些政策对伊朗传统中产阶层的生存和发展产生不利影响。社会下层处境更加艰难,"部落威胁虽然消失了,但低阶层处境恶化,农民失去了自由选择领主的权利,而工人处于国家武装力量严密监视之下。只有资本家、大商人和大地主得到了实惠。"[1]

城市传统中产阶层如小商人、手工业主、中下层乌莱玛等在经济上受到损害,政治上受压制,具有反抗情绪。他们曾在1926—1927年发起反对国王的运动。30年代传统中产阶层的抗议运动也时有发生,如1932年在库姆、加兹温、伊斯法罕、设拉子、克尔曼等地都发生了抗议运动,乌莱玛支持商人和作坊主进行罢工和罢市,政府对之做出了让步,放弃城市征兵令,同时吸收乌莱玛进入司法委员会。1935—1936年再次爆发城市抗议运动,乌莱玛在马什哈德的圣坛上谴责政府征收消费税、高层的腐败和推行"异端的改革"。商人和农民则积聚在清真寺高呼反对国王口号,呼罗珊地方部队拒绝镇压抗议运动,导致马什哈德政治机构瘫痪。后来政府调动阿塞拜疆军队才镇压了骚动。

伊朗政治中,中产阶层和王权是一对无法调和的矛盾。中产阶层是反对王权最为激烈的群体,而王权的增强及君主集权的结果是中产阶层在政治上受到压制。伊朗经济的增长、教育的发展、现代国家机构的扩充等都有利于中产阶层的发展和壮大,中产阶层经济、社会地位逐渐提升,力量不断增强,但他们政治上处于无权地位,因而他们产生改变现状的愿望。国家与外国资本的结合对各阶层的经济利益也产生了严重的损害,国家与社会阶级对立日益明显。

伊朗发展现代化的同时也产生强大的中央政府和集权的君主,经济和社会前进的同时政治却在蜕变。伊朗国王实行个人独裁,采用政治高压和实行党禁,改革人士遭受迫害,或退休或流亡海外,改革的声音逐渐消失。国家日益依赖于暴力,对政治反对派的压制反而使社会关系处于高度紧张状态。多数社会群体都期待一场革命来推翻礼萨

---

[1] Ervand Abrahamian, "Factionalism in Iran: Political Groups in the 14th Parliament (1944 - 1946)", *Middle Eastern Studies*, Vol. 14, 1978, pp. 26 - 27.

汗，伊朗社会再次酝酿着一场政治革命。驻德黑兰的英媒报道说："绝大多数人民憎恨国王，期待发生任何能改变现状的突变。"① 因此，英军挺进德黑兰逼迫礼萨汗退位时并没有遇到公众的反对，相反受到首都各阶层的欢迎和友善的支持。

三 中产阶层与20年代初左派社会运动

第一次世界大战时期，宣布中立的伊朗却成为协约国和同盟国激烈争夺的战场，伊朗政权的亲德派组成"民族保卫委员会"在库姆成立临时政府，与英俄支持的国王对立。② 伊朗南部和北部的大片领土被外国军队占领，这激起中产阶层民族主义情感，他们自发组织武装保卫家园，其中以吉朗省的"森林人运动"最典型。

"森林人运动"是资产阶级民族主义运动，首领是米尔扎·库切克汗，他组织吉朗当地的农民、小地主及小资产阶级成员于1917年成立游击队，并组建"伊斯兰教同盟"委员会领导武装③，他们宣誓要取得民族独立。该政治组织控制了吉朗省，成为北方一支强大的力量，被英国人称为"里海沿岸的罗宾逊"。阿塞拜疆和德黑兰的民主党也都相继加入"森林人运动"，使运动规模扩大。在其主办的报纸 Jangal 中，该党提出地方自治、废除不平等条约等主张，还要求尊重伊斯兰，因而它含有较浓的宗教色彩。

与"森林人运动"同时，由于受到苏俄革命的影响，伊朗左派社会运动也在兴起。一战结束后，英伊条约引起国内各阶层的共同反对，也引起苏俄抗议，1920年年初，苏俄派兵进入伊朗西部的恩兹利地区，以清除渗透到高加索地区的英国武装。苏俄的这一行动使伊朗北部毗邻苏俄的省份的社会主义运动兴旺起来。在苏俄外高加索地区的巴库油田诞生了伊朗工人阶级，他们来自伊朗西部和北部地区移民，工人阶级将苏俄社会主义思想带回伊朗国内，因此外高加索地区

---

① Ervand Abrahamian, *Iran between Two Revolutions*, p. 164.
② 张铁伟:《伊朗》，社会科学文献出版社2005年版，第66页。
③ 冀开运、蔺焕萍:《二十世纪伊朗史——现代伊朗研究》，甘肃人民出版社2002年版，第55—56页。

是苏俄政治革命思想向伊朗传播的基地。伊朗北部省份和西北省份毗邻苏俄南部的现代中产阶层和产业工人的规模较大，他们深受十月革命的影响，推动了社会主义运动的发展。

1920年4月大不里士爆发了反对恺加王朝的起义，成立阿塞拜疆民族政府。① 1921年7月穆罕默德·达吉汗在呼罗珊起义，要求自治。这些地区的起义都得到苏俄支持。② 1920年6月5日库切克汗宣布成立吉朗共和国，他担任了军事委员会主席，并向列宁致电要求苏俄提供援助。此后伊朗共产党也加入吉朗共和国运动。③

伊朗社会民主党成立于1905年，其成员大多来自俄国社会民主工人党的伊朗支部。在1906—1911年的立宪革命中社会民主党扮演重要角色，在革命发动、护宪运动及革命后的抗争中都是主要力量。党的社会基础来自伊朗中产阶层，该党在伊朗的现代知识分子、商人和工人阶级中有广泛的社会影响力。④ 1919年英伊条约签订后，它谴责德黑兰中央政府向英国出卖国家利益的行为，提倡国家独立发展，反对外国势力的渗透。

1916年社会民主党中有一批老党员另建正义党，正义党亲苏倾向更强，在伊朗工人中发展组织，总部在巴库。党员多是阿兹尔人，正义党首任书记是出生于阿尔达比勒的阿斯杜拉赫汗，他有世俗教育背景。正义党报纸《自由报》主编米尔·贾法尔是巴库的阿兹尔族高中教师。党的重要理论家是阿塞拜疆的亚美尼亚人艾哈迈德·苏坦栽德，他是共产国际的重要成员。正义党在吉朗、阿塞拜疆、高加索、中亚等地活动，有6000名党员。该党成员中公职人员占30%，工商业者占17%，知识分子和士兵各占3%，其他为工人和学徒。⑤ 现代

---

① 张铁伟：《伊朗》，社会科学文献出版社2005年版，第67页。
② 同上。
③ 冀开运、蔺焕萍：《二十世纪伊朗史——现代伊朗研究》，甘肃人民出版社2002年版，第56—57页。
④ Stephanie Cronin, *Reformers and Revolutionaries in Modern Iran: New Perspectives on the Iranian Left*, Routledge Curzon, 2004, p. 39.
⑤ Ervand Abrahamian, *Iran between Two Revolutions*, p. 115.

中产阶层和劳动下层的结合促进了左派社会运动的兴起。

正义党在塔什克特发展支部和组建武装，与森林人运动呼应。1920年6月正义党武装和森林人游击队会师于恩兹利。同年6月20—25日，正义党在恩兹利举行第一次代表大会，宣布将正义党改名为共产党。[①] 苏坦栽德任伊朗共产党第一任书记。伊朗共产党加入吉朗共和国，使之成为社会主义和民族主义两大运动的基地。与此同时，工农运动和少数民族自治运动也相继展开，以德黑兰、吉朗、马赞达兰和阿塞拜疆等地的工农运动最为强盛。20年代伊朗西部和北部地区已经成为左派社会运动发展的阵地。

但伊共的政治观点过于激进，这是左派运动中的隐患。伊朗共产党认为应当开始社会主义革命，发动工农运动，推翻国王、贵族、资产阶级、宗教阶层及外国资本的统治。伊共的主张遭到库切克汗的反对。他认为伊朗经济上仍然处于前资本主义阶段，旧的势力占据统治地位的现状没有改变，产业工人并没有得到充分发展而农民仍愚昧未开化，牧民从属于酋长，小资产阶级在外国资本入侵的威胁下生存困难。因此当前应进行民族主义革命，当务之急是领导各阶层共同对付外国资本及其国内代理人。伊朗共产党和森林人运动由于政治分歧最终导致分裂。

伊朗共产党的激进政策导致其陷入政治孤立的处境，爱赫萨诺拉汗的军事冒进使伊朗共产党领导的吉朗共和国处于险境。1920年9月在巴库举行东方各民族代表大会，清算了爱赫萨诺拉汗等左派的错误，选出哈伊达尔汗为首的新的伊共中央委员会，制定了行动纲领《关于伊朗社会经济状况和正义党、伊朗共产党策略的提纲》，即"哈伊达尔汗提纲"。提纲认为伊朗处于从宗法氏族和封建的生活方式向资本主义过渡的阶段，因而不能实行社会主义革命，必须联合爱国力量，要同民主党和库切克汗合作等。[②] 此后伊共联合各民族力量、本土资产阶级、乌莱玛和农民，成立拉什特苏维埃社会主义共和国，建

[①] 冀开运、蔺焕萍：《二十世纪伊朗史——现代伊朗研究》，甘肃人民出版社2002年版，第57页。

[②] 彭树智：《现代民族主义运动史》，西北大学出版社1987年版，第191页。

立了由库尔德人、亚美尼亚人和阿兹尔人组成的革命武装。社会主义运动由于内部斗争受到削弱,形成富明、加兹温、拉什特和吉朗等多个政权分立的局面①,最终被德黑兰政府各个击破。

伊朗左派社会运动是由世俗化的现代知识分子领导的,他们主张实行共和民主制度,反对王权,这与提倡立宪民主的中产阶层自由派既有共同点又有差别。社会主义知识分子在对抗或制衡王权方面是自由派的天然盟友,有利于立宪革命政治成果的巩固。但社会主义运动的政治倾向过于超前,其结果是他们所领导的社会革命又成为立宪政府的威胁。社会主义运动多发生在伊朗北方和西部地区,他们常与主张地方自治的少数民族政治力量结合在一起,因此其自治主张对中央政府在地方的权威产生削弱作用。这样,立宪政府的成立和社会主义运动发展的结果便伊朗现代中产阶层一分为二,自由派知识分子和社会主义知识分子各自朝着不同的方向发展。

第二节 议会政治恢复及中产阶层政治发展的契机(1941—1953年)

一 议会政治恢复、中产阶层政治参与的扩大及政党政治发展

1941年礼萨汗退位后,继位的巴列维国王丧失了行政权,王室财产也被收归政府,只剩下军队还掌握在国王手中。国王权力受到极大限制,军官和士兵复员使王权的支柱即军队大量减员,军心涣散。军队虽然士气低落、军纪松弛但对议会民主制仍是一个潜在威胁,保王派之外的政治力量为限制王权和确保议会政治的安全都竭力主张剥夺国王的军队控制权。王权受到严重削弱,伊朗政治上出现真空。②

这一时期伊朗社会出现了较为宽松的政治环境,之前在王权政治

---

① 彭树智:《现代民族主义运动史》,西北大学出版社1987年版,第191页。
② Ervand Abrahamian," Factionalism in Iran: Political Groups in the 14th Parliament (1944 - 1946)", *Middle Eastern Studies*, Vol. 14, 1978, p. 29.

高压下受到削弱的中产阶层重返政治舞台,他们以议会为阵地限制王权,防止国王的军政统治复活。伊朗议会政治得以恢复,中产阶层积极参与政治,民主革命家和激进知识分子又恢复了正常的政治生活,中产阶层经济和政治地位得到恢复和加强。中产阶层内部,现代中产阶层队伍迅速壮大,但其比例仍然很小,传统中产阶层仍是这一群体的主要部分。宗教领袖恢复了以前的政治和社会地位,他们又开始向大众宣教。手工业主和巴扎商人的行会组织也得到了复兴的机会,行会再次具备自治地位,成为传统中产阶层政治组织的基础,对国家政治又开始发挥作用。行会和清真寺发挥核心组织的作用,大城市的乌莱玛和商人都形成了政治组织或政党,反对激进知识分子团体及其报刊或媒体。

40年代伊朗政党组织大量涌现,政党在议会政治中发挥重要作用。议会制恢复后第一届议会(即第十三届议会)有四大政党,即民族联盟、爱国党、正义党、阿塞拜疆民主党,其中除了正义党是中产阶层政党,其他三个党都来自社会上层,136名议员中有116人来自上层。按照政治立场分为温和派、自由派、激进派,按照对外立场又分为亲英派、亲美派和亲苏派。

正义党由老一代知识分子组成,第十三届议会中正义党有15名代表,是议会的中立派。他们都经历了20年代伊朗国内的政治变幻。党的领导人是政府公职人员阿里·达什提,还有记者伊卜拉欣·努里等。正义党的另一代表人物是公职人员阿里·苏赫利,有西式教育背景。其成员有高级公务人员、技术官僚等。这一代知识分子最初支持礼萨汗登位,礼萨汗建立专制统治后该党转而反对他。正义党主张限制国王权力,军队应当置于人民掌握下;改革行政部门,扩大教育;反对人民党领导的运动;反对英美苏等外部势力。[①] 正义党虽然与民族联盟在外交立场上一致,但在宪政问题上有很大分歧。该党发言人达什提警告新国王远离政治,否则将难保王位。

---

① Ervand Abrahamian, "Factionalism in Iran: Political Groups in the 14th Parliament (1944 - 1946)", *Middle Eastern Studies*, Vol. 14, 1978, p. 35.

民族联盟是议会中最大的派系，但不能自成多数，主要由伊朗中部和西部地区的贵族以及大地主等保守派等组成，领导人是大地主和煤炭企业主摩尔铁扎·库利可汗·巴亚提；还有议长哈桑·伊斯范德里，是吉朗省丝织业巨头；赛义德·艾哈迈德·倍倍哈尼是穆智台希德后代，是巴扎商人的代言人。民族联盟对外主张联美抵抗英、苏，对内支持王权，是改革的障碍。

爱国党成员多来自被英军占领的伊朗西南和南部地区的地主和商人，其发言人是亲英的地主兼富商哈桑·马力克·马达尼，他曾是第八届议会中保守派的成员。另一领导人马赫迪·纳马兹是与英商关系密切的外贸商人。爱国党的主要人物还有来自亚兹德地区丝绸商人家庭的哈迪·塔赫利，他是当地行政长官。其领导人还有赛义德·辛亚、伊斯法罕工业家赛义德·马赫迪·伊玛米和地主赛夫普尔·法提米等人。该党受祖国党和亲英的布什尔地方报纸《努力报》等支持。

阿塞拜疆民主党的领导人是费茹兹公主长兄法曼法玛，他属于恺加王朝旧贵族集团，依靠家族力量在苏占区获选。该党是亲苏派，它反对英国的扩张。该党另一领导人是阿米尔·纳斯拉特·伊斯坎德伦，他是恺加王朝遗族，是阿塞拜疆最富的地主。阿塞拜疆民主党也是反对王权的力量，该党想把艾哈迈德·戈旺姆推上权力中心，因为戈旺姆曾在立宪革命时期领导过四届内阁，是反对王室的代言人。戈旺姆主张建立共和制政体，反对国王继续掌控军队，是国王头号政敌。

自第十四届议会（1944—1946年）开始，更多政党在议会中取得席位。其中6个政党较有影响力，分别为亲英的祖国党和民主党、亲苏的人民党和自由党，亲美的独立党和民族联盟。人民党、独立党要求彻底改革，祖国党、自由党和民族联盟要求维持现状。在宪政及军队指挥权问题上，民族联盟是保王派，其他五党反对国王控制军队、要求国王远离政治。

祖国党由辛亚（Sayyid Ziya）组建，得到部落首领、乌莱玛和巴扎商人的支持，是亲英派。祖国党主张限制王权，反对旧地主和激进左派力量，反对国家经济垄断和重税政策。后来祖国党改名为民族意志党，该党拥护立宪革命中的相关主张，如成立省议会，保护民族工业，发展公共教育和媒体事业，保护私有财产，尊重宗教的发展等，因而受到传统中产阶层的欢迎。[①]

民主党来自英军占领区，代表部落的利益。部落趁机收回了在礼萨汗执政时期失去的土地，并且重新武装起来，极力恢复其游牧的权利。

自由党来自苏占区，其前身就是阿塞拜疆民主党。党领导人是北方的贵族，创办《希望》杂志。自由党认为伊朗北部地区的经济发展离不开与苏联的经济往来，提倡与苏联发展友好关系。自由党受到人民党支持，人民党在第十四届议会有8名代表，他们都是北方地区年轻的知识分子，与当地商会及亲苏的地主关系密切。[②]

同志党成员主要是来自英占区的接受西式教育的技术专家及公职人员。党的领导人穆斯塔维法·法提赫是在英国接受教育的经济学家。同志党的另一领导人是律师阿巴斯·纳尔奇，他是"53人组"成员之一。同志党与人民党有密切关系。

伊朗党提倡民族独立，以完成立宪革命的任务为己任。伊朗党成员大多是接受西方教育的技术人员或倾向于西方民主制的知识分子，且多来自德黑兰地区。伊朗党内部分为两派，其中一派支持民族阵线，领导人有律师阿布杜·哈米德·赞戈尼哈博士[③]、礼萨扎德·沙夫齐博士、卡里姆·桑贾比博士、巴亚尼博士等；而另一派是穆辛·皮兹什普尔领导的亲德的泛伊朗主义者。[④] 该党最初是工程师的政治组织，后来大学生和宗教团体的加入使得伊朗党规模扩大。

中立派领导人是摩萨台，具有亲美倾向，受正义党支持。中立派中有5名伊朗党、2名同志党、16名无党派代表，其他几名是来自北

[①] Ervand Abrahamian, "Factionalism in Iran: Political Groups in the 14th Parliament (1944 - 1946)", *Middle Eastern Studies*, Vol. 14, 1978, p. 34.

[②] Ervand Abrahamian, *Iran between Two Revolutions*, p. 201.

[③] 因其库尔德部落酋长的家庭背景而在克尔曼沙阿当选。

[④] Homa Katouzian, *The Political Economy of Modern Iran Despotism and Pseudo - Modernism, 1926 - 1979*, New York University Press, 1981, p. 147.

部选区未加入政党的人士。摩萨台主张应停止出卖国权的行为，把军队从国王手中收回以确保民主政治，拥护立宪革命，实行选举制度改革。他提议增加德黑兰代表名额，取消文盲的选举权，最高选举委员会应当由受过教育的独立公民组成。他的主张得到中产阶层的支持。

中产阶层是反对王权的主要力量，主张君主"统而不治"。他们寻求自由派和开明乌莱玛的支持，极力保卫立宪革命的成果，维护议会的权威，提倡社会改革，以削弱上层保守力量和农村下层之间的联盟。

中产阶层内部存在矛盾冲突。传统中产阶层内分为保守派或温和派，温和派主张维持现状或渐进的改革，反对世俗化，维护伊斯兰法的统治。而保守派站在王权一边，反对任何改革。现代中产阶层分为自由派、改革派和左派。自由派主张改革，限制王权，但在对外立场上分为亲英派、亲美派、亲苏派，因而他们也相互拆台。自由派得到现代中产阶层支持，他们也向社会上层和农村下层寻求政治盟友。改革派和开明乌莱玛人数较少，其世俗化倾向难以被农村下层接受。左派主要来自现代中产阶层和工人阶级，而农村各阶层和城市传统中产阶层少有参与。

二　伊朗多极政治格局的形成

40年代伊朗虽然恢复了议会民主制，但伊朗社会的政治结构没有变化。国王、议会、内阁、社会群体和外国势力是五大权力中心，伊朗政治呈现多极分立的格局。

1. 王权。伊朗国家军队仍然掌控在国王手中，军队是国家最大的也是组织结构最完备的机构，是主要的压制性工具。新国王紧攥军队指挥权伺机恢复军政统治，他想要依靠军队及英美等西方国家的支持恢复统治权力，是议会民主政治的潜在威胁。王权与保王派相互支持，在议会和内阁中占有重要地位。国王常利用部落叛乱削弱政治对手，大地主也支持王权，因而国王间接地得到农村下层的支持。

2. 外部势力。从1941年至1946年伊朗南部和北部的部分地区处于盟军直接占领下，英、美、苏等外部力量控制了伊朗大部分地区，

3. 社会力量。地主、贵族、部落首领、高级军官和官员、宗教高层和富商等传统社会上层精英仍是社会上层的主要部分。地主和资本家维持旧的经济关系，他们在议会制政治中仍强大，站在国王阵营成为中产阶层政党进行改革的障碍。[①] 40 年代社会群体间的冲突呈现增长趋势，如宗派间、穆斯林和非穆斯林间、少数民族和波斯族间的冲突。安东尼·史密斯曾讲："现代民主国家具有双重性，既是公民的也是族群的。"[②] 民族、宗教、语言、部落等前现代遗留的文化群体的矛盾也在加剧，并向政治领域扩散。民族主义在整合和改造群体的过程中并没有抵消宗派、地方和部落的特性，社会群体性仍在。伊朗中央政府孱弱无力，各地部落恢复了被剥夺的地产，重新武装起来对抗中央。阿塞拜疆、库尔德、胡泽斯坦、俾路支斯坦等各省少数民族兴起自治运动。上述各因素构成 40 年代伊朗社会结构的基本框架，这和 20 年代的伊朗社会有很大继承性。

4. 议会。议会掌控了立法、财政预算、缔约等大权，并且对内阁和行政部门有较大影响，是国家首要权力机构，是伊朗政治中重要的一极。议会是各政治力量激烈争夺的阵地，伊朗政治舞台上王权、保王党、温和派、自由派、改革派等政治力量相互对垒，争夺权力。

议会中派系分立，支持国王的右翼保守力量由部落、军队、亲英贵族、地主等保守势力联合而成，他们都想要维持现状，反对改革。议会中民族联盟是支持王权的保王派，爱国党和民主党两大南方保守力量最初是限制王权的力量，1945 年的伊斯法罕工人运动之后两大党转而支持王权，反对激进左派领导的政治运动。议会中反对王权的一方是自由党和北方亲苏的贵族集团，伊朗党、民主党、阿塞拜疆党、库尔德民主党，亲苏的自由党、人民党也都反对王权，组成左翼政党联盟。双方形成两个对立的阵营。

---

① Stephen C. Poulson, *Social Movements in Twentieth－Century Iran Culture, Ideology, and Mobilizing Frameworks*, p. 154.

② ［英］安东尼·D. 史密斯：《全球化时代的民族与民族主义》，龚维斌、良警宇译，中央编译出版社 2002 年版，第 117 页。

5. 内阁。伊朗内阁完全由社会上层把持，40年代内阁12任首相中9位是贵族，2人为高级官员，1人是军人；148名部长中81人是贵族，13人为技术官僚，11人为军人，8人是现代企业主。1944年3月至1946年3月先后由穆罕默德·萨伊德（Sa'id）、摩尔帖扎·巴亚提（Byat）、伊普拉欣·哈克米（Hakemi）及艾哈迈德·戈旺姆（Qavam）出任首相[①]，首相和内阁成员更换频繁。各地的政府官员中有一些地方长官与盟军合作，有一些与国王有密切关系，还有一些听从首相，也有依附于地方长官的或与地方利益集团、政党有密切关系。内阁也是伊朗政治中的一极。

内阁也是伊朗各政治集团争夺的利益场。从1941年开始，最先是民族联盟组建王党内阁，但在爱国党、阿塞拜疆党和正义党三党联合抵制下王党内阁倒台。自由派的苏赫利和戈旺姆先后担任首相。戈旺姆任首相时期与国王的矛盾激化，最后以戈旺姆离职结束。苏赫利再任时和国王在王室预算问题、内务部门人选等问题上对立，矛盾逐渐激化。但苏赫利任期很短，之后由哈克米组阁，成员有亲苏派3人，王室成员6人，中立派1人，没有南方成员。哈克米对苏友好，但压制人民党。其政策引起英苏反对，苏占区和英占区都发生自治运动，哈克米内阁垮台。

哈克米之后，民主党戈旺姆组阁，他倡导民族独立，对外联美制衡英苏。他任用亲苏派，切断了吉朗和马赞达兰地区反人民党武装的供养。戈旺姆对内限制王权，打击宗教力量，关闭了宗教报刊《伊斯兰旗帜》，逮捕了宗教领袖卡沙尼。戈旺姆还创办党报《伊朗民主报》《法制》等，在各省建立党的分支，组织青年和妇女参与政治。他还将王室土地分配给农民，进行土改；执行五年发展计划，保护民族工业等。戈旺姆的激进措施引起部落和军队的反对。法尔斯、胡泽斯坦、阿尔达比勒、库尔德及克尔曼沙阿的部落相继叛乱，军队中结成了反对左翼的力量，英军准备在南部登陆。戈旺姆最后选择妥协，亲

[①] Ervand Abrahamian, "Factionalism in Iran: Political Groups in the 14th Parliament (1944–1946)", *Middle Eastern Studies*, Vol. 14, 1978, pp. 38–50.

苏内阁倒台。伊朗政治中的派系纷争是议会民主制的致命缺陷，纷争并非来自议员而是来自社会力量间的利益冲突。①

三 左派社会运动的兴起及对政治的影响

40 年代德黑兰的 36 家报纸上经常讨论的就是阶级问题，如载于《努力》（Kushesh）的文章《社会冲突威胁着国家》，载于《前线》（Jebeh）的文章《伊朗社会阶级》，载于《当代男人》（Mard‑I Emruz）的文章《阶级斗争》等，都谈及统治阶级的政治压迫、上层阶级的经济剥削和社会分化等现象。《消息报》（Ittila'at）也开始关注于阶级冲突的问题。② 这都从侧面反映了伊朗阶级对抗的现状，这成为左派社会运动的背景。

1941 年 9 月因礼萨汗退位，伊朗释放一大批政治犯，1938 年因"53 人组"冤案入狱的 48 人出狱后，他们于 1942 年 1 月创建了人民党（Tudeh）。人民党的阶级斗争理论得到了中下层劳动者的支持。其所宣扬的平等观念获得了少数民族及宗教少数派的支持，人民党内部少数民族和宗教少数派占相当高的比例。③ 在经济发达的大城市及人口集中的地区和行业是产业工人集中的地方，这些也是人民党的主要活动地区。人民党是伊朗组织性最强的政党，在组织动员和舆论宣传方面具有明显的优势。1944 年人民党有 4 万人，1946 年达到 6 万人，有的成员甚至出任部长而成为内阁成员，如伊拉季·伊斯坎德伦出任劳动部长时期具有很大影响力。④

20 年代左派运动成员多是亚美尼亚、阿兹尔等少数民族的世俗知识分子，在巴列维王朝专制统治下这一批知识分子已丧失殆尽。人民

---

① Ervand Abrahamian, "Factionalism in Iran: Political Groups in the 14th Parliament (1944 – 1946)", *Middle Eastern Studies*, Vol. 14, 1978, p. 51.

② Ervand Abrahamian, *Iran between Two Revolutions*, pp. 172 – 173.

③ Stephen C. Poulson, *Social Movements in Twentieth – Century Iran Culture, Ideology, and Mobilizing Frameworks*, p. 144.

④ Osamu Miyata, "The Tudeh Military Network during the Oil Nationalization Period", *Middle Eastern Studies*, Vol. 23, 1987, p. 313.

党的领袖和骨干是 30 年代诞生的第二代知识分子,现代中产阶层和产业工人是其主要来源,也有来自下层群体的成员。人民党的左派社会运动得到了公职人员和工人阶级的大力支持。该党曾努力招收小地主、农民和巴扎商人、手工工人等群体,但这些社会群体很少参与。人民党虽然在伊朗南部农村的渗透失败了,但在西北和北部地区得到农村少数民族及非穆斯林群体的有力支持。

人民党继承社会民主党的政治主张,坚持立宪民主的原则,且更关注社会问题。该党提出农村合作化和实行土地改革的主张,为农村建立学校、诊所及水利等基础设施;实行工人 8 小时工作制,提高工资,提供社会保险等;为手工业和商业提供补贴和经济保护;为中产阶级提供工作保障,提高收入,控制物价和房租;为毕业生提供就业等。①

在激进左派的领导下,40 年代伊朗工人运动、农民运动和少数民族自治运动重新兴起。1945 年夏伊朗阿塞拜疆民主党成立,9 月成立省和州恩楚明,并发表宣言实行自治,党员迅速增长到 7 万人。同年 12 月成立民族议会和政府。② 同时,库尔德斯坦在库尔德民主党领导下建立自治政府。1946 年 4 月 23 日两个自治政府缔结同盟条约,二者都受到苏联的支持。③ 伊朗西部和北部沿里海省份爆发了农民运动,农民武装费达伊是支持自治政府的重要力量,少数民族聚居的地方农民运动力量更强。因为这些地区农村中富农和中农比例较高,正是这一群体才具备反抗的能力。

1945 年伊斯法罕爆发了工人运动,亲人民党的工人组织城市罢工,对当地经济活动和政治影响很大,甚至一度控制伊斯法罕的市政。工人运动的发展引起工业资本家的恐慌。之前反对国王的报社纷纷调转矛头指向人民党,29 家报刊机构组成"独立阵线",批评人民

---

① Stephen C. Poulson, *Social Movements in Twentieth - Century Iran Culture, Ideology, and Mobilizing Frameworks*, p. 155.

② 冀开运、蔺焕萍:《二十世纪伊朗史——现代伊朗研究》,甘肃人民出版社 2002 年版,第 93—94 页。

③ 同上书,第 94 页。

党以阶级斗争的教义引导工人反对神圣的私有财产权,把混乱强加给国家的工业中心,人民党不仅是私有财产的敌人,也是伊朗和伊斯兰的敌人,如果人民党的叛乱得不到抑制将会发展成革命。工人运动也引起部落的敌视,为防止运动在城市贫民阶层中扩散,部落急欲镇压工人运动。

人民党的发展引起传统中产阶层和社会上层的恐慌,英美等外部势力、保王派和宗教阶层将人民党视为威胁,担心它可以不经暴力手段就能取得政权。王权、军队精英、地主和贵族、英美、保守宗教精英形成反对联盟。[①] 乌莱玛认为人民党违背私有财产的神圣权利,是伊朗和伊斯兰的敌人,应以武力进行镇压。议会中反对国王的派系其立场也发生转变,他们要求加强军队以对抗人民党。祖国党、同志党、正义党内部出现分裂,之前反对王权的力量纷纷加入王权阵营,对人民党领导的社会运动采取高压态势。

随着美苏两国冷战序幕的揭开,1947年苏联开始逐渐放松对伊朗西北部地区自治运动的支持,人民党的活动日趋低落。民族阵线对工农运动持反对立场,他们赞成对工农运动进行压制,提倡民主革命的伊朗党反对自治运动,自治运动因违背了民族统一而处于孤立境地。工农运动、少数民族自治运动和社会主义运动等社会运动没有形成一股统一的力量,最后趋于低落。

人民党内部也出现分裂,民族派反对党的亲苏倾向,他们坚持独立发展的道路,抵制苏联的控制,如赛第奇·合德亚提、阿里·艾哈迈德、哈里尔·马勒克等最终脱离了人民党,成立伊朗社会主义者联盟,在冷战环境下,从人民党中分离出来的"独立社会主义联盟"受到来自左派和右派的两面夹击,在政治运动中逐渐边缘化。[②] 后来该政治组织改组为"第三力量"。在50年代和60年代"第三力量"又重新组合,成立"社会主义者联盟",仍然坚持人民党的社会主义、

[①] Stephen C. Poulson, *Social Movements in Twentieth-Century Iran Culture, Ideology, and Mobilizing Frameworks*, p. 145.

[②] Stephanie Cronin, *Reformers and Revolutionaries in Modern Iran: New Perspectives on the Iranian Left*, Routledge Curzon, 2004, p. 42.

民族主义、社会改革等政治纲领。

1949年国王遇刺事件导致人民党失去合法性并遭受巨大损失,但随着民族阵线领导的石油国有化运动兴起,人民党再次兴盛起来,力量不断增强。人民党在政府机构的发展被视为削弱摩萨台政府的重要原因,因此有的学者认为人民党组织的发展也是国王发动政变的一个因素。①

四 民族阵线的形成和政治参与

(一)民族阵线的形成

1949年,巴列维国王在德黑兰大学意外遇刺受伤,他借机宣布戒严令,打击反对王权的政治力量,并由此获得了解散议会的权力,还恢复了王室的财产和地产。保王党趁机窃据内阁要害职务,戈旺姆和摩萨台称:"国王利用刺杀事件发动了一场政变。"② 此后摩萨台为保持立宪革命成果和国王之间开始长期的政治斗争。但国王掌握了行政机构,议会也在保王党手中,王权已经开始明显处于上风。

国王在英伊石油谈判中的让步引起国内各阶层反对。王权的增强也引起猜疑,由于惧怕君主专制统治的复活,伊朗各政治集团转而站在反对国王的一边。摩萨台利用国王访美的空隙,领导政治组织、学生团体和巴扎商人团体冲入王宫,要求自由选举。反对国王的政治团体各自从中选出代表组成委员会,与首相展开谈判,委员会的成员成为民族阵线的核心力量。民族阵线的成员主要来自激进的知识分子群体,他们要求在现有的立宪君主制基础上建立民主和独立的国家。

民族阵线提出了明确的政治主张:要求限制王权,反对国王控制军队,实行君主立宪以保障议会民主政治;反对与大国结盟,反对人民党亲苏倾向,对外要保持政治独立;要求收回国家权利,开展石油国有化运动等。民族阵线的主张被改革派乌莱玛、巴扎商人和作坊主等群体接受。

---

① Osamu Miyata, "The Tudeh Military Network during the Oil Nationalization Period", *Middle Eastern Studies*, Vol. 23, 1987, pp. 313 - 314.

② Ervand Abrahamian, *Iran between Two Revolutions*, p. 250.

民族阵线为扩大社会基础，把学生、专业技术人员、各政党都囊括进来。各政治组织相继加入阵线，其中包括伊朗党、劳作者党、伊朗民族党，还有第三力量，阿塞拜疆族知识分子马勒克说："那些维持伊朗政治经济独立而不依附于东西方大国，相信其人民自身力量的和不盲目追随于外来势力的人，都属于第三力量。"[①]

宗教领袖虽然对世俗主义的民族阵线持不信任态度，但由于他们也支持石油国有化而同民族阵线结盟。宗教领袖赛义德·阿布·塔西姆·穆斯塔法维·卡沙尼、波尔格哈里参与民族阵线，中下层乌莱玛和清真寺领祷人等群体也都支持阵线。卡沙尼发布法特瓦，抵制外国资本对伊朗石油资源的控制。地主和商人也支持民族阵线，民主主义和民族主义成为最有号召力的两面旗帜。

民族阵线内部成立中央委员会，但它并非结构化的政党。摩萨台说，伊朗政治更适合松散的政治组织间的联盟，他认为个人和组织应当为整个国家代言而不是忠于一个政党。民族阵线成为社会基础最为广泛的政治组织。

支持民族阵线的政党还有：1. 伊朗民族党，由德黑兰大学法律系学生大流士·弗鲁哈尔成立，他曾是德黑兰大学泛伊朗党的成员。他支持摩萨台的民族主义，主张收回高加索、巴哈利、阿富汗等失地，反对国王、外国势力及保守的宗教阶层。他认为伊朗民族不仅面临英国资本主义的扩张和苏共的威胁，也面临阿拉伯、突厥等民族的扩张，伊朗的落后正是由于反动毛拉和旧地主阻挠改革及外国资本的掠夺。伊朗民族党成员只有几百人，多是高中生，影响力不大。

2. "穆斯林战士"（Muslim Warrior）成员多是巴扎商人和神学院的学生，属于宗教温和派，倡导务实的政策。其首要目标是加强卡沙尼的地位和实行伊斯兰法，反对国王世俗化改革，保护民族工业的发展，反对西方势力。

3. 1946年成立的费达伊（Fedaiyan）由纳瓦布·萨菲（Navab

[①] Stephen C. Poulson, *Social Movements in Twentieth - Century Iran Culture, Ideology, and Mobilizing Frameworks*, p. 157.

Safavi）等领导，费达伊与卡沙尼合作，帮其组织巴扎商人运动，是卡斯拉维（Kaslavi）及侯赛因·阿里首相等系列遇刺事件的制造者。[1]费达伊的社会基础较窄，限于巴扎中的下层劳动者。

（二）民族阵线政治参与

民族阵线积极参加议会选举，在各大城市资助候选人。在第十六届议会选举的角逐中，民族阵线领导人摩萨台、阿布尔·侯赛因·哈尔札德、侯赛因·马卡伊（Makki）、穆罕默德·纳里曼、阿里·沙叶甘（Ali Shayegan）等在德黑兰当选；阿兹德（Azad）在沙巴扎维尔当选；穆扎法尔·巴凯（Baqai）在克尔曼当选；萨里赫（Saleh）在喀山当选。第十六届议会中保王派居多数，因而这届议会产生的是王党内阁。在第十七届议会（1950 年 2 月—1951 年 5 月）选举中民族阵线在大城市获得多数，得到首都全部的 12 席。但在地方议会选举中民族阵线处于下风，尤其农村和城镇中保守派都占上风。

民族阵线要求政治自由和诚实的选举，在巴扎商业区、大学等公共场所举行集会，坚决抵制王室对政治选举的操控行径。虽然民族阵线仅占 8 席，但摩萨台借助社会力量支撑将整个议会置于其影响之下。随着石油国有化呼声的高涨，民族阵线的政治主张得到越来越多社会力量的支持。

五 石油国有化运动、民族阵线分裂及 1953 年政变

（一）石油国有化运动

二战结束后，民族主义运动席卷亚非拉地区，伊朗民族主义思潮兴起，反对殖民主义、反对外国资本的控制是伊朗中产阶层一面最具号召力的旗帜。50 年代初国家经济七年发展计划面临资金缺口，而石油收入大部分都被英伊石油公司攫取，为了增加石油收入和发展伊朗经济，石油国有化成为社会各阶层的共识。[2] 社会各阶层都支持石油国有化运动，大部分伊朗民众和政治人物都认为英伊石油公司是英帝

---

[1] Homa Katouzian, *The Political Economy of Modern Iran Despotism and Pseudo–Modernism*, *1926–1979*, New York University Press, 1981, pp. 147–148.

[2] 彭树智主编，王铁铮、黄民兴等：《中东史》，人民出版社 2010 年版，第 359 页。

国殖民主义的剥削工具,损害了伊朗民族利益,因而要求修改 1933 年英伊石油协议。

1951 年 3 月 15 日,伊朗国民议会通过石油国有化法案。4 月 29 日,上下两院提名摩萨台出任首相。① 王党内阁解体,摩萨台重组的内阁中 8 人属于民族阵线、4 人是保王党。1951 年 5 月 2 日,伊朗石油公司成立,摩萨台政府正式实施国有化。英国请求国际法院仲裁它和伊朗之间的石油国有化争端,但伊朗政府照会英国和国际法院,不承认国际法院有权裁决伊朗的石油问题。7 月 5 日,海牙国际法院做出不利于伊朗的裁决。最后伊朗政府向英国政府发出最后通牒,并于 9 月 27 日派军队占领阿巴丹城,英伊石油公司的英籍人员全部撤离。英国派遣军舰到波斯湾以阻止伊朗石油外运,导致伊朗政府面临财政危机。

地方保守派对抗中央,同时英美等西方国家的经济制裁加剧国内经济危机,而首相摩萨台无法应对迫在眉睫的政治危机。摩萨台任命的国防部长人选遭国王反对,首相和国王矛盾激化,1952 年 2 月摩萨台辞职。国王任命戈旺姆为首相,但遭卡沙尼反对。宗教阶层反对国王而支持摩萨台复职,首都发生巴扎商人罢市和学生团体抗议,二者都支持摩萨台,国王出动军队镇压,各地的巴扎商人和手工业主联合进行示威运动,政府职员和铁路工人及公交车司机等都加入罢工,冲突结果是国王失败了。

摩萨台第二次组阁,他得到议会支持,掌控整个内阁,首相获得了以紧急法解散议会的权力。国王的军权和王室地产再次被剥夺,国王政治影响大大削弱。首相签署了土改法,整个政治朝着激进变革的方向发展。

(二)民族阵线的改革及内部分裂

摩萨台虽然来自社会上层,但他成为中产阶层的代言人。首先,摩萨台主张国家经济应摆脱对石油的依赖。他促使政府像非产油国一样开源节流,努力使国家从对外经济依赖中解脱出来。从 1952 年开

———
① 彭树智主编,王铁铮、黄民兴等:《中东史》,人民出版社 2010 年版,第 360 页。

始，政府采取措施恢复贸易平衡，但仍旧未能实现经济稳定发展的目标。

其次，发展民族工业。1950年至1953年正值西方国家工业复兴时期，摩萨台执政后实施了一系列民族主义经济政策，帮助民族工业发展，扩大纺织品和钟表等产品出口，石油禁运虽给伊朗财政带来巨大困难，但这一时期伊朗工业生产得到恢复。

最后，摩萨台出台了地租法，规定地主应交出20%的土地，其中的一半分给农民，一半上缴农民协会作为农村福利事业的经费[①]，并成立分遣队对富人强制收税。民族阵线的土改受到地主抵制，其支持妇女运动的立场也引起宗教阶层的疑虑。民族阵线和宗教阶层之间联盟陷入分裂。卡沙尼谴责摩萨台的紧急法是危害民主的专制行为，真正的民主是要执行伊斯兰法，摩萨台正在危害民族的安全。宗教阶层最终退出了民族阵线，转而支持国王。政府对汽车、通信等行业实行国有化，降低食品价格，扩大食物供应。但这遭到巴扎商人的反对，削弱了巴扎商人对摩萨台政权的支持。

民族阵线内部，伊朗党、伊朗民族党、社会党、"第三力量"等现代中产阶层的政党为一派，"穆斯林战士"、劳作者党、费达伊等传统中产阶层的政党为另一派，两派之间互相指责。前者批评劳作者党的巴凯与军队合作，批评卡沙尼是"政治毛拉"。而巴凯批评摩萨台支持的是民族起义而非社会革命，该党退出了民族阵线。巴凯还开除了马勒克，原因是马勒克有社会主义倾向。马勒克谴责巴凯与保守派合作。传统中产阶层的政党都退出了民族阵线，民族阵线只剩下现代中产阶层的政党了。

(三) 1953年政变

石油收入枯竭、失业率攀升、物价飞涨等因素使经济形势恶化，这削弱了摩萨台的政权基础。巴扎商人还继续支持摩萨台，但也有一部分支持国王，他们期望国王支持民族工业和商业发展。民族阵线的

---

① 巴列维国王认为摩萨台的地租法是1946年戈旺姆内阁制定的类似法令的翻版。见[伊朗]穆罕默德·礼萨·巴列维《我对祖国的职责》，商务印书馆1977年版，第133页。

领导人如卡沙尼、乔纳塔巴德、马卡伊、巴凯和国王结成联盟反对民族阵线。

摩萨台的地位还受到来自军队中秘密军事委员会的威胁。军队、国王与从民族阵线分离出来的卡沙尼、巴凯等结成联盟。反摩萨台的联盟取得英国支持，英国向巴赫蒂亚尔、沙赫沙维、阿夫沙尔、土库曼等部落提供军火，这些部落装备起来后伺机发动叛乱。波鲁基尔迪家族为首的宗教保守派是乌莱玛中多数派，他们是坚决支持王权的重要力量。大部分乌莱玛都和国王结盟反对民族阵线，在1953年政变中支持巴列维国王，其和国王的政治联盟一直持续到1959年。

英美两国为了继续攫取石油利益并将具有重要战略地位的伊朗纳入其冷战轨道下①，决定放弃对"亲美派博士"摩萨台及其民族阵线的支持，密谋策划和支持国王政变。② 英美先精心物色法兹卢拉·扎赫迪将军作为取代摩萨台的人选，将其秘密派遣潜入德黑兰。国王于1953年8月13日签发了撤销摩萨台职务的命令③。国王在1953年8月15日至16日派遣内马图拉·纳西里（Nematollah Nassiri）上校携带国王签发的任免状进入首相官邸，试图逮捕摩萨台，但上校因行动失败而被捕，国王翌日逃往伊拉克。8月19日扎黑迪将军再次发动政变，占领了首相官邸，摩萨台被捕。政变发生时，由德黑兰城市帮派组成的暴民支持国王，向支持摩萨台的政治力量发动进攻，首都市区的冲突造成800多人丧生。1953年12月21日，经过军事法庭审讯后，摩萨台被判罪，国王为其减刑为一年半。④ 摩萨台的支持者也遭到围捕、监禁、拷问及处死。

---

① 彭树智主编，王铁铮、黄民兴等：《中东史》，人民出版社2010年版，第361页。
② 据美国国家安全档案研究所公布的解密外交文件显示，1953年8月19日美国中情局策划和实施"阿加克斯行动"，支持巴列维国王发动了政变，英国军情六处也参与其中。见 Malcolm Byrne, "The Battle for Iran, 1953: Re-Release of CIA Internal History Spotlights New Details about anti-Mosaddeq Coup", *National Security Archive Electronic Briefing Book*, No. 476, June 27, 2014.
③ ［伊朗］穆罕默德·礼萨·巴列维：《我对祖国的职责》，元文琪译，商务印书馆1977年版，第120—121页。
④ 彭树智主编，王铁铮、黄民兴等：《中东史》，人民出版社2010年版，第362页。

1953年政变是外部力量和伊朗民族阵线冲突的结果，民族阵线的失败和前者的颠覆活动有着直接的关系。但民族阵线失败也有内因，传统中产阶层和现代中产阶层之间的分野是无法弥合的。首先，两者社会文化和习俗的差别很大。其次，传统中产阶层将伊斯兰作为法律根源和生活规范，具有浓烈的伊斯兰性；而现代中产阶层有许多深受西式世俗教育的影响，具有明显的反宗教的倾向。最后，前者政治上传统、保守，他们反对社会革命，既想革命又容易妥协；而后者倡导激进的社会革命。民族阵线中两派联盟只可能是暂时的。随着摩萨台的垮台，伊朗民族民主运动陷入低落。

第三节 中产阶层向伊斯兰转变及反对王权的斗争（1953—1979年）

一 政变对中产阶层的影响：从西化到本土伊斯兰化的转变

在石油国有化运动中，英美等西方势力支持国王发动政变，导致石油国有化运动失败，民族运动领袖摩萨台被国王囚禁。之后国王引进外国资本、技术装备和人才，发展现代工商业，但也为外国资本渗透大开方便之门，与外国资本有密切联系的买办资本急剧膨胀，新成长起来的官僚买办资产阶级在王权支持下成为社会上层的主要构成部分。但本土的传统经济受到排挤。

政治上国王恢复了王权统治，议会民主制结束。反对派领导人被完全排除于政治之外，政治经济问题的决策集中于国王和其近臣手中。具有国会审议、政党分权、协商民主、新闻监督等功能的政治机构在国家政治中逐渐失去影响力。官僚体系和军队在扩充，这都成了国王进行统治和压迫的工具。

在国王的政治高压下，民族阵线中的伊朗党、伊朗人民党、伊朗国家党和劳作者党被禁止，出版物停刊，成员受到驱逐、监禁、收买或杀害。政党领袖和成员间的联系被切断。人民党被彻底清除出军队和政府机构，左派社会主义力量和民族阵线力量受到削弱，中产阶层政治组织都遭到破坏，几乎都丧失了功能。

巴列维国王完全倒向西方，依靠西方的支持来巩固其专制统治。现代中产阶层不再对西方文化抱有幻想，他们从西方民主政治的迷思中逐渐清醒，开始反思其对外立场和政策。现代中产阶层中的亲英派、亲美派和亲苏派趋于瓦解，他们认识到伊朗社会不发展和不公平的原因与西方的经济、文化等方面的渗透有密切的关系，知识分子开始从奉行西式现代主义转而批判西化。

接受世俗教育的知识分子对西方的制度文明进行批判，在他们的笔下西方被认为是造成伊朗社会不发展的根源。[1] 在他们看来，"西方"与帝国主义和殖民主义有着不能割断的联系，要摆脱西方的控制就要从文化上抛弃西化的政治、经济和文化制度，而代之以伊斯兰因素，伊斯兰在抵制西化过程中将发挥核心作用。笔者在此以阿里·艾哈迈德的思想转变历程为个案，对伊朗现代知识分子从世俗化向本土化的转变轨迹进行探讨。

（一）在西化道路上探索

20世纪20年代和30年代正是巴列维王朝始建，第一代君主推进现代化和世俗化改革的新时期。加拉尔·阿里·艾哈迈德于1923年出生于德黑兰的宗教家庭，具有深厚的宗教背景。父亲和长兄都是当地的下层神职人员，父亲师从阿亚图拉塔尔卡尼。艾哈迈德虽然受到宗教教育，但没有继承父兄期望的宗教职业，而是脱离了家庭关系。

艾哈迈德深受现代主义思想影响，其思想来源可追溯到立宪主义者艾哈迈德·卡斯拉维（伊朗阿兹尔人）的革命思想。卡斯拉维是一位现代主义的鼓吹者，他对传统宗教文化进行全面的批判：宗教是贻害民众和造成各种不幸的根源；宗教导致伊朗的落后不发展，它造成人民冷漠、自大和不幸，也阻碍了改革和社会的进步等。虽然开明乌莱玛提倡伊斯兰现代主义，努力在伊斯兰和现代思想之间建立起沟通

---

[1] Stephanie Cronin, *Reformers and Revolutionaries in Modern Iran: New Perspectives on the Iranian Left*, Routledge Curzon, 2004, p. 44.

的桥梁，但由于其局限于伊斯兰框架之下，且和世俗现代主义存在根本的分歧而处于孤立的地位。

受卡斯拉维思想的影响，以马勒克和阿里·艾哈迈德为代表的伊朗世俗主义知识分子、社会批评家、政治活动家们认为现存的宗教机构都是为专制统治服务的，是伊朗民族沦落的根源。宗教阻碍了科学的发展与进步，从而阻碍了社会的发展。除了宗教的影响及教派主义之外，部族主义及君主专制等因素也是导致伊朗落后与不发展的原因。因此要削弱王权和宗教保守势力的影响，并清除外国资本的控制和剥削。世俗知识分子开始寻求建立新的社会组织形式，把实行政教分离和效仿西方民主制度作为伊朗发展的出路，提倡国家统一并增强民主社会组织机构。现代主义由此成为一股正在兴起的思想潮流。

1946年，艾哈迈德和其亲密朋友、导师马勒克一起加入了人民党（Tudeh），之后成为人民党德黑兰省委员会成员，负责党报发行。他出版了自己的专著《我们的苦难》，反映社会主义运动的现实问题及当时的政治斗争。阿塞拜疆自治政府成立后，人民党陷入分歧，由于莫斯科又向伊朗提出北方石油租借权的要求，人民党进一步分裂为亲苏派和民族派。艾哈迈德与马勒克不愿盲目追随苏联，1948年马勒克领导一小批知识分子（其中包括艾哈迈德）从人民党分离出去。但他新组成的"伊朗社会主义者人民党联盟"不但没被苏联接受，还被视为叛徒遭到谴责。艾哈迈德批评人民党丧失了民族意识，成了外国资本的代理人："人民党谈论的是反殖民主义和保护工农利益。但除此之外还能有什么别的意义和后果？"[1] 由于遭到莫斯科的攻击，"社会主义者人民党联盟"受到禁止并最终解散。

人民党有损于国家利益的立场促使艾哈迈德思想开始发生转变。他重新寻找新的途径解决伊朗的现实问题。这一经历促使艾哈迈德思想由社会主义转向民族主义，他转而加入民族阵线的行列。1948年艾哈迈德和其导师马勒克加入了劳作者党（Toilers' Party），成为民族阵

---

[1] Ali mirsepassi, *Intellectual Discourse and the Politics of Modernization Negotiating Modernity in Iran*, Cambridge University Press, 2003, p. 100.

线内部的一支力量。加入民族阵线后,艾哈迈德虽然自称他仍然坚信社会主义,但追求民族独立是他的首要目标,这是他的思想的一次重要转变,即从社会主义转变为民族主义,其思想特点仍旧是世俗化的。

民族阵线是包括宗教和世俗、传统和现代等各种社会力量的大联盟,内部分歧很大。除了在石油国有化运动上取得一致外,在经济发展和改革主张等方面陷入严重的分裂,从而削弱了自身的力量。马勒克从劳作者党退出后创建了"第三力量",艾哈迈德也加入马勒克的政治组织。

马勒克认为,美苏冷战环境下世界被划分为两大对立的阵营,第三世界由于面临民族独立的任务,为了自身的国家利益必然会走向独立。南斯拉夫脱离苏联模式并独立发展,中国作为第三世界最大的国家在将来也会走独立发展的道路。随着西欧国家复苏,他们也会成为抗衡超级霸权的第三力量。[①] 马勒克的第三力量理论实际上是在冷战环境下在第三世界国家产生的民族主义思想,与不结盟运动有着共同的思想根源。

第三力量理论主张在东西方两大阵营之外开辟独立发展的道路,导师马勒克的第三力量理论对艾哈迈德思想的转变产生了重要影响。艾哈迈德认为伊朗不是工业国家,在经济上成为了西方国家的附庸,伊朗不发展的社会根源是受外国资本的控制。由于东西方两个阵营已经形成,世界格局在经济、政治和社会文明层面上也分化为两极。意识形态不同的美苏共同推动了工业化的扩张,所有的文明都会在盲目的机械工业化过程中消失,这会对本土文化产生破坏作用,西方技术和文化的入侵导致对本土文明的大屠戮,伊朗应当阻止西方主导的世界市场的扩张。由于东西方文化最终走向全面冲突,应该抵制西方的文化入侵,回归东方的本土文化。

(二) 抛弃西化

1953 年,英美支持扎黑迪将军发动政变推翻了摩萨台领导的民族

[①] Stephanie Cronin, *Reformers and Revolutionaries in Modern Iran: New Perspectives on the Iranian Left*, Routledge Curzon, 2004, p. 157.

阵线政府，伊朗民族民主运动失败，艾哈迈德被捕入狱后宣布退出政治舞台。民族民主运动的失败促使艾哈迈德对伊朗知识分子的救国途径进行了彻底的反思，其思想发生根本性的转变。他于1962年在伊朗出版了《西化：来自西方的瘟疫》，在书中他对西方文明和科学技术都采取了排斥立场，他认为伊朗传统工业遭到破坏就是始于西方的经济入侵。

艾哈迈德强调伊朗和西方国家之间的差异。西方国家在法律、科学、哲学方面已经进行了长期的探索和积累，形成了比较完备的科学知识的基础；西方的宗教不像伊斯兰那样可以为经济和社会提供必要的规范和指导；而且西方国家也经过了启蒙运动、工业革命和科学技术的发展，因此西方国家走上世俗化道路。在伊朗却截然不同，宗教已经为社会生活及道德提供了必不可少的规范和指引，脱离了伊斯兰文化的世俗知识分子仅能学习和模仿西方。

艾哈迈德对自身所属的世俗知识分子群体进行了深刻反思：他认为西方文化与伊朗本土伊斯兰文化是根本对立的。世俗化知识分子受到西式教育，采用西方生活方式，在世界观方面采用科学的视角，因此他们大部分与本土传统和文化有根本的不同。世俗化知识分子反宗教的倾向只是受到了西方思想政治的影响，而这与伊朗的现实问题没有必然的联系。伊朗世俗化知识分子不是基于伊朗的历史文化，而仅是对西方同行知识分子的模仿，因此在伊朗社会文化中是没有根的。艾哈迈德对伊朗世俗主义知识分子展开猛烈的批评。在他看来，"那些将法国宪法翻译成波斯文的立宪主义者和牺牲国家利益为国际共产主义服务的社会主义者都要为伊朗的落后负责"。[1]

阿里·艾哈迈德则因出版《西化：来自西方的瘟疫》一书而成为批评西化的标志人物，"西化"（Gharbzadegi，英文 Westoxication）一时成为伊朗家喻户晓的名词[2]，反对西化成为人们的共识。现代中产阶层从世俗化转向本土化是50年代以后一种显著的社会文化现象。

---

[1] Mansoor Moaddel, *Class, Politics, and Ideology in the Iranian Revolution*, p. 150.

[2] Stephanie Cronin, *Reformers and Revolutionaries in Modern Iran: New Perspectives on the Iranian Left*, p. 44.

"西化"（Westoxication）起初是哲学家艾哈迈德·法尔第从海德格尔谴责西方文化反人类性的言论借用而来的，用语的意旨还较为模糊，阿里·艾哈迈德把西化概念明确化，即西方文化是物质和技术居上但丧失了人性，是一种为西方殖民入侵和帝国主义掠夺服务的文化。第三世界国家都面临反殖和反帝的任务，伊朗要依靠本土伊斯兰文化才能够抵制西方文化。抵制西化成为第三世界反对殖民主义和帝国主义的意识形态的核心因素。

（三）返回伊斯兰

艾哈迈德认为国家的发展和进步的途径以及获得自由的方法最终是要保卫伊斯兰。他主张从西化的世俗主义回归到本土传统伊斯兰主义的道路上来。艾哈迈德民族主义思想发生了质的变化，开始朝着伊斯兰主义的方向发展。这种转变彻底颠覆了之前的思想基础，是对自身思想的反思和否定。

艾哈迈德对伊斯兰宗教的作用重新认识和评价。他总结近代以来历次成功的运动都有宗教阶层的参与，因为只有宗教权威才能给予运动以合法性的基础，才能赢得大众的支持和参与。他主张应在民族阵线的领导下实现左派世俗力量与宗教阶层的联合。艾哈迈德认为真正的宗教社会与阶级体系是不相容的，"阶级特权使宗教变得虚伪，并且摧毁了任何可能存在的兄弟关系。宗教理想在阶级社会中不可能实现"。[1] 这表明艾哈迈德放弃了以阶级力量为基础的社会运动模式，开始认识到宗教在社会组织动员中的巨大作用。

他的妻子西蒙·丹妮什维尔这样评价其向宗教思想的转变："他曾以马克思主义和社会主义来解决伊朗问题，正是由于失败的经历才会有这样的转变。这种转变也是向人类尊严和公正的回归，这就是要唤醒一种民族意识的觉醒和反对罪恶的帝国主义。加拉尔（指艾哈迈德）正需要这样的宗教。"[2] 艾哈迈德60年代出版的《消失在人群》一书描述他向麦加朝圣之行（hajj）。然而他只是"哈吉"行列中的

---

[1] Ali mirsepassi, *Intellectual Discourse and the Politics of Modernization Negotiating Modernity in Iran*, Cambridge University Press, 2003, p. 111.

[2] Ibid., p. 101.

旁观者，与和同行的朝圣者在信仰上仍然有根本的不同，这说明在他身上还存在传统宗教性和现代世俗性的对立。他说"我从专业来说是一个教师，然而我又有教职的身份。"①

艾哈迈德为伊斯兰革命提供了一面反对西化、提倡独立发展的旗帜。1959年保守派大阿亚图拉波鲁吉尔迪去世后，以霍梅尼为首的激进派填补宗教权力的真空，地位逐渐上升。艾哈迈德的思想受到霍梅尼的赞同，霍梅尼动员什叶派宗教团体以激进革命的方式参与政治。在伊朗社会中，什叶派伊斯兰具有相当的权威，是最具潜力的政治力量。国家90%的人口信仰伊斯兰，在普通民众中存在浓厚的什叶派伊斯兰文化氛围。艾哈迈德称宗教组织为国中之国，或者秘密存在的政府。②宗教是唯一可能和可靠的革命手段，他要唤醒这种日常的文化力量，把它转换成革命的政治意识。艾哈迈德重新发现了宗教的力量和作用，促进了政治伊斯兰的兴起。

（四）艾哈迈德思想的影响

首先，他代表着第三世界知识分子寻求独立发展道路的愿望，是中产阶层民族主义的一种体现。艾哈迈德主张伊朗走独立发展的道路，不依附于大国和不与大国结盟。这也对伊斯兰革命后伊朗对外追求独立的国策产生了影响。其次，从20世纪50年代至70年代的时间中，抵制西方和反对西化成为伊朗社会思潮的主要特征。③

最后，促进本土伊斯兰文明的复兴。艾哈迈德的思想为伊斯兰共和国的独立和发展提供了理论基础。他认为伊朗不能完全回到古代的宗教传统上来，而应当以工业和技术来消除贫困以达到全民福利和经济独立的最终目标。工业和技术必须服从于人类的思想和意识，从而有助于传统伊斯兰文化的发扬。他提出未来革命应当选择融合伊斯兰传统和工业现代化，这成为现代伊斯兰理论基础的重要组成部分。

---

① Ali mirsepassi, *Intellectual Discourse and the Politics of Modernization Negotiating Modernity in Iran*, p. 101.

② Ibid., p. 108.

③ Stephanie Cronin, *Reformers and Revolutionaries in Modern Iran: New Perspectives on the Iranian Left*, Routledge Curzon, 2004, p. 44.

艾哈迈德为国家发展和进步做出了不懈的努力，一生经历多次思想转变。这种转变的轨迹反映了伊朗知识分子群体从西化回归本土化的探索道路。艾哈迈德始终站在时代潮流的最前沿，他的思想适应了国家发展的需要。艾哈迈德与阿里·沙里亚蒂都是伊斯兰革命思想的重要来源，与60—70年代兴起的伊斯兰复兴运动有着紧密的联系。其思想对国家发展方向产生了深远的影响，成为伊斯兰革命思想的重要组成部分及伊斯兰国家内外政策的思想来源之一。

二 王权统治下中产阶层政治反对派的形成

伊朗社会中，中产阶层反抗王权最激烈，1953年后，中产阶层反对国王的有三支较大的政治力量，即民族阵线、人民党和宗教反对派。民族阵线于1954年改组为民族抵抗运动，1960年至1963年改称第二民族阵线。他们主要由拥护摩萨台的自由派知识分子组成，其社会基础有大学生和专业技术人员如教师协会，还有宗教知识分子和马克思主义知识分子，他们政治上要求自由选举和社会改革。1965年自由派知识分子成立第三民族阵线。巴扎尔甘领导的伊朗自由运动[①]和马勒克领导的"第三力量"一直是民族阵线中的组成部分。

第二支是人民党，主要是由马克思主义知识分子组成。1958年人民党被萨瓦克破坏，60年代初该党又恢复了组织和活动。1963年后国王推进改革，政治控制有所放松，人民党依靠苏联支持又着手恢复在伊朗的国内组织。人民党认为伊朗的经济困境是阶级剥削造成的，所以应实行土地改革和国有化及财富再分配，以暴力消灭不平等，给每个阶级以权利，劳动者和资本家各获应得的份额等。人民党组织工人阶级通过非暴力的方式反对国王的专制。60年代人民党想要在全国范围内发展基层组织，但党组织多次遭受萨瓦克破坏，直到70年代人民党恢复组织的努力都没有成功。

第三支是宗教阶层中的激进派。什叶派宗教领袖都反对国王的土地改革和解放妇女的措施，霍梅尼激烈批评国王依附于美国的政策。

---

① 主要由宗教阶层组成，与民族阵线有紧密关系，代表人物有巴扎尔甘和塔勒卡尼。

1963年6月5日宗教抗议运动是乌莱玛领导的、由宗教学生及下层劳动者参与的政治运动，最后被国王血腥镇压，霍梅尼被放逐。这次抗议运动的参加人员中工人占22.1%，43%为个体经营者，5.9%为学徒，12.4%为学生，9%为乌莱玛，3.8%为农民，2.8%为失业者。据统计当时德黑兰社会结构状况为：上层阶级占7.1%（参与抗议的占0.2%），新兴中产阶级占9.7%（参与抗议的占3.9%），工人占46.4%（参与抗议的占37.3%），个体经营者占37%（参与抗议的占58%）[1]。不同阶级参与程度各不相同，其中个体经营者是这次运动中参与程度最高的阶层。农业工人也有参与，但现代产业工人和农民极少参与。

　　伊斯兰社团联盟于1963年成立，由亲霍梅尼的巴扎商人和宗教人士组成，主要人物有马赫迪·阿拉奇、艾斯杜拉赫·拉杰瓦尔第、塞蒂奇·阿米尼等。这一团体采用暴力手段反抗王权统治，1965年该组织刺杀了曼苏尔首相，之后由于萨瓦克的破坏，1971年该组织停止了活动。从1971年至1975年他们和费达伊（人民敢死队）联合战斗，伊斯兰革命后他们成为伊斯兰共和党的来源之一。

　　这一时期左派群体在扩大。德黑兰大学及工程类大学和技术类院校成为激进力量集中的地方，伊朗工程师群体具有激进的革命倾向，这与许多其他国家的同行保守、温和的政治立场截然不同。[2] 左派主要来自现代中产阶层，其社会基础还有工人阶级、青年学生、妇女组织，也有少数民族和宗教少数派等。除了人民党之外，左派是较为年轻的群体，他们主张与下层大众结合，具有民粹主义倾向。从60年代开始中产阶层政治谱系逐渐多样化，左派中产生极左力量，有人民敢死队（费达伊）和人民圣战者（穆扎希丁），还有世俗马克思主义者，这一派不包括人民党。

　　右派来自传统中产阶层，接受传统宗教教育，反对世俗化，也反

---

[1] Mansoor Moaddel, *Class, Politics, and Ideology in the Iranian Revolution*, Columbia University Press, 2013, p. 117.

[2] Stephanie Cronin, *Reformers and Revolutionaries in Modern Iran: New Perspectives on the Iranian Left*, Routledge Curzon, 2004, p. 241.

对国王的专制统治。巴扎商人、小企业主、小农及中小地主加入了右派的伊斯兰运动阵营。右派不赞成重新分配社会财富，是私有制的维护者。以霍梅尼为代表的激进乌莱玛是右派中的极右力量，极右派反对外部势力的控制，反对王权专制统治。

极右和极左力量都来自城市中产阶层，两类群体都有中等的经济收入状况和较高的教育水平，他们政治上有较大的不满情绪，政治参与度都很高，都主张以暴力方式结束政治危机。

三 中产阶层武装反抗王权的斗争

20世纪60年代国王基本上肃清了国内的反对派，和平方式反对王权统治的努力失败促使中产阶层寻求暴力方式。以革命暴力反对专制统治成为新一代中产阶层的行动方式。50年代末期，古巴和阿尔及利亚革命取得成功，越南和巴勒斯坦武装斗争正酣，欧洲和美国学生运动日益激进化，受国际因素的影响，伊朗新一代知识分子开始表现出激进化的一面。[1]

（一）"人民党革命组织"的斗争

1964年"人民党革命组织"成立，他们来源于人民党中的年轻成员，且多是长期在西欧国家居住的人民党党员。该组织借鉴毛泽东的革命思想路线，即采用动员和武装农民的方法，走农村包围城市的道路。其代表人物有穆辛·礼兹瓦尼、伊拉吉·卡什库里、库罗什·拉沙伊等。虽然国王在推行土地改革，但他们不相信伊朗能通过国王的改革从农业社会转变为半工业的城市社会。[2] 1964年该组织派遣成员加入了巴赫曼在伊朗南部部落地区的起义。巴赫曼曾留学英国，归国后回到伊朗法尔斯省，他是"人民党革命组织"的拥护者，着手发动游牧部落进行起义。但起义的组织性差，人民党革命组织对其支持力度不大，最后被当局镇压。

1965年留学归国的"人民党革命组织"成员策划刺杀国王，但

---

[1] Stephanie Cronin, *Reformers and Revolutionaries in Modern Iran: New Perspectives on the Iranian Left*, Routledge Curzon, 2004, p.195.

[2] Ibid., p.194.

刺杀行动没成功，成员被当场击毙，组织也遭到破坏。1976年该组织再次派遣一批成员加入伊朗西部库尔德人的起义队伍，但库尔德人起义在这批成员抵达前就失败了。专制政府以遍布全国的秘密警察关注国内的政治动向。

（二）费达伊运动

伊朗反对派武装中费达伊规模最大，其来源是德黑兰大学文科的学生组织，费达伊正式成立于1971年3月，其组织来源于1963年原人民党党员加兹尼等人建立的小组和1967年民族阵线的成员建立的小组。[①] 费达伊成员多来自中产阶层，以北方少数几个主要城市为活动基地，费达伊与乔治·哈巴斯领导的巴勒斯坦人民解放阵线建立联系，其骨干成员在黎巴嫩的巴勒斯坦难民营中接受训练。[②]

费达伊以马列主义为意识形态，它与人民党都属于左派力量，但与后者不同，费达伊主张采用武装斗争的方式，是独立的政治组织，与苏联、中国没有联系，它批评中国和苏联对伊朗国王支持的政策。费达伊领导人有比詹·加兹尼、阿米尔·普彦等。阿米尔·普彦在60年代出版的革命读物《论武装斗争的必要性和对生存理论的驳斥》一书为广大的新一代革命者喜爱，该书为他们指明革命发展的道路，即马列革命理论能够克服尚不觉醒的人民思想中的冷漠，它能够成功动员政治反对派。[③]

伊朗经过"三五计划"（1962—1967年）和"四五计划"（1968—1973年）的实施，工业化取得成效，石油收入的增长促进了经济的发展。巴列维国王通过白色革命削弱地主和宗教阶层，以军队和秘密警察拱卫王权，他将国民党和民族党合并，成立新伊朗党，作为王权进行统治的工具，1975年他又以复兴党取代新伊朗党，王权统治看似已牢不可破。1971年庆祝波斯帝国2500周年典礼上，他站在居鲁士大帝陵

[①] 冀开运、蔺焕萍：《二十世纪伊朗史——现代伊朗研究》，甘肃人民出版社2002年版，第156页。

[②] Dilip Hiro, *Iran under the Ayatollahs*, London, 1985, p. 128.

[③] Stephanie Cronin, *Reformers and Revolutionaries in Modern Iran: New Perspectives on the Iranian Left*, p. 196.

墓前向世界发表演讲,在外界看来巴列维国王的权力臻于巅峰,无人敢于挑战。但不久就爆发了费达伊发动的起义。1971年2月吉朗省边境小城的宪兵站受到费达伊游击队武装的袭击,从此费达伊开始了长达8年的斗争。费达伊向伊朗人民宣示,反对国王的斗争没有停止,且伊朗现状没有国王描述得那么美好,也提醒国王其统治还没有达到绝对稳固;他们试图向反对国王的力量说明,暴力革命是唯一可以选择的方式①。

从1971年至1975年费达伊活动频繁,警察局、银行、英美使馆等机构成为其攻击的目标。费达伊与警察和萨瓦克组织展开激烈的斗争,但遭受巨大损失,1975年该组织有180人被处死,近万人被监禁,内部还发生了分裂,其中的温和派放弃武装斗争,在产业工人中开展工作。② 1977年秋,费达伊恢复武装斗争,刺杀马什哈德警察局局长,袭击德黑兰的军营、警察局和宪兵指挥部等机构,积极参加反对国王的示威运动。1979年2月费达伊攻占了警察局和宪兵指挥部,有力地打击了国王的统治。③

(三) 人民圣战者运动兴起

1965年由拉贾伊等人成立人民圣战者即穆扎希丁,是具有伊斯兰意识形态的游击队武装组织,其领导人以青年知识分子居多,有穆辛·塞蒂奇、穆罕默德·巴扎尔戈尼、赛义德·穆森、穆斯武德·拉扎维等。该组织参加者以理工科大学生居多,在伊斯法罕、大不里士和设拉子等城市建立基层组织。④ 人民圣战者是年轻一代的穆斯林革命者,他们重新解读传统的什叶派伊斯兰教义,将其与现代政治思想相结合,从而转变为一种适合于革命的意识形态。人民圣战者领导人将什叶派伊斯兰教义与马列主义理论结合在一起,将穆斯林历史改写为

---

① Stephanie Cronin, *Reformers and Revolutionaries in Modern Iran: New Perspectives on the Iranian Left*, p. 190.

② Dilip Hiro, *Iran under the Ayatollahs*, London, 1985, p. 128.

③ Ibid..

④ 冀开运、蔺焕萍:《二十世纪伊朗史——现代伊朗研究》,甘肃人民出版社2002年版,第156页。

阶级斗争的历史，认为武装斗争是唯一的途径，现代的、受教育的穆斯林知识分子是即将发生的运动的天然领袖。[①] 人民圣战者与沙里亚蒂思想基本一致。该组织的武装斗争持续到1975年，这年人民圣战者少数派分离出来，其领导人有穆罕默德·塔奇·沙赫拉姆、侯赛因·鲁哈尼等人，他们组建了人民圣战马列主义者，英文缩写为MKO（ML）。

费达伊和人民圣战者都认为国王的改革是反动的，使伊朗从前资本主义社会向依附性的道路发展。费达伊的领导人普彦说，国王的改革加剧了社会冲突，而长期的政治高压导致伊朗革命力量极其虚弱。伊朗缺少自发性的反抗运动，他主张以武装进攻来引发人民的自发性运动，从而取得革命成功。而加兹尼持相反观点，他认为国王改革部分缓和社会矛盾，革命的客观条件尚不具备，革命应当分两阶段：第一阶段要建立基层组织，加大革命宣传，吸引工农群众加入；第二阶段，人民革命武装建立起来从而进入群众革命阶段，他坚持武装斗争既是军事斗争又是政治斗争等观点。

费达伊动员城市和农村群众的武装斗争没成功，人民圣战者少数派照搬毛泽东路线的努力也归于失败。原因在于，取得革命成功的国家如越南、中国和古巴的阶级结构和伊朗是不同的。中国、越南和古巴城市革命都有广大农村的参与和支持，国家人口大部分都在农村，农民有能力也有意愿支持城市革命运动。但伊朗情况不大一样，伊朗政治中的决定性因素在城市地区，伊朗农村地形分散，农民信奉伊斯兰意识形态，政治上保守、贫穷、分散，还受到地主牢固地控制。因此伊朗游击队武装主要在城市地区开展，其地下组织和行动举步维艰。

伊朗城市斗争中，工会和商会缺乏独立组织，负责工会和商会的机构都受到国王的严密监控，这些因素都制约了武装斗争发展的速度和规模，因此中产阶层武装组织不可能有发展壮大的机会，更不用说

[①] Stephanie Cronin, *Reformers and Revolutionaries in Modern Iran: New Perspectives on the Iranian Left*, p. 191.

对国王政权产生威胁。虽然如此，但在 1979 年革命中这些武装组织在推翻国王的运动中也发挥了巨大作用。

第四节　中产阶层的联合和伊斯兰革命的成功

一　革命中的乌莱玛集团

库姆和马什哈德的宗教高层都是政治温和派，大多反对革命。因为乌莱玛大多数都脱离政治，不愿涉入其中。1975 年 6 月 5 日发生了激进乌莱玛领导下库姆宗教学生运动，被政府残酷镇压后，并没有引起社会各阶层的关注，更没有得到世俗化学生运动或巴扎商人的支持。只有马什哈德、大不里士和德黑兰等地宗教学生声援这场运动，这说明激进乌莱玛还缺乏强有力的组织。甚至亲霍梅尼的激进力量也没有付诸行动，因此霍梅尼要求德黑兰阿亚图拉穆塔哈里（Mutahari）组建革命委员会领导运动，其中包括贝赫什提（Beiheshit）、安瓦里（Anwar）等宗教反对派。

1977 年秋，政府实行自由化政策后，反对王权的政治运动趋于活跃，而乌莱玛仍然不愿参与政治，避免和王权出现对抗。霍梅尼对此不能理解，他呼吁宗教阶层也要像其他群体一样行动起来，但来自宗教阶层的响应很弱。

1978 年 1 月 7 日，政府报纸《消息报》公开污蔑宗教领袖的言论激起宗教阶层的强烈反应，蒙塔泽里、贝赫什提等宗教领袖号召伊朗人民推翻国王。同日，库姆宗教学生组织抗议运动，政府的镇压造成 70 人死亡和 400 人受伤，即"库姆惨案"。库姆的效仿渊源对此多持保守态度，他们主张避免冲突，反对罢市和罢工等扩大事态的举动。他们只想迫使政府实施伊斯兰法则，按照立宪革命的样板进行民主改革，其政治主张中不包含建立伊斯兰政府。只有少数激进乌莱玛支持霍梅尼推翻王权的主张，他们集中于少数几个城市，且人数和社会影响力都不如温和派强大。1978 年 2 月 18 日，多个城市再次爆发反国王示威，大不里士示威者被打死100多人，伤600多人，即"大不里士屠杀事件"①。公开谴责政府的乌莱玛开始增多，伊斯法罕30人、库姆41人、德黑兰56人、亚兹德40人。②许多神职人员因此入狱。

为了增强激进乌莱玛的力量，霍梅尼开始倚重于塔勒哈尼。塔勒哈尼曾支持民族阵线，也支持左派领导的工人运动，因而被称为"红色阿亚图拉"。③ 1978年10月10日，在塔勒哈尼领导下爆发全国范围的反抗运动，从此自由派和宗教阶层真正结合起来。自由派接受霍梅尼为其领袖，在立宪革命精神指引下，在伊斯兰基础上建立社会自由和公正。他们谴责专制主义和帝国主义，清除阶级和剥削，反对财富过度集中等。激进乌莱玛缺乏强有力的社会力量的支持，没有足够的权威来单独领导革命运动，他们需要与其他群体结盟，因而没有明确提出建立伊斯兰政府的主张。

乌莱玛的温和立场和避免与政府对抗的态度，使得国家对宗教机构的压制较小，清真寺得以正常开放，从而成为政治反对派进行联络和活动的安全基地。尤其在缺乏其他动员条件的情况下，清真寺成为最好的选择，其网络功能和宗教庆典等活动在全国范围都有很大影响力，在革命的最初阶段发挥了不可替代的作用。

二 中产阶层以伊斯兰为纽带走向联合

这一时期国家将宗教排除于政治体系之外，宗教反对派对君主专制持鲜明的反对立场，国王与宗教反对派处于对立状态。宗教的政治功能得到发展，在社会组织和动员中起到了沟通作用。从60年代开始，伊朗民族主义和社会主义运动逐渐向伊斯兰信仰"皈依"。

激进的左派力量认识到宗教在反对国王斗争中的作用，开始与宗教反对派结盟以对抗王权。他们试图策略性地利用宗教阶层强大的社

---

① 冀开运、蔺焕萍：《二十世纪伊朗史——现代伊朗研究》，甘肃人民出版社2002年版，第178页。

② Ali mirsepassi, *Intellectual Discourse and The Politics of Modernization Negotiating Modernity in Iran*, Cambridge University Press, 2003, p. 142.

③ Ibid., p. 143.

会动员功能以及广泛的宣传作用来动员更多的社会力量,努力促使乌莱玛加入反对派的行列。然而60年代伊朗宗教阶层大多在政治上仍是保守的,将伊斯兰转化为动员社会力量的使命转由知识分子承担了。阿里·沙里亚蒂以什叶派伊斯兰的方式表达变革社会、反对帝国主义及专制君主的立场。他把什叶派伊斯兰思想与马克思主义结合起来,这也是70年代伊斯兰革命思想的来源之一。沙里亚蒂的追随者主要是宗教知识分子,由他们组成"伊斯兰自由运动",是左派中的一支,什叶派伊斯兰是该组织的明显特征。

人民圣战者和费达伊的成员都是穆斯林,他们本身都以伊斯兰意识为革命的基础。人民圣战者坚持将伊斯兰和马克思主义结合,以什叶派伊斯兰凝聚力量。其领导人拉贾伊说,人民圣战者认为"先知之城"不存在阶级差别,伊斯兰革命是以伊玛目的名义反对封建地主、暴君、商人和资本家。这为乌莱玛恢复权力提供理论基础。人民党也提倡和神职人员结成政治联盟,世俗化的左派知识分子与伊斯兰左派的政治立场日益趋同。民族主义和社会主义的政治反对派都开始转向宗教阶层,他们最终加入宗教反对派的阵营中。

民族阵线和人民党之间的联盟并不牢固,他们都寻求与宗教反对派结成同盟。现代中产阶层内部各派间的关系反而比不上他们和宗教反对派的联盟。伊斯兰意识形态成为现代中产阶层各派之间、传统中产阶层和现代中产阶层之间实现政治联合的纽带。

社会各阶层的不满最终在宗教的话语和旗帜下转变为革命力量,使伊斯兰最终成为政治反对派的主导意识。什叶派意识形态把伊朗对外关系问题转换为伊斯兰和异教徒的冲突,将阶级差异和社会分化转变为穆斯林社会和暴君的对抗。不满的社会力量朝着革命的方向发展。

三 反对派阵营的扩大

巴列维时期随着高等教育的发展,大学生社会背景多样化,大学逐渐成为不同社会群体杂汇和意识形态交融的地方。大学相对其他社会场所有更多的思想自由,享有政治上相对自治的地位,国家政治压制手段不那么严厉，政治环境相对宽松。大学因此成为左派政治组织聚会之地，在其影响下成立学生政治组织，有不少政治领袖和政治组织都来源于学生组织。敢死队和人民圣战者等游击武装来自学生组织，60年代"第二民族阵线"成员也来自学生组织。德黑兰大学是政治反对派的大本营，霍梅尼的支持者有不少在大学寻求政治避难，他们于1979年2月发出宗教领袖归国的请求。大学由此成了革命中心，他们与知识分子中的政治反对派一起组成革命运动的先锋。

学生反对国家高度干预的经济政策、反对政治独裁及日益增长的社会不平等。1963年以后，学生反抗运动开始呈现激进化趋势，学生和知识分子越来越多地接受宗教意识形态，并寻求与马克思主义结合，产生了伊斯兰圣战者等激进组织，其目标是建立一个没有阶级压迫的伊斯兰社会。大学生在60年代和70年代的武装抗议不断爆发，国外留学生成立了组织结构完整的政治组织，如伊朗学生协会和民族联盟等。学生运动开始兴起，成为对抗巴列维现代专制主义的有生力量。

左派知识分子也组成反对派阵营，其中包括艺术家、诗人、作家，及翻译、出版社、电影、电视台的文化人士等。左派中出现新的政治派别，如第三世界马克思主义者、社会民主党、毛泽东主义者等。① 左派及学生运动发展迅速，壮大了反对派的力量。

四 经济危机、社会冲突和伊斯兰革命成功

在1973年世界经济危机的冲击下，国际油价波动导致伊朗经济增长速度下滑，国内通货膨胀严重。70年代中叶后，伊朗经济已陷入困境，其依附性发展所造成的经济脆弱性逐渐显露。油价下跌使政府财政缩减，政府为增加收入提高税收，但这给伊朗经济雪上加霜。为抑制通货膨胀，政府发动了反暴利运动，限制主要商品价格，巴扎商人成为打击的主要目标，其间违背法令受到

---

① Stephanie Cronin, *Reformers and Revolutionaries in Modern Iran: New Perspectives on the Iranian Left*, Routledge Curzon, 2004, p. 45.

处罚的商人人数达到22万人。但是限价运动的作用很有限，不但造成政府与巴扎商人之间严重的对立和冲突，还造成黑市猖獗，经济形势日益恶化。

王权与巴扎商人的冲突使后者内聚力加强，1977年成立德黑兰巴扎商人行会联盟①，专门组织巴扎商人的政治运动。他们印刷和传布乌莱玛发布的教令，拥护霍梅尼为最高领袖，支持被释放的塔勒哈尼，为罢工工人提供经济支持等，以此还推动其他群体加入反对国王的行动。巴扎商人还为罢课教师提供资金支持，他们影响着温和乌莱玛的政治立场，促使后者从观望转向参与。巴扎商人积极出资帮助宗教机构开展抗议运动和宗教庆典。反对王权的联盟在巴扎商人推动下开始逐渐形成。

经济危机使作坊主日益陷入困境，由于手工业进口原料价格上涨，劳动力成本也在提高，进口商品的竞争致使其经营难以维系。此外，行会成为国家政策的执行机构，执行国家的定价制度，这也直接损害了企业主的利益。巴扎商人和手工业主不断掀起抗议浪潮。

政府因财政吃紧采取了一些不当措施，为减少开支削减了政府职员的工资福利，还停发宗教阶层补贴，促使工薪阶层也加入抗议行列。工人阶级因生活待遇持续下降和社会福利的削减也产生不满，要求推翻国王的统治。

1978年9月8日，德黑兰贾勒赫广场的示威行动遭到政府镇压，这激起了更多社会群体的反抗。政府雇员和公职人员加入罢工行列，罢工遍及政府机构及各个行业，各行业的工人也加入抗议运动，这壮大了政治反对派的力量。国王单靠武力镇压已经难以奏效，只好妥协，软化了立场。

1978年10月31日，石油工人的政治性罢工给国王的统治以致命性打击，伊朗经济彻底陷入瘫痪。12月10日，宗教领袖塔勒哈尼和桑贾比（Sanjiab）带领100多万人示威。② 国王出走，逃亡埃及，政

---

① 领导人有勒巴斯赤和马尼安等，曾去巴黎约见霍梅尼。
② 冀开运、蔺焕萍：《二十世纪伊朗史——现代伊朗研究》，甘肃人民出版社2002年版，第180页。

权交给自由派的巴赫蒂亚尔首相接管。宗教阶层提出，一切非伊玛目的政府都是非法的，他们否认巴赫蒂亚尔政府。在宗教阶层领导下，伊朗革命继续深入发展，最终革命力量推翻巴赫蒂亚尔政府，伊斯兰革命委员会接管政权，1979年2月9日成立临时政府。至此，伊斯兰革命取得了成功。

本章小结

伊朗社会结构中缺乏强大的、成熟的资产阶级，中产阶层不能独立担当起现代化的重任。强大的中央政府是实行现代化的先决条件。礼萨汗在建立王朝之初曾得到中产阶层支持，加强中央政府并推行了现代化。然而随着王权加强及国家机构的发展，中产阶层在国家经济和政治中的地位下降，逐渐被边缘化了。政治上王权和中产阶层是一对矛盾。传统中产阶层具备对抗王权的实力，巴扎商人和乌莱玛在伊朗国家和社会中占有非常重要的地位。这两个阶层都有独立的经济来源，尤其是巴扎商人在伊朗国家经济中地位相当突出。宗教阶层是一股独立的政治力量，在司法、教育和社会管理方面发挥着政府的作用，可与中央政府分庭抗礼。巴扎商人和宗教阶层都以什叶派伊斯兰为纽带，并与伊朗本土文化紧密结合，在凝聚社会力量方面有着巨大优势，尤其在反对外国资本势力、争取民族独立和经济自立的斗争中，伊斯兰是一面最具号召力的旗帜。在政治革命中二者发挥了重要作用。

1941年，礼萨汗退位后中产阶层政治地位开始迅速上升，在议会政治中处于优势地位。由于中产阶层力量增强，伊朗出现自由主义、民族主义和社会主义三大思潮，社会运动蓬勃发展，最后在民族阵线领导下形成石油国有化运动。然而石油国有化运动遭到英美外国资本的抵制，在国王和保守势力的反对下，加上中产阶层内部分歧，最终石油国有化运动失败，国王通过政变夺回政治权力。自1953年后伊朗走上了依附性发展道路，王权与外部力量的结合引起社会各阶层的反抗。在反对西化和重返伊斯兰的思潮中传统中产阶层和现代中产阶层出现合流之势,这大大加强了中产阶层的力量。伊斯兰和左派思想的结合促使分散的反对派力量产生凝聚作用,从而形成政治联盟,最终促成伊斯兰革命的爆发。

第四章

伊朗社会全面伊斯兰化及中产阶层的重塑（1979—1989年）

伊斯兰革命后，提倡平等、反对资本主义经济剥削和抵制财富过度积累的伊斯兰思想极为盛行，工业发展受到严重影响。E. 盖尔纳认为独立的资本家阶级很难与伊斯兰社会兼容，因为"穆斯林认为资源应当公平分配，而不应当由市场去支配"[1]，对市场经济的敌意使资本发展所处的环境艰难。

第一节 经济伊斯兰化：激进的社会变革及"三大运动"

一 建国初期盛行的平等主义

史蒂夫奈认为1979年伊斯兰革命是由宗教阶层领导的城市中产阶层反对君主专制的一场政治革命。[2] 革命的社会基础来自城市中下层以及大学生等群体，什叶派乌莱玛和自由派、左派等政治力量形成了合力，从而形成一股强大的反对派力量。伊斯兰革命适应了城市中产阶层的政治需要，是资产阶级性质的政治革命。巴列维国王被推翻后，教法学家治理下的神权共和国得以建立。

---

[1] James A. Bill, Carl Leiden, *Politics in the Middle East*, Little, Brown and Company, 1985, p. 67.

[2] Stephanie Cronin, *Reformers and Revolutionaries in Modern Iran: New Perspectives on the Iranian Left*, Routledge Curzon, 2004, p. 46.

第四章　伊朗社会全面伊斯兰化及中产阶层的重塑（1979—1989 年）

反对资本主义、反对阶级剥削成为各阶层共识。"伊斯兰自由运动"（追随沙里亚蒂的年轻知识分子）进一步要求废除私有制和建立没有阶级的大同社会。霍梅尼、贝赫什提等大阿亚图拉从《古兰经》经文和先知及圣人的言行和思想出发，提出实现伊斯兰经济平等的主张，他们都谴责"嗜血成性"的资本家和"万恶的依附资本"。[①]1979 年宪法声明"伊斯兰革命是被压迫者和被剥夺者的胜利"；"资本的集中和对利润的无限追逐都应被禁止，私人经济应当成为国民经济的补充形式，国有制和集体所有制应当成为国家经济的主导部分"[②]。宗教阶层虽没有禁止资本主义经济但也不允许资本无限扩张，因为个人积累财富太多会妨害穆斯林的整体福利。乌莱玛阶层提倡社会平等和阶级平衡，伊斯兰国家成为阶级平衡的仲裁者。

这一时期伊斯兰平等主义盛行。宗教阶层提倡宗教美德和社会公平与正义，反对用"阶级差别——社会冲突"的范式来导向大众的意识。他们一方面消灭国王政权的社会基础，消除社会不平等和收入差别；另一方面仍尊重私有财产制度，避免削弱小资产阶级；确保伊斯兰的统治，创造自足和独立的伊朗社会。霍梅尼要求改善社会下层民众的民生问题，通过土改给农民分配土地，给广大的被剥夺者提供工作，改善民用设施，甚至给予新婚年轻人和朝圣穆斯林以可观的资助等。伊斯兰政府以此赢得了大众的支持。但同时，伊朗民众也"有义务"参加吉哈德，支持政权的圣战运动，反对伊斯兰政府的敌人，如库尔德和土库曼等地方的自治运动，还有人民圣战者及伊拉克萨达姆政权等。[③]

伊朗政治革命成功后，社会运动没有戛然而止，革命中被动员起来的社会群体继续推动运动向社会革命的方向发展。

---

① Parvin Alizadeh, *the Economy of Iran Dilemmas of an Islamic State*, I. B. Tauris Publishers, 2000, p. 132.

② Ibid., p. 102.

③ Ibid., p. 132.

二 社会革命的开展及逆转

伊斯兰革命后,在宗教激进派支持下伊朗开展国有化运动、土改和外贸国有化运动,三大运动使伊朗在经济上伊斯兰化了。这一时期工农运动蓬勃发展,但遭到地主和商人的抵制,各社会力量因利益冲突展开角力。

(一) 国有化运动

建国初期方兴未艾的社会革命运动是旧王朝积累的社会矛盾的总爆发,官僚买办资本作为社会矛盾的焦点而成为革命的标靶。伊斯兰政府首先发动了国有化运动,王室成员、大地主、官僚资产阶级等上层阶级的资产被悉数没收。1979年6月伊斯兰革命委员会把27家银行收归国有,还有15家私人保险公司也被收归国有[①];51家与国王联系密切的私人企业被收归国有,伊革委对冶金、汽车制造、化工、造船、航空、矿业等重工业实行国有化,合并了资不抵债和濒临破产的私人企业。

至1982年,共有230家大资本家的财产被没收,被收归国有的企业占整个工业产值的80%。与此同时,宗教资本和商业资本由于受到转让、赠予及国家政策的扶助而急速扩充,成为伊朗经济体系重要组成部分。通过国有化运动,伊朗经济结构进行了重塑,相比伊斯兰政府的土地改革和外贸国有化,国有化运动是经济领域进行得最彻底的。

(二) 土地改革及终结

土地和农业是伊斯兰教极为关切的问题,阿亚图拉纳斯尔·莫克利·设拉齐在其著作《伊斯兰经济的基轴》中引用第六代伊玛目萨迪克的话"农民是上帝在人间的财富,在审判之日农民将是离上帝最近的人"。[②] 贝赫什提反对大土地所有制,应当通过革命机构把土地分给耕种者,以解决农业的根本问题。

---

① 蒋真:《后霍梅尼时代伊朗政治发展研究》,人民出版社2014年版,第57页。
② Khadija V. Frings‐Hessami, "The Isamic Debate about Land Reform in the Iranian Parliament, 1981‐1986", *Middle Eastern Studies*, Vol. 37, No. 4, 2001, p. 136.

第四章 伊朗社会全面伊斯兰化及中产阶层的重塑（1979—1989 年）

霍梅尼认为穷人是国家权力的来源，倾向于支持下层的社会革命。设拉子的阿亚图拉支持农民运动，他鼓励年轻农民不要坐等国家分配土地，而是要自己行动起来夺取大地主土地，并以伊斯兰的名义耕种。① 在宗教阶层授意下，农村建立了 1.5 万伊斯兰团体，支持农民运动的发展。第一届议会还组建"七人委员会"，将之作为土改的执行机构以监督土地的分配，其土地改革措施有利于农民。② 同时，在各省的城市也成立了执行土改的机构，招收当地年轻穆斯林成员，授权他们可以决定当地农户持有土地的上限，并有分配财产的权力。左派也在动员农民，以壮大社会主义运动。农民运动在部分省份得到了地方政府支持。

伊斯兰革命后，在土库曼沙赫、库尔德斯坦、西阿塞拜疆、伊朗北部各省都产生了组织性较强的农民运动。旧政权时期的大地产在革命后是不受保护的，农民自发夺取地主土地，逃亡地主的大地产悉数被农民占有。在夺地行列中不仅有农民，也有部落首领和地主，如呼罗珊地区以及半游牧的库尔德、法尔斯、俾路支斯坦等地的游牧部落中，地主或部落首领也趁乱夺回在"白色革命"中被强制分配的土地，并宣布其重新合法占有的权利。此外，地主也夺取了公有领地和牧场、森林及有争议的地产，宣布为个人私有。在这种情况下，农民夺取大地主和中小地主的土地导致地主和农民的冲突扩大，相互敌视加深。地主夺回国有化森林和牧场，以前加入农业合作社时个人私有的土地也被个人收回，他们还拒绝支付土改中分得土地而欠的分期付款，这种贷款有合作社、银行和私人等来源。这种形式的社会革命造成农业生产合作社、分成制农场受到削弱。

农村中，农民和地主对抗成为一种普遍现象。1979 年 11 月有 300 多起农村冲突，导致 100 多人丧生。临时政府对农民夺地持反对态度，他们加大宣传，反对农民的夺地行为，认为这会导致农业减

---

① Mansoor Moaddel, *Class, Politics, and Ideology in the Iranian Revolution*, Columbia University Press, 2013, p. 229.

② Cyrus Vakili Zad, "Conflict among the Revolutionary Elite in Iran", *Middle Eastern Studies*, Vol. 30, No. 3, 1994, p. 624.

产。各省对农民运动的态度并不一致，有的省支持农民夺地，有的省份态度相反，库尔德斯坦、法尔斯、阿塞拜疆地方政府都对农民运动采取了强力压制措施，并以政府武装保护地主和部落首领。伊斯兰革命卫队也参与了抵制农民运动的行动。

巴扎尔甘临时政府倒台后，自由派被宗教阶层中的激进左派取代，他们支持土改。农业部依伊斯兰法推进土地改革，农业部新任书记礼萨·伊斯法哈尼起草了农业法①，规定重新分配土地给无地和少地农民。他先从库尔德和土库曼沙赫开始，以削弱当地的政治对手左派的社会影响力。至1980年11月，政府为无地和少地农民一共分配了15万公顷荒地和3.5万公顷可耕地。

但土改中大片的无主地的分配成为争议问题。大阿亚图拉戈尔甘尼反对农业部的土改法，主张保护私有制，霍梅尼制止了土改计划的执行。伊斯兰革命委员会于1980年4月通过新的立法，对地主私有财产实行保护措施，如在外地主采用机械化生产的农场不在土改之列，大体维持原状。伊革委的土改法遭到激进乌莱玛的反对，首都及其他大城市的郊区出现农民要求土改的示威运动，农民建立农会组织，并得到工人支持，政府部分职员也给农民运动以支持。来自社会下层的压力促使霍梅尼召集蒙塔泽里和马什科尼、贝赫什提等宗教上层讨论这一争议问题②，但大阿亚图拉会议一致赞同伊斯兰革命委员会的土改法令，反对农业部的土改法。

土改遭到地主的顽固抵抗。宗教阶层内部的分歧是土改半途而废的重要原因。土地改革不能离开伊斯兰宗教阶层的支持，但乌莱玛从伊斯兰教义的角度发表不同的见解：激进派乌莱玛支持农民运动，同情社会下层重新公平分配土地的主张；而持反对立场的温和保守派乌莱玛认为，伊斯兰法承认私有财产不可侵犯，农民运动夺地行为违背伊斯兰法。温和派大多持保守立场，支持土地私有制，要求土改必须

---

① Khadija V. Frings – Hessami, "The Islamic Debate about Land Reform in the Iranian Parliament, 1981 – 1986", *Middle Eastern Studies*, Vol. 37, No. 4, 2001, p. 140.
② Ibid., p. 137.

符合伊斯兰法。① 宗教领袖戈尔甘尼、设拉齐、马赫拉提等都严厉批评土改措施。库姆的神学教师也反对土改，称土改以伊斯兰的名义实行，但实际上它损害了受压迫者的利益，如果土改进行下去将导致农耕文明的衰落。塔勒卡尼也认为激进派乌莱玛从未对私有财产的合法性产生过质疑。当宪法监护委员会宣布土改违背伊斯兰宪法时没有遇到有力的抵制。

地主激烈抵制土地改革。首先，他们争取宗教阶层的支持，地主打着什叶派伊斯兰的旗帜，提倡重建和恢复伊斯兰传统和秩序，这适合有产阶级的利益，从而得到统治当局的支持。地主煽动宗教保守力量反对土地改革的策略起到了功效。地主把执行土改的伊斯法哈尼称为共产主义者，把土地改革贴上共产主义阴谋的标签，并促使革命卫队和保守乌莱玛加入反对土改的阵营。库姆的阿亚图拉鲁哈尼和马什哈德的阿亚图拉库米都声明反对土改，称土改是违反伊斯兰法的，并质疑伊斯法哈尼的伊斯兰知识及对伊斯兰法的解释能力。

地主引用大阿亚图拉曾在60年代发布的反土改的法特瓦，以此阻止土改的推行。由于巴列维国王时期推行的土改措施激起过宗教的激烈反对，地主利用保守乌莱玛反对国王土改的言论，以反对当前的土改，却得到宗教阶层的赞同。哈马丹的地主用霍梅尼曾发布过的法特瓦反对农民的夺地行为。

其次，地主加强自身组织。地主为了对付土地改革，利用1979年4月伊斯兰革命委员会通过的法令成立农业协会，以应对左派和农会的压力。地主的农会起到监督生产和保护地主利益的作用。由于大阿亚图拉亚兹迪（Yazid）的极力主张，临时政府农业部支持在首都德黑兰和各省都建立地主农会，并召开了地主的代表大会，对土改发动进攻，以传发信件和祈愿书、派发电报、分发传单等方式影响宗教阶层和政府。地主代表大会上宣布土改是违背伊斯兰神圣律法的，推行土改的七人委员会是不合法的，应当保护农村私人财产。地主也进

---

① Khadija V. Frings - Hessami, "The Islamic Debate about Land Reform in the Iranian Parliament, 1981 - 1986", *Middle Eastern Studies*, p. 136.

行"土地改革",分配荒地和农民没来得及耕种的土地。临时政府解体后,地主失去了一个重要的政治盟友,地主农会与农民运动处于僵持状态。

最后,政治形势发生变化使宗教阶层的立场改变。由于总理巴扎尔甘、总统巴尼·萨德尔等自由派人物在政治斗争中相继失败,人质事件后伊朗宗教领袖也已经能够驾驭左派力量,宗教阶层已经确保了对政权的控制。这样激进的左翼革命对宗教阶层已无益处,宗教阶层的温和保守派逐渐占有优势,乌莱玛逐渐放弃对农民运动的支持。此后宗教阶层采取相反态度和立场,没有贯彻平均主义和经济平等的主张。

两伊战争的爆发给霍梅尼停止土改提供了最佳机会,土地暂时维持现状。国会重新审查和修订土改法,国家农业政策发生了变化,七人委员会处于各方反对势力的攻击之下。已经分配的或被夺占的土地被地主重新收回,后者受到武装力量的支持和保护,农民运动处于极为不利的地位。1982年秋,宪监会迫使议会修改城市地产所有权法案,要求政府补偿地主损失。1983年1月,宪监会以土改违背伊斯兰精神为由否决了土改法。[①]

(三) 外贸国有化运动的发展及终结

伊斯兰革命后伊朗经济的正常秩序被打乱了,国有化运动使工业资本家外逃,生产和管理长期处于混乱状态。革命政权内部矛盾和冲突也造成经济政策分歧。此外伊朗与西方国家关系恶化,对外贸易大幅缩减,还有两伊战争对经济的摧残等因素造成伊朗经济状况急剧恶化。伊朗国内通货膨胀、商品奇缺,而商人控制大部分商品供应,从中谋取暴利,他们被称为"经济恐怖主义、叛徒和反革命,在国难当头的时刻他们以牺牲人民利益达到自肥的目的。"[②]

霍梅尼也曾以激烈言辞斥责那些在进出口贸易中的投机奸商哄抬

[①] Cyrus Vakili Zad, "Conflict among the Revolutionary Elite in Iran", *Middle Eastern Studies*, Vol. 30, No. 3, 1994, p. 624.

[②] Mansoor Moaddel, *Class, Politics, and Ideology in the Iranian Revolution*, Columbia University Press, 2013, p. 234.

物价的行为。反资本主义和反奸商的宣传广为传播，物资短缺、物价上涨激怒了大众，他们要求实行外贸国有化。临时政府为此成立商品供应和分配中心，但这需要商人的参与和支持才能奏效。此后，消费者联合会接管了国内物资商品的配给任务。消费者联合会形成于革命时期，负责抚恤烈士家庭，主要分布在清真寺，在首都的机构有60个，它负责管理国内贸易，作为公共服务部门受到国家财政大力支持。1982年全国范围内共有12387个消费者联合会的组织，会员达到650万，资本达到530亿里亚尔（riral）。

关于外贸国有化法案，政府部门意见不一致。1980年9月，议会讨论和通过了外贸国有化法案，但被宪法监护委员会否决。1981年5月，拉贾伊内阁向国会提交外贸国有化法，1982年4月在议会得到通过。但外贸国有化遭到巴扎商人的激烈抵制。商人以外贸国有化法案违背伊斯兰法来抵制国有化法的推行。商人阶层为此争取宗教阶层的支持。保守乌莱玛库米谴责拉贾伊总理的外贸国有化法，并对政府的管理提出批评。

商人称外贸国有化将破坏小型商业，这会导致500万人失业。他们称巴扎商业一直以来都是照此经营的，伊斯兰法不允许任何人指责商人。在保守乌莱玛支持下，1981年1月商人对拉贾伊提出质疑，并称拉贾伊应当让出位置给虔诚的穆斯林，以伊斯兰的名义迫使其下台，并要他对后果负责。商人得到宪法监护委员会的支持，1982年5月，后者以违背伊斯兰宪法的名义否决了国会已经通过的外贸国有化法案。[1]

（四）工人运动的兴起及终结

1978年伊朗石油工人联合会成立后，宣布加入革命行列，要求清除外国资本势力，建立独立、自由和进步的伊朗。产业工人和石油工人在推翻王权斗争中发挥了关键作用。伊斯兰革命后，伊朗社会中上层和外籍顾问及技术人员约30万人外逃，他们大多是地主、资本家、专业技术人员和管理人员等[2]，使政府及生产部门空虚，伊朗失去有

---

[1] Cyrus Vakili Zad, "Conflict among the Revolutionary Elite in Iran", *Middle Eastern Studies*, Vol. 30, No. 3, 1994, p. 624.

[2] Dilip Hiro, *Iran under the Ayatollahs*, London, 1985, p. 151.

效的管理秩序，管理机构陷入瘫痪。在此情况下，工人自发组成罢工委员会，作为工会的核心。罢工委员会在各工业部门建立了相应的工人组织，工人直接控制生产过程，还参与工厂管理，承担了生产和管理的功能。

胡泽斯坦、阿塞拜疆都是工人相对集中的地方，这些地区的工厂都成立了独立的工会、工会联合会和地区联合组织。工人要求最低工资标准和每周40小时工作制，要求高工资和分取红利，禁止任意解雇工人。法尔斯省伊斯兰工会还要求继续进行反帝斗争。在工人组织的控制下，工厂降低管理阶层的薪水、解雇腐败的管理人员，雇佣更多的工人，提高工人待遇，如减少工时、改善医疗等。工人权利扩大，各生产单位成为政治选举的组织。国有化运动的开展也促进了工人运动的发展，新的劳动法对工人权利提供了保障。

工人运动的发展引起伊斯兰政府的不安，临时政府反对工会组织和工人运动，巴扎尔甘反对激进政治群体，认为工人运动继续进行革命，最终目标是以工会组织的形式参与国家政治，如果这样他将没有选择，只能辞职。劳动部也反对工会组织及其运动。工人运动也引起宗教阶层的恐慌。霍梅尼虽称工人是伊斯兰革命的支柱，但新政权不能容忍工会的自治和不受管控的状态。宗教阶层都要求工会伊斯兰化或处于劳动部管理之下。

乌莱玛借两伊战争爆发的机会解除了工人武装，他们称"由于伊斯兰处于美国和伊拉克联合绞杀下，目前最迫切需要的是增加生产"。1981年乌莱玛组建170个代表团分遣至各工厂鼓励生产劳动，谴责罢工和怠工的现象。乌莱玛认为工人不应当成立独立的劳动团体，工会中应当包含劳动者和资本家，他们还取消工人罢工的权利。劳动部塔瓦克迪及其助手拉兹伊等都主张禁止罢工。1982年全国有300个工人委员会，1983年只剩下80个。[1]

随着阶级斗争和阶级力量的变化，宗教阶层在推动或阻止革命之

---

[1] Mansoor Moaddel, *Class, Politics, and Ideology in the Iranian Revolution*, Columbia University Press, 2013, p. 237.

间摇摆不定，最终放弃了社会公正和经济平等的初衷，工农运动和少数民族自治运动开始受到全面和系统的压制。社会革命的大部分措施也都因此半途而废。1983年春，地主和商人在乌莱玛的支持下成功地逆转了社会革命。商人和地主的经济地位日益稳固。其结果是新的秩序开始形成，乌莱玛、商人、地主在其中占有明显优势。

第二节 政治伊斯兰化：中产阶层的权力角逐及神权体制建立

伊斯兰政府第一届议会中，教师60名，学生17人，专业技术人员33名，巴扎商人8人，政府职员8人，工人和农民共有3人。[①] 绝大多数议员来自中产阶层家庭，而富有家庭或工农家庭背景的议员占极少比例。如表4-1。

表4-1　　　　第一届议会议员家庭背景

家庭背景	人数	比例（%）
农民	89	34.2
巴扎商人	76	29.3
乌莱玛	65	25
公职人员	22	8.5
技术人员	4	1.5
工人	4	1.5

资料来源：Mansoor Moaddel, *Class, politics, and ideology in the Iranian revolution*. Columbia University Press, 2013, p.225。

这说明伊斯兰革命后中产阶层的社会地位整体上大大提高。第一届国会议员263人[②]，其中有107人来自宗教阶层，占议员总数近一

---

① Mansoor Moaddel, *Class, Politics, and Ideology in the Iranian Revolution*, p.225.
② 全国各选区一共有270个名额，由于库尔德、呼罗珊和东阿塞拜疆省因"安全问题"被取消了议员名额。Khadija V. Frings-Hessami, "The Islamic Debate about Land Reform in the Iranian Parliament, 1981-1986", *Middle Eastern Studies*, Vol.37, No.4, 2001, p.137.

半，其中伊斯兰共和党员 85 席；巴扎尔甘的自由运动占 20 席；有 80 席为中立派；其他议员是宗教阶层的同盟。①

1979 年 3 月至 11 月，宪法制定之前是伊斯兰革命后伊朗政治发展的第一阶段，各种政治力量在民主和自由的氛围下集会，自由表达各自的政治主张。这一时期的权力角逐格局中，主要政治力量有宗教阶层、自由派和左派等中产阶层的政治组织。它们角逐的结果将最终决定伊朗政治和社会发展的方向。

伊斯兰革命后伊朗有三种选择，第一种是自由派提倡的，建立与立宪政府基本相同的资产阶级共和国，自由派与宗教阶层共享政治权力，这与立宪政府所不同的仅是废黜国王。第二种是左派提倡的人民民主共和国，左派的社会力量在革命后发展最为迅猛。第三种就是伊斯兰共和制，实行教法学家治国，支持这一主张的主要是霍梅尼的追随者，但这一主张受到了温和乌莱玛、自由派和左派的激烈反对，也引起了少数民族的反对。

1979 年 3 月的预备制宪大会上，宗教阶层尽量放低了教法学家治国的论调，宗教阶层得到社会各阶层的支持，接受了伊斯兰共和制。不同的政治力量站在各自的立场，将宗教阶层视为可以合作的同盟，都承认什叶派伊斯兰的权威。只有费达伊提出异见，它主张建立人民民主共和制的国家，霍梅尼以其代表西式思想为借口予以禁止。

一 乌莱玛与自由派的分歧和斗争

伊斯兰革命中，自由派和宗教阶层形成联合，革命后初期这种联合得到延续。巴扎尔甘临时政府中，内阁成员很多是自由派。自由派具备与西方政治交往的技能，自由派给西方国家以革命成功后将会与之结好的印象，为稳固革命后初期的国内外形势，乌莱玛需要自由派的支持。另外，自由派因为没有稳定的政治基础，也需要乌莱玛支持，因此二者是相互需要的关系。

---

① Khadija V. Frings‐Hessami, "The Islamic Debate about Land Reform in the Iranian Parliament, 1981‐1986", *Middle Eastern Studies*, Vol. 37, No. 4, 2001, p. 137.

革命后自由派和乌莱玛都进入国家权力的中心，但两者施政理念有很大差别，其在政治上的分歧越来越明显。自由派提倡西式民主，排除激进的左派力量，他们主张保存资本主义的生产关系，以世俗主义价值观引导社会发展。他们提出在农村和工厂重新建立秩序以恢复生产活动，工业资本家应该返回企业恢复生产，乌莱玛应离开政治回到清真寺，仅为国家提供监督和指导。

自由派的政治观点遭到霍梅尼的批判。霍梅尼认为君主被推翻仅是伊朗革命的第一步，伊朗过去几十年的世俗化应当从此中止和反转，自由主义和马克思主义及其他意识形态都属于东方或西方等外来思想，在伊朗人民中间将无处容身。社会应当依照伊斯兰法则进行重组，在工厂、政府、军队和农村应当广泛建立起伊斯兰的团体和组织。乌莱玛是伊斯兰和伊朗人民的监护人，其在政府中应当处于垄断的地位，要保证伊斯兰的全面执行，杜绝对伊斯兰法则的任何违逆。[1]宗教阶层和自由主义思想的分歧逐渐发展为政治冲突。

宪法制定并通过后，不同的政治力量开始出现公开的对抗，革命中形成的政治联盟发生了冲突。自由派居多数的临时政府力图中止社会革命，要与西方国家缓和关系。1979年秋形成的"民主民族阵线"是阻止宗教阶层掌权的政治力量的联合，阵线得到了费达伊和人民圣战者的支持，他们于1979年8月12日组织抗议运动，反对专家会议的选举结果，但抗议人群被革命卫队驱散，卫队占领了人民圣战者在巴列维基金会旧址上成立的指挥部，费达伊和人民圣战者武装与革命卫队展开激战。为避免战事扩大，阿亚图拉塔勒卡尼出面调停，使费达伊和人民圣战者退出了其占领的官邸机构，人民党也从德黑兰大学撤离。[2]"民主民族阵线"遭到失败，宗教阶层和革命卫队取得胜利，后者还查禁了41家反对派报刊，新闻出版业由"被剥夺者基金会"全面接管，非伊斯兰的记者和职员都遭到解雇，伊斯兰协会在各个部门建立起来。[3]

---

[1] Mansoor Moaddel, *Class, Politics, and Ideology in the Iranian Revolution*, p. 206.
[2] Dilip Hiro, *Iran under the Ayatollahs*, London, 1985, pp. 128–129.
[3] Ibid., p. 129.

"人质事件"进一步加强了宗教阶层的政治影响。1979年9月18日,伊朗政府宣布废除1959年《伊美条约》,割断了伊朗对美国的依附关系,同年11月4日,美国驻德黑兰使馆受激进力量围攻,52名美国使馆工作人员被扣为人质,伊美关系急剧恶化,1980年4月两国断交。①伊朗左派支持这一行动,借以推动社会革命。"人质事件"后伊朗国内出现新的反帝性质的大众动员,自由派内阁陷入被动。伊斯兰共和党及宗教激进派向自由派发起进攻,他们发布了美国使馆中搜出的有关自由派与美国及前国王进行政治交易的细节和证据。自由派因此被视为同西方帝国主义国家妥协的反革命力量,在国内政治中日益陷入孤立。

临时政府发言人阿米尔·因特扎姆被逮捕,有关对沙利亚特马达里和巴扎尔甘等自由派领导人物不利的外交文件也公开发布,这都对自由派的政治信誉造成了沉重的打击。1979年11月6日巴扎尔甘被迫辞职,他领导的伊朗自由运动成为政治反对派。②沙利亚特马达里组建的伊斯兰人民共和党也因此解散,而左派乐见其政治对手的陷落,却对宗教阶层放松了戒备。与此同时,专家会议抓住有利的机会于1979年11月通过《伊斯兰宪法》,教法学家的统治逐渐建立起来。在左派支持下宗教阶层政治目标最终得到实现。

巴扎尔甘辞职后,伊斯兰革命委员会接管政府,委员会秘书长、伊斯兰共和党总书记侯赛因·贝赫什提成为政府核心人物。③ 1980年5月的国会选举中,伊斯兰共和党取得多数席位,该党和其他伊斯兰政治组织形成联盟。但自由派在国家政治中仍有影响力,它在议会选举和总统选举中与宗教阶层进行激烈的竞争。自由派的巴尼萨德尔于1979年11月4日被委任为代理外交部长,不久改任财政部长,他在1980年1月的竞选中击败了伊斯兰共和党当选总统。1980年2月7日他担任伊斯兰革命委员会主席,当年2月19日又被任命为武装部

---

① 张铁伟编著:《伊朗》,社会科学文献出版社2005年版,第286页。
② 蒋真:《后霍梅尼时代伊朗政治发展研究》,人民出版社2014年版,第34页。
③ 同上。

队总司令。①

革命政权中自由派和宗教阶层之间形成了对立，他们围绕总理和内阁成员的人选问题展开激烈的争夺。总统为代表的自由派认为技术和专长是选拔人才的首要标准。总统强调伊朗最大的问题是缺乏专业技术人员和技术专家，而这是行政体系运转所必需的。伊斯兰共和党则认为对宗教的忠诚应该是首要的标准，道德优先于科学，价值高于知识，只有通过雇佣虔诚的穆斯林，伊朗才能获得真正的独立和经济的自给自足，宗教学校毕业的学生应当成为首选。②

总统和伊斯兰共和党竞争日益激烈，支持总统的自由派同真主党的冲突也使斗争扩大化了。真主党向总统发起人身攻击，但总统缺乏全国范围的政治组织的支撑，面对真主党的攻击处于脆弱的地位。基于自由、民主等共同的政治目标，巴尼萨德尔总统和人民圣战者、库尔德民主党等逐渐接近。总统为代表的自由派与人民圣战者在工农问题上的分歧暂时得以缓和，双方开始把主要目标放在对付宗教阶层。

自由派反对将教法学家权威绝对化，反对宗教阶层在国家政治中的垄断地位，两者矛盾逐渐激化。1981年5月，革命卫队开始对萨德尔总统采取行动，先逮捕了总统法律顾问曼努切赫·马苏迪及总统任命的中央银行行长阿里·里扎·努巴里。之后，贾法里领导的真主党占领总统办公机构，霍梅尼宣布解除他三军总司令职务，议会免去其总统职务，巴尼萨德尔被迫流亡法国。③霍梅尼任命拉贾伊、拉夫桑贾尼、贝赫什提三人组成临时总统委员会。1981年10月哈梅内伊接任总统职务。

二 左派分裂及"文化革命"的清剿

左派在应对宗教阶层的态度方面发生分裂，人民党和费达伊多数派支持乌莱玛，而费达伊少数派、人民圣战者和库尔德民主党仍坚持

---

① 蒋真：《后霍梅尼时代伊朗政治发展研究》，人民出版社2014年版，第35页。
② Mansoor Moaddel, *Class, Politics, and Ideology in the Iranian Revolution*, p. 214.
③ 蒋真：《后霍梅尼时代伊朗政治发展研究》，人民出版社2014年版，第36页。

反对乌莱玛掌权。

　　1. 拥护政权的左派联盟。由于宗教阶层提倡反帝、实行平等主义和国家福利政策等主张，这符合左派的主要政治诉求，人民党和费达伊多数派放弃了民主和自由的主张而成为伊斯兰政权的拥护者。霍梅尼曾反复表达过反对专制统治的立场，因此人民党相信霍梅尼是伊朗民族的象征，是广大劳作者（toilers）利益和权利的保护人。在一篇题为《反帝或争取自由哪个是首要问题》的文章中，人民党提出，既然伊斯兰政权正朝着独立和民主的方向迈进，那么这就值得我们支持，因为它正在逐步实现我们革命的各个目标。[①] 人民党认为乌莱玛是与普通民众站在一起的革命力量，因为后者反对资本主义、赞成工业国有化和土地改革，还使国家摆脱了对国外资本的依赖。在自由派和宗教阶层角逐的过程中，人民党支持后者。

　　费达伊多数派认为共和国控制在小资产阶级手中，因而是革命和进步的，他们与人民党形成合作关系，支持伊斯兰共和国。费达伊多数派认为人民圣战者与外国资本主义势力合作，与中东地区的反动政权妥协，因而将人民圣战者视为革命的叛徒。

　　2. 反对政权的政治联盟。人民圣战者的成员是虔诚的穆斯林，提倡伊斯兰社会主义，对社会主义和资本主义都持排斥立场，尤其反对人民党。人民圣战者认为，伊斯兰共和党本质上是反民主的，霍梅尼的支持者基本上全都是传统的小资产阶级。它批评小资产阶级对伊斯兰的理解只是基于保护剥削制度和私有财产，他们提倡阶级调和，造成剥削和社会不平等，而忽视了经济发展的现实需要，因此是有害的。

　　人民圣战者具备全国范围的政治组织，有严密的组织和纪律，但因其马克思主义意识形态而受乌莱玛反对。他们主张重新分配社会财富，实行政教分离，否定霍梅尼的地位。霍梅尼指责人民圣战者想用古兰经摧毁宗教领袖然后再摧毁古兰经。[②] 该组织由于反对宪法草案

　　[①] Mansoor Moaddel, Class, Politics, and Ideology in the Iranian Revolution, p. 217.
　　[②] 冀开运、蔺焕萍：《二十世纪伊朗史——现代伊朗研究》，甘肃人民出版社2002年版，第199页。

而被贴上了"反革命"的标签,他们与其他非穆斯林政治群体一起被排除于政治之外,被剥夺了参加选举的政治资格。人民圣战者加入反对派阵营。

费达伊少数派领导人穆斯塔法·马达尼要求分享国家权力但被霍梅尼拒之门外,少数派寻求与库尔德联合共同反对乌莱玛掌权,他们要求库尔德自治和实现伊朗人民的民主权利。① 该组织成员有5000人,他们以德黑兰大学为活动基地,还获得中产阶层的支持。有几百名成员前赴库尔德地区加入山地游击战。②

1980—1981年人民圣战者、费达伊少数派和自由派支持萨德尔总统,他们与库尔德民族武装也联合起来,一起抵制伊斯兰共和党。而人民党、费达伊多数派是拥护伊斯兰政权的力量,左派力量的分歧和斗争造成工人运动组织和领导上出现混乱:大不里士和吉朗的工会由费达伊领导;法尔斯的伊斯兰工人联合会主要由人民圣战者领导;南方石油工人受人民党影响较大。左派的分裂和内斗其结果是被宗教阶层各个击破。

3."文化革命"对左派的清剿。伊朗左派的社会基础是社会中下层,如大学生和年轻的、低级神职人员。左派集中在高度世俗化的学校和工厂等地方。伊斯兰革命中,大学在反对国王统治的斗争中发挥很大作用。伊斯兰革命后,大学仍然是学生组织的活动基地,且高度世俗化。学生组织内部派系差别分歧加剧,大学遂成为政治派系力量冲突的中心,形势逐渐失控。

伊斯兰革命后,大学处于伊斯兰力量影响之外,宗教阶层需要发动一场政治运动来清除隐藏的威胁。为将大学中对立的各派力量分离,伊斯兰政府于1980年4月全面关闭大学并发动"文化革命"。"伊斯兰学生组织"是"文化革命"的支持者,他们行动起来推动了"文化革命"的开展,其目标是把世俗左派和伊斯兰左派力量清除出大学校园。伊斯兰政府对此解释说,由于大学中各独立的政治群体对

---

① Dilip Hiro, *Iran under the Ayatollahs*, London, 1985, p. 128.
② Ibid..

大学的功能产生不利影响,所以应当对高等教育进行重大调整,其重点在于阻止反政府因素对大学的渗透。霍梅尼称,大学在重开后不能再成为政治阴谋和反革命的中心。[①]"文化革命"中真主党不断与学生组织发生冲突,他们全面执行伊斯兰法,对任何反对或违背伊斯兰法则的社会力量都给予沉重的打击。

从1982年秋开始,大学逐渐恢复开放,乌莱玛在文化和教育部门重新获得控制权。在"文化革命"中,伊斯兰共和党建立了各种伊斯兰团体和协会,遍布于全国各地的公共和私人部门。"七人委员会"对高校实施政治监控,大学重新制定课程大纲,学位课程增加宗教课的比例,初级和中级教育也进行了相同的调整。反对伊斯兰统治的教师或教授遭到清洗,左派组织被排挤出教育领域。

在"文化革命"中,工厂、学校等公共部门中的左派力量都被清除了,农村的左派力量也受到削弱。清洗行动中自由派支持乌莱玛,两者暂时结成联盟,但自由派在文化革命中没有取得政治利益,反而成为宗教阶层下一个打击的目标,最终也和左派一样被排除在政治之外。

4. 左派的失败。1981年6月,霍梅尼下令关闭"人民圣战者"的报刊和机关组织,这导致"人民圣战者"走上武装反抗的道路。"人民圣战者"制造了1981年6月伊斯兰共和党总部的爆炸案,该党领袖及高层人员损失严重。伊斯兰政权开始采取报复手段,对"人民圣战者"和世俗左派武装、库尔德民族武装等进行清剿。"人民圣战者"成员逃向欧洲、伊拉克和库尔德等地,继续从事颠覆伊斯兰政权的活动。萨德尔逃亡法国后建立伊朗全国抵抗委员会,成为第二支境外反对派力量。

伊斯兰政府打败自由派和人民圣战者等反对派之后,于1981年夏也开始对人民党发动攻击,逮捕了大批人民党的领导人和成员,费达伊多数派也遭到同样的厄运。1983年和1984年伊斯兰政权把反对

---

① Nader Habibi, "Allocation of Educational and Occupational Opportunities in the Islamic Republic of Iran: A Case Study in the Political Screening of Human Capital", *Iranian Studies*, Vol. 22, No. 4, 1989, pp. 19–46.

派武装都镇压下去了。

三 宗教阶层内部分歧

两伊战争初期,伊拉克军事胜利促使伊朗大众关注的焦点从民主自由再次转向革命。伊斯兰共和党利用时机,以宗教的狂热和民族主义动员志愿者参加革命卫队。旧王朝遗留的军队不受信任,有伊斯兰信仰的年轻人得到重用和提拔,革命卫队的地位上升而成为政权的支柱,卫队和宗教阶层形成密切的关系,由"思想政治局"对其进行监控。宗教阶层掌握军队领导权,巩固了统治。在伊朗政治中,宗教阶层以牺牲和殉教精神激励政治斗争,从而达到伊斯兰社会团结的目的,民族和民主的思想已经退居次要地位。任何与什叶派意识形态相左的对思想的都会受到压制,反对教法学家治国的政治观点都是危险的,会被以反革命的名义清除。

但宗教阶层内部存在意识形态分歧,库姆的大阿亚图拉们一开始就不接受教法学家治国的思想,他们坚持乌莱玛应当远离政治的立场。例如塔勒哈尼因反对"宗教形式的专制"而遇害。[①] 阿兹尔人阿亚图拉沙利亚特马德里反对最高领袖凌驾于总统之上,主张宗教远离政治。追随他的信徒组建伊斯兰人民共和党,该党与追随霍梅尼的信徒陷入激烈冲突。1979年10月霍梅尼向其释放和解信号,巴尼萨德尔率领伊革委成员前往伊斯法罕与沙里亚特马德里和谈,和谈失败后,伊斯兰革命卫队进入库姆和大不里士,清除了伊斯兰共和人民党的武装力量。[②] 沙里亚特马德里于1982年4月被剥夺效仿渊源的教衔,1986年3月在库姆被捕时死去。[③] 不少参加过革命的乌莱玛也被排斥于政治之外,许多政见不同的神职人员入狱,有的逃亡国外,有

[①] 一说阿亚图拉塔勒哈尼死于心脏病,见 Dilip Hiro, *Iran Under the Ayatollahs*, London, 1985, p. 132.

[②] Dilip Hiro, *Iran Under the Ayatollahs*, London, 1985, pp. 140 – 141.

[③] 冀开运、蔺焕萍:《二十世纪伊朗史——现代伊朗研究》,甘肃人民出版社2002年版,第199页。

的被处死。① 1989 年蒙塔泽里因反对教法学家治国被剥夺继承人资格。

议会中乌莱玛分为两派。激进派占据了要职，在前三届议会中都占多数，他们提出国家控制经济、土改和劳动法改革，对外输出革命等主张。但温和保守派力量逐渐增强，保守乌莱玛和巴扎商人逐渐在议会中成为多数，激进派的主张被抛弃，激进政策开始受到遏制。1987 年伊斯兰共和党被解散，乌莱玛阶层内部出现分裂。②

第三节 社会伊斯兰化：中产阶层结构的重塑

伊斯兰革命后，巴列维王朝的政治制度、经济措施和社会改革被全盘否定，伊朗社会中盛行着提倡平等、反对资本主义经济剥削和抵制财富过度积累的伊斯兰思想。根据宪法第 44 条规定，所有大型企业都被收归国有。20 世纪 80 年代，国家导向的经济发展计划开始实施。这对私人资本的生产和发展产生极为不利的影响。

由于伊斯兰法对私有财产没有明确保障，资本积累过程受到严重干扰，工业投资减少、生产规模日益缩小。小型生产得到了贷款而出现繁荣，大型生产趋于倒闭，资本日益分散化和小型化③。私人资本多采用流动资本的形态存在，资本流向也发生改变，资本和劳动力一起向农村流动。这样资本集中程度越来越小，资产阶级群体变小、力量更弱。宗教阶层在经济政策方面的分歧、国家主导的经济发展政策都干扰资本积累的形成，加重了生产危机，这对伊朗经济发展产生极大影响。

伊斯兰政府为了实现经济的自给自足和独立发展，一方面减少对石油经济的依赖，另一方面制定了以农业立国的战略，农业成为国家

---

① Misagh Parsa, *States Ideologies and Social Revolutions a Comparative Analysis of Iran, Nicaragua, and the Philippines*, Cambridge University Press, 2000, p. 144.

② Eva Patricia Rakel, *power Islam and Political Elite in Iran A Study on the Iranian Political Elite From Khomeini to Ahmadnejad*, Leiden Boston, 2009, p. 50.

③ Ibid., p. 74.

发展的战略基轴。伊朗把发展农业经济摆在首要地位，增加农产品产量，同时扩大农业出口以增加财政收入。[1] 为实现农业自给，伊朗于80年代初成立建设农村的革命组织吉哈德，并划拨约合6.9亿美元的专款，投入农村建设和农业经济的发展中。吉哈德的职能有分配种子、化肥，建设水利设施，修建农村公路，在农村发展教育和开展培训。国家增加农业预算支持农业的发展，对农业的重视和投入，使农业生产得到恢复，"一五"计划时期农业年均增长率达到6.2%，农业占国民生产总值的17.8%，超过了工业所占比例。

伊朗以农业立国和实行自给自足，中断了与国际市场的经济联系。两伊战争爆发后，伊朗实行战时经济体制，经济结构发生巨大变化。农业地位突出而工业经济比例缩水，石油工业发展艰难，低水平服务业经济在增长。伊斯兰经济政策的实施改变了经济发展方向，工人数量大幅下降，大量失业工人进入手工业和农业中，成为个体生产者。资本家和个体经营者在增长，中小地主和小农人数也增加了，社会结构整体呈现倒退倾向[2]。如表4-2。

表4-2　　　　　　　1986年伊朗劳动力和阶层分布　　　　（单位：万人）

资本家		新中层		公职人员	
34.1	3.1%	77.4	7%	185.1	16.8%
现代类	传统类	私企	国企	高层	中低层
2.2	34.1	6.4	71	20.4	164.7
工人阶级		家庭工人		个体经营者	
270.2	24.6%	48.4	4.4%	439	39.9%
私企	国企	/	/	现代类	传统类
181	89.2	/	/	4.8	434.3

资料来源：MAI censuses for 1976, 1986, 1996, 2006。

表4-2显示，全面伊斯兰化时期，伊朗传统中产阶层人数增长

---

[1] Asghar Schirazi, Islamic Development Policy the Agrarian Question in Iran, Lynne Rienner Publishers, 1993, p. 95.

[2] Farhad Numani, Sohrab Behdad. Class and Labor in Iran: Did the Revolution Matter? New York: Syracuse University Press, 2006, p. 34.

最快，规模迅速壮大。现代中产阶层人数也在增长，但主要向国家机构和公共部门集中。政治和宗教因素在社会分层中居首要地位，社会上层主要是政治精英群体，他们既是统治者又拥有巨大财富，同时享有很高的社会声望，社会资源分配的关联度极高，伊朗社会上层群体出现单一化趋势。上层主要来自公职人员中的高级职员群体，1986年约20.4万人，占劳动力总数的1.74%。

伊斯兰经济反对个人财富过度积累，资本家群体因资本规模缩小，其经济和政治地位全面下降，该群体地位下降，加入资产中产阶层行列。

这一时期伊朗中产阶层群体包括：新中产阶层77.4万人，公职人员中的中级和低级职员164.7万人，资本家群体34.1万人。中产阶层共计276.2万人，占劳动力总数1100.2万人的比重为25.1%。[①]如果把439万个体经营者中230万个体工商业者计算在内，中产阶层达到506.2万人，占就业人口46%。

一 国家机构扩充及中产阶层的伊斯兰化

伊斯兰革命彻底清除了官僚买办资产阶级、王室集团及外国资本，政府机构和教育等公共部门中受到西化教育的现代中产阶层受到排斥。有不少知识分子、技术专家、管理人员因政治原因外逃避难，大批留学人员或身在国外的技术精英滞留海外而造成人才大量流失。

全面伊斯兰化时期，对伊斯兰的忠诚程度成为能否担任公职的首要条件。社会分层中宗教资质和革命资质成为分层的两大标准。伊斯兰共和国改造了旧政权遗留下的行政科层体系，形成了具有伊斯兰神权特征的职能机构。国家机构和国有经济部门中的职位由革命政权指派的非专业的宗教人才充任，具有革命或宗教背景的年轻人，他们没有专业技能和管理经验，私人工业发展受到严重影响，国内技术人员和管理人才奇缺。重工业部长纳巴维承认，多数管理人员只有革命经

---

① Sohrab Nehdad, "What a Eevolution! Thirty Years of Social Class Reshuffling in Iran", *Comparative Studies of South Asia, Africa and the Middle East*, Vol. 29, No. 1, 2009, p. 89.

验而工作经验不足,任期不到 2 年辞职的情况多见。

这一时期私人经济呈萎缩趋势,国家政治机构和经济部门日益膨胀,吸纳了近 1/3 的就业人口,从 1976 年的 167.3 万人增长到 1986 年的近 345.3 万人,占就业人口总数的 31.4%。国家经济部门包含国营企业、公共服务部门和宗教基金等,在劳动力市场中占明显优势,吸纳了大批大学毕业生进入制造业、服务业、石油业、航运业,构成新兴中产阶层的重要组成部分。

1986 年公职人员达到 185.1 万人,占就业人口 16.8%,公职人员中的一般职员有 174.7 万人,占公职人员的 89%,高级公职人员 20.4 万人占 11%。公职人员的 64.7% 在军事或半军事部门是国家武装力量。1976—1986 年公职人员增长了 112 万人,其中军队的增长就达 81.1 万人。

全面伊斯兰化时期,新兴中产阶层(即技术和管理阶层)人数在增长。1986 年新兴中产阶级从革命前的 47.7 万人增至 77.4 万人,在劳动力总数中的比例从 5.4% 增至 7%。其中国有经济中的新兴中产阶层 1986 年达到 71 万人(1976 年为 37.6 万人),而私人经济中的新兴中产阶层为 6.4 万人(1976 年为 10.2 万人)。[1]

二 资产中产阶层的发展壮大

伊斯兰革命为小型资本留下发展空间。首先,官僚买办资产阶级被清除,有不少年轻的创业者抓住发展机会,这促使传统工商业得到发展。虽然伊朗政治环境不稳定,私有财产还存在合法性问题,但对小企业主来说,其投资的风险不大。其次,工业产品的需求量极大,需求强烈地刺激着生产。由于国企效率低,产量严重不足,加以战争破坏和国际禁运等因素,伊朗 20 世纪 80 年代国内工业制成品奇缺,因此私人企业不用担心其产品的销路。最后,伊斯兰政府为了减少对石油经济依赖,提倡经济独立和自给自足,继续沿袭巴列维时期进口

---

[1] Sohrab Nehdad, "What a Eevolution! Thirty Years of Social Class Reshuffling in Iran", *Comparative Studies of South Asia, Africa and the Middle East*, Vol. 29, No. 1, 2009, p. 89.

替代的工业发展战略,向私人制造业提供保护。伊斯兰政府为了补偿物价上扬的损失,还给予私人制造业以低价的外汇补贴政策。政府向制造业提供优惠贷款、廉价地产及价格补贴,减少进口以节约外汇开支,提高关税壁垒,这都保护了民族工业。[1]

(一) 个体经营者群体壮大,成为伊朗社会人数最多的群体

伊朗资产中产阶层按照经营方式划分为个体经营者和中小资本家(包括作坊主)。1980年在首都德黑兰就有75万批发商和零售商,有80万商店和42万手工作坊。伊朗工业集中程度相对较低,个体经营者居多数。革命后个体经营者是伊朗社会中增长最快的群体。1986年伊朗就业人口达到1100万人,10年间劳动力增长了220万人,其中个体经营者群体的增长就占158万人。1986年个体经营者达到439万人,占劳动力人口比例的39.9%。其中从事传统生产部门的占该群体98.9%的比例,从经济部门分布看,从事农业生产的占53.1%,制造业中占29.8%,商业和服务业中占14.1%。[2]

由于土改的推行,小土地所有者数量增多,他们雇佣家庭工人,而农业工人的人数大大减少,1976年领薪的农业工人有61.4万人,1986年降至29.4万人。此外无薪的家庭工人人数也明显下降了,从1976年的93.6万人至减至1986年的42.9万人(农村的家庭工人中占家庭工人的89%)。[3] 其原因在于伊朗制毯业市场缩小导致女性家庭工人数量减少,又因为两伊战争爆发,农村青年入伍,还有教育的发展也吸收农村青少年群体,这些都是伊斯兰革命后伊朗家庭工人减少的因素。

(二) 中小资本家群体

伊朗资本家群体从1976年的18.2万人增长至1986年的34.1万人,占就业人口比例也从2.1%增长为3.1%,增幅为87.4%。该群体多是传统生产的经营者,工商业资本家把资本投向农业,农业资本

---

[1] Negin Nabavi, *Iran From Theocracy to The Green Movement*, Palgrave Macmillan, p. 103.

[2] Farhad Numani, Sohrab Behdad, *Class and Labor in Iran: Did the Revolution Matter?* Syracuse University Press, 2006, p. 104.

[3] Ibid..

家数量迅速增加。1976年农业资本家占资本家群体的19.5%，到1986年比例增至33%。制造业中工业资本家比例同期从36.5%增至40.5%。① 服务业中资本家群体的人数下降了。

伊斯兰革命的结果是冲击大型企业、削弱了中型企业，而小型企业进一步增多。伊朗小企业数量、产值都在增长，劳动效率得到提高，小企业平均雇佣工人数量也增长了。但中型企业规模、效益和产值在下降。这一时期私企中工薪阶层就业机会大大减少，大批专业技术人员由于政治原因被清洗或移民国外，私企资本集中程度下降。

伊朗企业资本集中程度较低，1986年劳资比率从革命前的16.9%降为5.5%，在大多数行业中劳资比率普遍降低为革命前的1/3。② 私人企业平均雇佣职员17人，其中不少是雇佣家庭工人，雇佣的付薪工人平均2人，管理或专业人员平均仅0.63人。

企业规模看，以小企业为主。百人以上的企业仅占总数11%，500人以上规模的大企业只占3.1%，雇佣百人以下规模的，其占企业总数的89%。1982年雇佣50人以上的工厂仅923个，雇佣10人以上的企业有7531个。

三 巴扎商人阶层成为仅次于乌莱玛的第二阶层

巴列维王朝时期，巴扎商人的政治组织商会处于国家控制之下，沦为执行国家政策的工具。50年代，巴扎商人成立的工商业联合会与民族阵线之间发展关系，巴扎商人在政治上和经济上对民族阵线大力支持。1953年政变后，民族阵线遭到镇压，工商业联合会失去影响。70年代巴扎商人重建组织，即德黑兰巴扎工商业协会（SMGTB），这是巴扎商人当时三大政治组织之一，其他两个分别为行会事务理事会（Committee on Guild Affair）和商人行会（Trader's Towhidi Guild）。

伊斯兰革命后金融资本外逃，巴扎商人趁机填补了空白，积累起

---

① Farhad Numani, Sohrab Behdad, *Class and Labor in Iran: Did the Revolution Matter?* Syracuse University Press, 2006, p. 103.

② Ibid. .

巨额的资本。伊朗铁制品进口贸易垄断在10家商人，每家年均盈利达20亿里亚尔。40家烟草批发商占有30亿—40亿里亚尔的市场份额，1980年烟草专卖收入高达2100亿里亚尔。1980年150亿美元的进口商品中70%属于私人经济部门，相比之下1977年160亿美元的进口商品中只有47%属于私人经济部门。

革命后伊朗国内商品供应不足，进口贸易利润巨大，商人从外贸中攫取巨额利润。商品在国内流通中价格迅速上扬，最后到达消费领域时价格已经上涨百倍以上。而政府对商品的限价基本无效。于是政府开始发动反暴利运动，设置特别法庭，处理非法经营的商人。霍梅尼也规劝商人自觉减价，而总统巴尼萨德尔警告商人，哄抬物价将给社会带来灾难。拉夫桑贾尼称贪婪的投机资本家把贫困带给整个社会。司法和宗教部门也对投机商人激烈谴责，巴扎商人的信誉正在丧失。

商人的暴利激怒了公众和国会议员等社会上层。霍梅尼派往东阿塞拜疆重建圣战的代表哈塔米指出："在过去三到四年时间里，有一些人积累了前国王时期30—40年时间才能积累来的财富。这是我们社会不平等的根源。我们革命的目标正是缩小贫富差距，但我们实际行动却离目标越来越远，贫富差距正在拉大。"拉夫桑贾尼说："即使在资本主义社会里，在商业贸易自由的情况下，商人也没有权利卖出高于实价5—10倍的价格。而现在商人不但出售商品价格远高于此，而且还无须交税。"①

但伊斯兰政权的稳固需要巴扎商人的支持。巴扎商人和宗教阶层的密切关系由来已久，前者把盈利的一部分捐给宗教机构或神职人员以赢得宗教阶层的支持。革命后巴扎商人仍以其丰厚的财力支持宗教阶层，以此增加自身的政治影响。在两伊战争时期国家急需资金，所以巴扎商人的捐赠更显得重要。战时巴扎商人对乌莱玛和国家的捐助力度是很可观的，拉夫桑贾尼曾说，为支持战争仅一天内库姆的巴扎

---

① Mansoor Moaddel, *Class Politics and Ideology in the Iranian Revolution*, Columbia University Press, 2013, p. 245.

商人就提供了 1300 亿里亚尔。①

巴扎商人得到伊斯兰共和党支持。乌拉迪（Owladi）任商业部长时称，国有化会将巴扎商人排除出商业领域，巴扎商人应当联合起来反对政府的介入。在乌拉迪支持下，商人垄断了商业部的相关业务，商业部授权商人专营进口商品和地方商品的分配，在市场上以高价出售。

商人还通过与乌莱玛的关系，渗透进入宗教组织"被剥夺者基金"（Mostazafin），该基金拥有 1000 家公司，357 家工厂，经营陆海交通业，还有农场、医院、牧场、地产、房舍、公寓、旅馆及其他形式的巨额资产。巴扎商人通过和宗教基金的联系谋取暴利，并占据了重要职位，如德黑兰富商哈吉·道斯特（Haj Refiq Doust）负责宗教基金的农业和园艺等重要部门。商人和地主也得到保守乌莱玛右翼组织胡贾提亚（Hujjatiyyah）的支持，该组织建立于 30 年代，受伊斯法哈尼领导，还有宗教高层戈尔甘尼和胡里的支持，是宗教组织中的极端派，其成员提倡净化社会思想文化，清除巴哈伊教，或促使其皈依伊斯兰教。该组织拥有公司、学校、医院和金融等经济实体，与伊斯兰法庭还有密切的关系。革命后该组织压制自由派和左派等政治组织。在国会、政府和宪法监护委员会都有该组织的支持者，1981 年穆萨维内阁大部分成员如石油、劳动、商业、教育等部的部长都是该组织的成员。巴扎商人中只有少数向上流动进入社会上层，成为特权商人，而大部分是中产阶层的重要组成部分。

巴扎商人恢复了组织，如伊斯兰经济组织及信贷基金（Interest Free Loan Fund）等。1979 年巴扎商人成立行会事务理事会（Committee on Guild Affair），有力地维护了商人的经济利益并抵制政府的行政介入。在伊斯兰共和党和巴尼萨德尔、人民圣战者等政治斗争中，巴扎商人也参与其中，德黑兰巴扎工商业协会，与自由派的联系密切；行会事务委员会，与伊斯兰共和党有密切关系；商人行会，和人民圣

---

① Mansoor Moaddel, *Class Politics and Ideology in the Iranian Revolution*, Columbia University Press, 2013, p. 245.

战者存在长期联系。

巴扎商人支持最高领袖霍梅尼,但这并不表示巴扎商人接受了教法学家治国的观念,他们反对建立伊斯兰神权国家。伊斯法罕的巴扎商人支持自由派,反对自己以前的盟友阿亚图拉塔赫利[1]。巴扎商人支持乌莱玛只是出于反对专制主义需要,结成政治联盟的一种表现,其在政治立场和意识形态上与乌莱玛是对立的。巴扎商人也因此遭受清洗,商会的首领勒巴斯赤等逃亡国外,另有数以百计的商人被杀害。[2]

整体来看,全面伊斯兰化的结果是伊朗工人阶级比重在缩小。工人数量减少,比例下降,1986年工人人数为181万人,占就业人口比例减小到24.6%。[3] 1976—1986年私人经济中工人减少了116万人,国有化运动使一部分私企工人转变为国企工人,1986年国营企业中工人89.2万人。私人资本流向农村,企业规模明显缩小。小企业工人、个体经营者及家庭工人占伊朗就业人口的42%。1976—1996年家庭女工人数下降,但仍占家庭劳动力40%。农业和建筑业中的工薪阶层占工薪工人总数的20%。这一时期现代企业在减少,传统企业比例更大,社会整体呈现倒退倾向。伊朗社会经历着内向性渐变,帕尔文称这种现象为结构蜕变(structural involution)。[4] 伊斯兰化作为一种反方向的社会演进,逆转了巴列维王朝时期现代化的转型,使伊朗社会结构中的现代因素大大减少,传统伊斯兰因素明显增长。

---

[1] 巴列维国王时期,同是这一巴扎商人群体支持塔赫利,因为国王逮捕塔赫利而集体罢市,他们当时支持建立伊斯兰政府。

[2] Misagh Parsa, *States Ideologies and Social Revolutions a Comparative Analysis of Iran, Nicaragua, and the Philippines*, Cambridge University Press, 2000, p. 215.

[3] Farhad Numani, Sohrab Behdad, *Class and Labor in Iran: Did the Revolution Matter?* Syracuse University Press, 2006, p. 102.

[4] Parvin Alizadeh, *the Economy of Iran Dilemmas of an Islamic State*, I. B. Tauris Publishers, 2000, p. 34.

第四节　伊斯兰化对伊朗社会及中产阶层的影响

伊斯兰革命后，伊朗社会结构出现重大变化。宗教资质和革命资质是政治分层的首要标准，新的社会上层大多来自传统中产阶层。教育和公共部门是中产阶层最集中的地方，伊斯兰政府首先对这两大领域实施伊斯兰化，其结果是中产阶层被伊斯兰化的方式重新塑造了。

一　高校伊斯兰化

伊朗政府给予教育以特殊的关注，宗教阶层认为伊斯兰革命是价值观的革命，伊斯兰意识与大众文化是相容的，以伊斯兰价值和意识为基础的教育将满足人民的需要。文化部长及总理称："伊斯兰革命不仅是政治意义上的，也是价值体系的革命，国家文化将为之发生根本的改变。"[1]

宗教阶层认为，教育具有文化净化和担负社会责任的职能，实现教育的目的要优先于教育本身。文化净化即以新的道德标准代替旧的价值观念。这包含了政治意识形态的引导，促使青年人拥护现政权。"文化革命"委员会修改教育计划和课程体系，重新修订了教材，修改了小学课本40%的内容和中学课本10%的内容，增加了宗教、文学、社会科学课时，以促进伊斯兰意识的形成和满足新的教育目标。大学中，在教材、课程、行政管理上实行伊斯兰化，通过培养和教育使伊朗青年符合宗教价值的要求，使青年人产生伊斯兰意识，摆脱外国资本的控制、反对外国势力的渗透等，成为教育的基本原则和最高目标之一。

伊朗教育的目标是使伊朗青年同时具备宗教责任和技能，但前者更为重要。霍梅尼认为，国王推行的教育就是只强调技能而忽视了社

---

[1] Hossein Godazgar, *The Impact of Religious Factors on Educational Change in Iran Islam in Policy and Islam in Practice*, The Edwin Mellen Press, 2008, p. 110.

会责任，因而失败。伊朗教育目标包含精神文化、社会、政治、经济等方面，以便把教育从世俗化体系中解放出来，改造成宗教性的、具有自生性的机构，能真正培育具备一定技能的穆斯林，促进国家的进步和独立，为公民的成长和发展创造条件。宗教阶层强调教育的社会责任，要求穆斯林应担当起宗教义务，还要求他们以宗教义务约束其亲属。

伊斯兰政权针对高等教育机构发动了"文化革命"，在教育机构中进行大规模清洗，并正式实施严格的政治审查和监控。"革命"初期，高等教育中缺乏伊斯兰政权的忠诚者，"文化革命"中的清洗导致大批人才流失，其结果是人才奇缺。为扩大师资储备，国家吸引大学毕业生进入教师培训学校。毕业生的选取要经过严格审查，只有拥护政权的毕业生才能被录用，他们在培训学校毕业后将为大学教育服务，其中大多担任高级管理职务。大学管理职务的晋升也要符合相应的政治标准，晋升高级职务的政审要求会更高。伊斯兰政府任命信仰伊斯兰的教师，在教育机构和管理层清洗反对革命的人或"伊斯兰的敌人"，同时在国家机构中也开始清洗运动。

大学入学考试中，政治科目是必考内容，且录取程序上采取特殊政策，即区分普通考生和特殊考生。"那些曾为革命或伊斯兰做出过贡献的人将优先入选"①，这类即特殊考生，他们可以免除政治审查或降低录取条件。普通考生在达到了录取分数基础上要进行政治审查，以考生之前的表现和政治倾向决定是否录取，"只有放弃西方或东方意识形态的人才能被录取"②。高等教育部门的政治监控办公署对考分过线学生实行政治审查，由此产生大学入学申请人名单。名单再返回各地区的支部进行全面考察，考生的道德、性格、声望、兴趣和对伊斯兰的态度、政治观点、政治背景是考察重点。地方遴选委员会由当地支持伊斯兰政权的人组成，这些组织是秘密的，成员都是各公私部

---

① Mehrdad Haghayeghi, "Politics and Ideology in the Islamic Republic of Iran", *Middle Eastern Studies*, Vol. 29, No. 1, 1993, p. 42.

② Misagh Parsa, *States Ideologies and Social Revolutions a Comparative Analysis of Iran, Nicaragua, and the Philippines*, Cambridge University Press, 2000, p. 106.

门的职员,委员会身份只是他们的第二职业。政治监控的目标是使入学的学生都达到一定的政治标准。考生入校后仍要接受严密的监控。[1]

高等教育也是社会流动的阶梯,国家给予社会群体流动上的便利,提高其社会地位和改善其境遇。政府提高那些忠于国家的人群的社会和经济地位,这种政策更偏向于社会中下层,如农民阶层。政治监控可以阻止反对政权的人进入大学,有效防止了反对派渗透进大学机构而对国家造成威胁。大学教职人员是技术精英,具有一定的社会影响力,一方面政治精英需要技术精英为经济发展做出贡献,另一方面政治精英必须对这一群体加以政治上的引导,以确保他们不能反对国家。这两个目标在威权政治的社会中总是会发生冲突。

学校中高级管理职务是由忠于伊斯兰政权的人充任,高校对教师监控的执行机构有遴选委员会、伊斯兰协会和安全办公室等。大学监控机构吸收了拥护伊斯兰政权的师生。各班级中都有伊斯兰协会的成员,对行为不检的学生警告,由学校纪委部门进行惩处,纪委可开除任何违反道德规范的学生。在医学和工科专业的院系中,教工在技术方面有不可替代性,政治监控对其容忍度相对较大。

二 公共部门的全面伊斯兰化

(一)加强政治监督

公共部门直接关系政权的安危,任何政权都会阻止威胁其安全的人窃据公共部门的关键职位。公共部门中的政治监督和高等教育中的相似,在筛选求职者的过程中会要求相应的担任公职的政治条件,这与大学入学考试程序基本一样。国家公务人员的行为要符合伊斯兰法,世俗生活方式的人会在政治审查中淘汰。政治监督是通过官方组织程序建立的完备的政治机构,政审机构的活动和存档数据是不公开的。伊斯兰协会是实施政治监督的重要机构,成员由政权的支持者组成。它掌控人员录用的政治审查程序,他们并不关心录用人员的工作

---

[1] Nader Habibi, "Allocation of Educational and Occupational Opportunities in the Islamic Republic of Iran: A Case Study in the Political Screening of Human Capital", *Iranian Studies*, Vol. 22, No. 4, 1989, p. 31.

经验和技能，政治审查中不符合条件的都将被淘汰。每个公共机构中都组建伊斯兰协会，有权开除它所不需要的职员。①

对公务人员的监督通过三种组织实施，即每个单位的选举委员会、安全办公室和伊斯兰协会，其成员来自本单位的员工。选委会分为行政和公共关系科、考试科、评估科等科室，科室负责人和选委会主席组成评估指导委员会。职员技能和能力及政治意识形态的评估是由选委会负责。选委会在中央组织处领导下，中央组织处属于总理办公厅。伊斯兰协会建立的目标是宣传革命，协会成员负责报告反政府活动，对公务部门职员进行探查以起到震慑作用。伊斯兰协会除了政治监控外还负责宗教法的执行和宣传②。

革命政权把政治忠诚放在优先地位，知识技能放在第二位，然而政府支持者中可胜任者寥寥无几。伊朗政府支持者中，高学历人员和专业技术人员严重缺乏，行政人员调动频繁，却很少有能胜任者。为改变局面，政府制订了长期计划，对政权支持者进行教育培训，使其具备所任公职所需要的能力，以此创造一个经过精选的、忠于革命的官僚精英阶层。高等教育和留学教育为政权的忠诚者预留机会，以此提高其学历，这样可以使政权的忠诚者的社会地位和威望真正合法化。

技术精英多集中于工业部门，他们与外界交流更多，且具备专业技术的基础，因此有能力对政权产生威胁。国有企业职员也同样处于政治监控之下。

伊斯兰化的影响和实际效果。这一时期教育和公共部门的伊斯兰化的一个间接后果是，改善了农民和小城镇市民的经济条件和发展机会。因为在伊斯兰化环境下，他们所具有的宗教性和保守性使之更容易通过政审，因而更有机会接受高等教育和充任公职。大学和国家机构中，来自农村和小城镇的人群增长很快。

---

① Nader Habibi, "Allocation of Educational and Occupational Opportunities in the Islamic Republic of Iran: A Case Study in the Political Screening of Human Capital", *Iranian Studies*, Vol. 22, No. 4, 1989, p. 26.

② Ibid., pp. 34 - 35.

伊斯兰政府通过伊斯兰化对教育和经济资源起到重新配置的作用,其结果是形成了一个相对平等伊斯兰社会,处于低阶层的群体得到了更多的机会。但这是以牺牲其他教育目标为代价的,课程和教材的伊斯兰化导致伊朗教育水平和质量全面下降。[1] 特招学生比例太大,成绩较低,造成高等教育质量下滑。在大学中,年长的有经验的教工不能任高级管理职务,出任高级职务的又往往是年轻的、缺少工作经验的人,因此在管理方式上存在诸多问题,这对公共部门职员的工作积极性是个打击。

伊斯兰化对国家管理机构的效率有负面影响。伊斯兰政权为了追求革命理想,这造成人才大量流失从而降低了整个经济体的生产效率。[2] 大中型企业多是国有,也处于政治监控下,因此离职的专业技术人员多进入小企业,其结果是小型私企得到快速发展,而大型国有企业和农业发展较慢。

一些政治精英也意识到伊斯兰化的副作用,呼吁进行改革,采用灵活多变的措施。1985年2月成立的教育改革委员会其主要职责就是提高教育质量,在其工作报告的基础上,议会于1987年10月修订了教育目标和任务,开始强调实用技能的教育。[3] 此外因技术人才缺乏,政府暂时容忍世俗主义者,伊朗国家石油公司重新召回以前被清洗的职员。

伊朗社会各阶层对伊斯兰政权忠诚程度各不相同,农民比市民更拥护伊斯兰政权,城市低阶层比中产阶层更支持伊斯兰政权,宗教阶层比其他群体更忠于伊斯兰政权。政府更偏向于宗教群体,排斥世俗化倾向的人,那些缺乏工作技能或经验的人可凭借宗教或政治方面的

---

[1] Mehrdad Haghayeghi, "Politics and Ideology in the Islamic Republic of Iran", *Middle Eastern Studies*, Vol. 29, No. 1, 1993, p. 44.

[2] Nader Habibi, "Allocation of Educational and Occupational Opportunities in the Islamic Republic of Iran: A Case Study in the Political Screening of Human Capital", *Iranian Studies*, Vol. 22, No. 4, 1989, p. 40.

[3] Mehrdad Haghayeghi, "Politics and Ideology in the Islamic Republic of Iran", *Middle Eastern Studies*, Vol. 29, No. 1, 1993, p. 44.

忠诚受到委任。低阶层的人群不少以革命起家，由于意识形态符合任职条件地位得到提高，经济状况也随之改善，因此大部分低阶层人群都受到伊斯兰化的实惠，而社会中层和上层受到损害。

（二）对任职条件加以限制

这一时期政府通过对公职人员的任职资格进行多种限制，达到了伊斯兰化的目标。政府职位的人选优先给予什叶派信徒。男性什叶派信徒才能胜任高级领导职务。妇女和非穆斯林不能担任法官、国会议员等职务。伊朗公民的权利和自由都以必须遵守伊斯兰信条为先决条件。

教育部的选人标准"信仰伊斯兰或宪法承认的宗教派别，遵守宪法并拥护教法学家治国"。[①] 1995年通过了《教师择用法》，1996年开始适用于政府部门职员，规定只有信仰和拥护教法学家治国的穆斯林才有资格被选任，那些信仰不虔诚的穆斯林或者不参加星期五聚礼的人、穿戴不符合伊斯兰习俗的妇女都将失去资格。其他部门、市政机关都有相同要求。

伊朗选举法第二条对道德、意识形态和政治意向都有明确规定，即信仰伊斯兰教或宪法承认的其他教派，遵行伊斯兰信条，相信和追随教法学家治国并拥护宪法，尊重宗教少数派的教规，但不能违背伊斯兰信条，有为革命组织服务的记录、参加宗教聚礼的记录、妇女衣着等都应在考虑之列。以上各条成为优选的标准。在伊朗，"有伊斯兰信仰，遵守宪法，拥护教法学家治国，不能有政治问题的记录"[②]是政府机构任职最基本的要求。

大型私人企业的人事任用方面也受到伊斯兰化的影响。如伊斯兰阿兹德大学的信息通信技术办公室的进人要求为：信仰伊斯兰或宪法承认的其他宗教派别，拥护宪法，赞成教法学家治国。伊朗南部布什尔省阿斯鲁耶港的石化公司的要求有：要求职员信仰伊斯兰或宪法承认的宗教派别、赞同共和国体系和法吉赫。工业工程管理公司、汽车

[①] LDDHI, "*Iran: Rising Poverty, Declining Labor Rights*", *FIDH*, June 2013, p. 19.

[②] Ibid..

制造业等部门也都有相同的要求。

宪法第十四条规定，参与反对伊斯兰和共和国阴谋活动的人的权利是不能得到保护的，但这一宽泛的词语也包含了对政权有异见或持批评立场的人。这实际上扩大了宪法要制裁的范围，不信教的人和批评政府的人都受到限制。独立的工会联盟、人权活动家、政治反对派和批评政府者都因此受到政府的压制措施。而参加反政府活动的工人、律师、记者要判监禁，并从工作单位清除出去，还要长期被剥夺从业资格。

三 全面伊斯兰化对伊朗社会其他阶层的影响

（一）工人组织内部也实行伊斯兰化

伊朗各基层经济单位也都建立了政治监督系统。伊朗劳动法承认伊斯兰劳动委员会、商业联合会和工人代表这三大组织为工人利益的代表，但三者都处于政府严密监督之下。处理劳资纠纷的时候由政府代表、工人代表及企业代表三方与会，政府代表即伊斯兰劳动委员会在三方之间进行调和，伊斯兰委员会还负有起草工作计划和贯彻伊斯兰法和维护教法学家统治等功能，监督人们的行为。遵守宪法和拥护教法学家治国的人才能进入伊斯兰劳动委员会，官方承认的宗教少数派也可以当选。其职责包含向政府提供建设性意见，与企业管理者合作，提高工人的待遇并保护其合法权利，消弭职员的不满情绪等。商业联合会的职责同样是"与行政体或其他当局进行合作，正确执行法律，考虑工人组织的正当要求"等。[①] 工人倾向于建立独立组织以代表自身利益，如工人伊斯兰协会等，但这些工人组织不受政府承认。

（二）对妇女的伊斯兰化

妇女是伊斯兰革命的参与者，1977年妇女群体加入反对国王的阵营，她们反对经济剥夺、政治压迫、反对资本主义和反对西化。革命中她们认同于伊斯兰文化，1979年2月城市中产阶层和工人阶级发起

---

① 伊朗宪法保护公民不分性别都享有政治、经济、社会、文化等方面的权利，但都要遵行伊斯兰的准则（宪法第20条）。LDDHI, "*Iran: Rising Poverty, Declining Labor Rights*", *FIDH*, June 2013, p. 35.

的街头示威的行列中就有她们身着伊斯兰服装的身影。革命后,宗教保守力量强制妇女戴头巾(hejab)时,妇女又开始反抗伊斯兰旧法对女性的压迫,然而她们只得到左派的有限支持。1980年左派和自由派被宗教力量各个击破,1981年后被完全排除于国家政治之外。之后,伊斯兰旧法对妇女的压制加强了,任何挑战伊斯兰法的人都受到严厉的惩罚。

宗教精英废除了巴列维国王在1967年和1973年颁布和通过的《家庭保护法》[①],将"西化"的妇女视为道德价值沦落的产物,他们以沙里亚法为依据重新解释婚姻法,恢复家长制,加强男性主导地位。此外还在少数几个特定的专业和行业完全排斥女性的参与资格,80年代上半叶伊朗妇女被禁止从事法官和律师行业。

伊斯兰化使伊朗社会的性别等级更明显。伊斯兰法过于强调男女生理条件上的差异,贬低女性的社会地位,突出女性家庭角色和其管理家务和哺育后代的功能。政府给予妇女带薪休假、减少工时和提前退休的政策,以此来增强女性的家庭功能和削弱其社会角色。1983年政府法令要求妇女工作时间减少到男性正常工作时间的一半。政府为改变人口低速增长的状况,废除了控制人口增长的政策,以实现伊朗人口达到1.5亿—2亿人的目标,把此目标置于国家行动战略的地位,要求妇女承担更多的家庭职责,加大物质刺激的手段,在公私部门延长产假。2010年的法令进一步修改,使有残疾儿女的妇女享有此权利。[②]

政府减少妇女工作时间,规定实行女性每周36小时工作制,减少女性职工的压力,并将其由全职转兼职等形式,以鼓励女性生育。民法第1117条授权丈夫阻止妻子就业的权力。伊斯兰政府提倡减少妇女就业,允许女性职员每周可有一天在家办公,政府成员有意弱化

---

① 《家庭保护法》禁止一夫多妻制,法定女性最低结婚年龄从9岁提高到15岁,女性可以提出离婚等。Valentine M Moghadam, Women in the Islamic Republic of Iran: Legal Status, Social Positions, and Collective Action, *Iran After 25 Years of Revolution: A Retrospective and a Look Ahead*, International Wilson Center, 2004, p. 1.

② LDDHI, "*Iran: Rising Poverty, Declining Labor Rights*", FIDH, June 2013, p. 22.

妇女角色和作用。具有高等教育学历的女性失业率更高达48.1%。男女工资差别也很大，同工条件下女工工资仅为男工一半，并且在经济危机中常常是首先被裁员的对象。女性一旦结婚会被辞退，其权利较少受到劳动法的保护，多在10人以下的小企业就业，劳动权很小。[①]

两伊战争爆发后，男性因应征入伍而为妇女创造了在医疗、教育和行政等公共部门大量的就业机会，大量女性返回工作岗位，拥护伊斯兰的"公职女性"群体开始要求与男性同等的权利和机会，她们反对基于性别的差别待遇。

（三）伊斯兰化时期伊朗社会中的民族和宗教因素

伊朗是多民族多教派国家，按照各民族语言特点伊朗可以分为3种语系、40多个民族。[②] 伊朗约有一半人口属于少数民族，如阿塞拜疆族、库尔德族、阿拉伯族、俾路支族、土库曼族等，少数民族在历史上曾经发起过独立运动，革命后要求自治。他们地处伊朗周边省份，与境外同族的联系密切，因而容易产生跨界民族问题。又由于少数民族历史文化方面的差异，教派宗属不同，这也使伊朗国内问题更加复杂。

少数民族多处于边远地区，经济不发达，社会状况落后。伊斯兰革命前，巴列维王朝的专制统治使他们在政治、经济、社会等方面产生被剥夺感和受屈辱的心理，国家现代化给他们居住的地区没带来变化。伊斯兰革命时期，他们提出要求保留本民族文化、政治上自治及改善经济等要求。

在全面伊斯兰化之后少数民族状况没有改善。少数民族中不少仍在落后地区从事农业和畜牧业，如土库曼人、卢尔人、卡什凯人、俾路支人和巴赫蒂亚尔人，阿兹尔人和亚美尼亚人多从事农业、手工业和商业。少数民族寻求自治的目标也没有实现，经济困难状况并没有起色，革命的愿望破灭，因此对现政权产生不满。因此再次产生自治运动，对政权发起挑战。少数民族自治力量也加入改革派阵营，壮大

[①] LDDHI, "*Iran: Rising Poverty, Declining Labor Rights*", FIDH, June 2013, pp. 25 – 26.

[②] 蒋真：《后霍梅尼时代伊朗政治发展研究》，人民出版社2014年版，第37页。

了改革派的力量。少数民族支持哈塔米，但哈塔米政府没有解决其问题。

宗教信仰也是伊朗社会分层一个重要因素。伊朗官方宗教是伊斯兰教，尊奉贾法里学派①的宗教信条，其他学派哈奈斐、沙斐仪、马立克、罕百里及栽德派等学派的信仰都得到尊重。还有三个宗教少数派是得到承认的，有索罗亚斯特教、犹太教和伊朗基督教。

伊朗绝大多数的逊尼派穆斯林聚居在库尔德、俾路支、土库曼和阿拉伯等少数民族地区。2003年官方统计（SCI）他们共有530万人，占人口总数的8.5%②，但其实际人数可能大得多，逊尼派新闻网公布的2003年逊尼派人数为880万人，占6240万总人口的14.1%。③逊尼派同属伊斯兰信仰，但在政府中所占职位很少。2011年锡斯坦·俾路支斯坦省的逊尼派宗教领袖曾说："伊斯兰革命后33年里，逊尼派穆斯林没有进入过内阁，没有被委任过国家级的职位，连地级或省级的管理职位也没有担任过。即便逊尼派居多数的省份也没有一个逊尼派穆斯林进入省级的安全委员会。逊尼派没有被委派过外交任务或出使国外的经历。在行政委员会中也很少见到逊尼派的管理人员。在扎黑丹大学，400个教师中也仅有15名是逊尼派。"④

库尔德地区的卡兰学校（KSK）曾遇到逊尼派穆斯林在就业上的问题，2010年该校抗议当局开除其领袖侯赛因·哈市米·帕纳黑法院的官方顾问职务。之后25名库尔德族逊尼派教师被禁止从教。还有1500多名教师因宗教意识形态的原因被国家安全组织清洗或遭到驱逐。库尔德医科大学41名职工和校医院员工被驱逐，另有27名员工因为和库尔德族宗教机构有联系而遭到驱逐。该校库尔德族教授被要

---

① 什叶派宗教学派之一，教授第六代伊玛目贾法里·萨迪克的训示。
② LDDHI, "*Iran: Rising Poverty, Declining Labor Rights*", *FIDH*, June 2013, p. 28.
③ Sunni population in Iran, Sunni news website, 26 July 2011, http://sunni-news. Net/fa/articles. Aspx? selected_ article_ no = 16663.
④ LDDHI, "*Iran: Rising Poverty, Declining Labor Rights*", *FIDH*, June 2013, p. 28.

求提前退休。① 当地政府还放逐逊尼派的清真寺领祷人，对宗教和政治活动家施加压力，迫使他们离开行政岗位。

巴哈伊教、苏菲派是不被承认的。伊朗巴哈伊教徒现有30余万众之多，由于没有得到宪法承认而面临严峻的生存问题。他们被剥夺了社会安全保障的权利，没有继承财产的权利，甚至在受到伤害或被杀的情况下没有获得赔偿的资格，其结婚或离婚都得不到法律的承认。伊斯兰革命后，巴哈伊教徒被排除于政府部门之外，只能从事于私人业务，国家机构拒绝颁布或更新其营业执照，穆斯林私人雇主也常受官方压力而解雇巴哈伊职员。位于德黑兰的一家巴哈伊教徒开办的商店也被关停，70名雇员失业；巴哈伊教徒开办的商店也大多被当局关停。② 有报道称，2013年2月伊斯法罕一家私企中，巴哈伊教的经理被传唤，要求其提供其职员的宗教信仰的清单。2008年，多名与苏菲派有联系的教师被辞退；2013年，多名苏菲派律师被判监禁并被长期禁止其从业资格。阿拉维派被视为什叶派的异端，主要分布于伊朗西部库尔德和阿塞拜疆两省，其信徒也会因为信仰问题被排斥。阿拉维派信徒阿里·加拉万德是一名高中教师，2012年因信仰失去工作，后被告知如果他改变信仰就可以重新任教。③ 宗教少数派要求与什叶派同等的经济和政治地位，要求改变现状，他们和少数民族都是支持改革派的社会基础。

本章小结

中产阶层内部世俗的现代力量和伊斯兰的传统力量是难以融合的，两者在经济发展、政治建构、社会改革及对外政策等方面的主张

---

① Annual Report 2006, 24 April 2007, http://serbesti.blogspot.de/2007/04/1385_24.html. LDDHI, "*Iran: Rising Poverty, Declining Labor Rights*", *FIDH*, June 2013, p. 28.

② Human rights in Iran and Egypt, 11 February 2013; Baha'I International Community, http:/news.Bahai.org/human-rights/iran-update/.

③ LDDHI, "*Iran: Rising Poverty, Declining Labor Rights*", *FIDH*, June 2013, p. 27.

是对立的。自立宪革命以来,当王权削弱时中产阶层这两派的分化就会日益显露出来。伊斯兰革命后,两派共同响应平等主义发动了"三大运动",建国初期自由派、左派和宗教阶层在相互需要的基础上维持合作。然而随着社会革命的深入,巴扎商人和地主激烈地抵制社会革命,宗教阶层放弃激进措施,转而保护私有制。宗教阶层与自由派和左派矛盾加深,前者以"人质事件"为契机打击自由派,并发动"文化革命"清除左派在高校的影响。两伊战争爆发后宗教阶层完全掌握主动权,开始全面排除异己力量。最终自由派和左派都被清除在政治之外。世俗化现代力量受到严重削弱。

宗教阶层在经济、政治和文化领域实行全面伊斯兰化,通过加强对高校和公共部门的政治监督和审查,世俗中产阶层受到排挤,忠于伊斯兰政权拥护教法学家治国的传统力量填补了清洗后空虚的岗位。中产阶层被重新塑造,世俗的现代力量虽然已经不是大患,然而政府任用和录取标准将宗教和道德置于首位,而将能力和技能置后造成政府机构缺乏胜任者。这对国家经济发展和政府职能起到阻滞作用。这也是80年代末伊朗着手进行改革的重要原因。

第五章

伊朗自由化转型及中产阶层的改革要求（1989—2005年）

两伊战争结束后，伊朗要重建被战争破坏的家园，实现经济增长面临诸多困难。统治阶层内激进派仍有很强影响力，保守派也反对实行改革，拉氏为首的务实派在最高领袖支持下排除阻力开启了自由化改革之门。

第一节 伊朗经济自由化改革

一 经济自由化背景和措施

伊斯兰革命后，伊朗第一个十年中的经济陷入长期持续的危机，国内工业生产萎缩，物资匮乏，国际油价下跌使石油收入大幅减少。人质事件引发美国及西方盟国的经济制裁，两伊战争使伊朗经济遭受了重创，1988年伊朗人均国民收入和1967年持平，劳动生产率严重下滑，伊朗社会经济倒退了20多年[①]。至1990年伊朗人均GDP仅为1975年的60%。[②] 1988年两伊战争结束之时伊朗面临严重的经济和政治危机。

政治方面，霍梅尼时代实行教法学家的绝对统治，在伊斯兰权力

[①] Farhad Numani, Sohrab Behdad, *Class and Labor in Iran: Did the Revolution Matter?* New York: Syracuse University Press, 2006, pp. 38 – 39.

[②] Parvin Alizadeh, "Iranian quandary: economic reforms and the structural trap", *The brown journal of world affair*, Vol. 4, 2003, p. 268.

机构之下建立了伊斯兰革命卫队、民兵武装巴斯基（Basij）、伊朗真主党等革命组织以执行伊斯兰法。原教旨主义运动开始在伊朗蓬勃发展，任何违背伊斯兰法的行为都会受到严厉制裁。伊斯兰政权对左派政党和组织如人民党、人民圣战者、祖国阵线等实施镇压。对外通过伊斯兰革命委员会与国外什叶派联系，向海湾国家和新月地带输出革命。伊斯兰力量的扩展造成伊朗政治、经济、社会文化全面伊斯兰化，原教旨主义运动泛滥，激进伊斯兰引起邻国的普遍敌视。而国内政治中的矛盾依然存在，国内外政治反对派的反抗活动也没有停止。至霍梅尼时代后期，伊朗政治经济危机已经到了危及政权统治的地步。

伊朗国内面临巨大的困难，在国际上也极度孤立，因此产生了变革的要求。霍梅尼去世前已经开始考虑进行改革，提出："如果是对维持伊斯兰政权的统治有必要的措施，即使有违反沙里亚法及伊斯兰支柱的事也是可允许的。"① 伊朗也开始对权力结构进行调整，霍梅尼发布了一系列法特瓦，授权政府机构在实际需要的基础上调整伊斯兰法则。1988年2月以来，宪监会的角色和地位有所下降，同时，新成立了由13人组成的确定国家利益委员会，以解决宪监会和议会发生分歧的问题。②

1989年霍梅尼去世，但他很好地解决了革命继承人人选的问题，新继任的总统和最高领袖分享最高政治权力，实现了政治的平稳过渡。继承人问题的解决为改革提供了有利条件。拉夫桑贾尼上任后开启了自由化改革的进程，伊朗进入一个新的时代。这一时期伊朗的政教关系是分工和协作的，总统和最高领袖大致的分工是总统主管经济和外交，最高领袖主管文化和伊斯兰运动，但两者具体业务又交叉在一起。二者分享最高领导权，既合作又竞争，但在解决国家眼前问题

---

① Masoud Kazemzadeh, "Intra－Elite Factionalism and The 2004 Majles Elections in Iran", *Middle Eastern Studies*, Vol. 44, 2008, p. 190.

② Mehrdad Haghayeghi, "politics and Ideology in the Islamic republic of Iran", *Middle Eastern Studies*, Vol. 29, 1993, p. 39.

的时刻，最高领袖则全力支持总统的务实政策。[1] 拉氏为首的务实派在新任最高领袖哈梅内伊支持下，抵制了强硬派和保守派的反对，把国家从激进伊斯兰化引向自由化道路上来。拉氏和宪法监护委员会密切合作，排挤激进左派，至1992年伊斯兰左派影响大大减弱。[2]

拉夫桑贾尼为了重建被战争破坏的基础设施和拯救濒临崩溃的经济，开始进行经济政策调整，首先告别了穆萨维总统执政时期的指令经济，提倡较自由的社会文化政策，为经济增长和发展培育国内外环境。拉氏实行了温和的外交政策，以缓和同西方国家的对立关系，他提出伊朗应当欢迎私人投资和改善与邻邦的关系，只有这样才是拯救革命的唯一方法。[3]

拉氏自由化改革从转变政府职能入手，确保经济增长目标的实现。其具体措施如下。

1. 提高政府行政效能，加强经济建设方面的职能。以拉氏为首的务实派提倡技术专家治国，健全、完善和革新政治体系，以巩固和加强现存的政治统治。他组成的"重建内阁"中仅技术专家就有23名，均从西方学成归国；而1993年内阁中包括9名工程师和8名理工科博士。拉夫桑贾尼时期，技术型官僚的队伍急速扩充，在国家重建过程中发挥了不可替代的作用。

由于行政体系中存在官僚机构膨胀、腐败及管理不善等问题，拉氏重组内阁，对央行、经济部、交通部、商业部、外交部等部长进行人事调动，合并了矿业、冶金等重工业。拉氏调整各部职能，辞退不胜任或懒惰的人员以提高政府工作效率，并在整个政府管理机构中全面展开[4]。拉氏通过行政制度和行政机构的改革，调整各机构、各部

---

[1] David Menashri, *Post Revolutionary Politics in Iran Religion Society and Power*, p. 62.

[2] Eva Patricia Rakel, *power Islam and Political Elite in Iran A Study on the Iranian Political Elite From Khomeini to Ahmadnejad*, Leiden Boston, 2009, p. 53.

[3] Negin Nabavi, *Iran From Theocracy to The Green Movement*, Palgrave Macmillan, 2007, p. 109.

[4] E. I. U, *Country report: Iran*, the Economist Intelligence Unit Limited, 1993, No. 3, p. 4.

门的权限，提高工作效率，完善行政功能，从而使政府具有更高的威望和更强的职能①。

由于这一时期教育的发展，培养出的大批人才也进入国家机关和公共服务部门及公私企业，为经济恢复和发展做出了贡献。官吏选拔和考核以能力和绩效为主，淡化了宗教意识形态的标准，行政机构从革命职能向经济职能转变。

2. 调整经济政策，加快经济增长速度。拉氏对经济政策进行了调整：减少国家干预、实行私有化、发展市场经济、扩大私企的业务；打破进口限制、引进外资，促使伊朗融入全球经济。自由化改革更多是定位于经济领域，应对经济改革产生的问题如通货膨胀、生活水平下降、官员腐败等，这些问题解决不好不仅会导致大众不满，也会助长保守派的力量，从而增加自由化改革的难度。②

3. 实行经济私有化。伊朗国有化运动中产生庞大的国企，然而国企生产成本高、效率低、人员超编。拉氏将长期亏损的国企以出售和转让的方式私有化了。私有化过程中国营企业转售给私人，对象多是对革命和战争中有贡献的人，但由于个人没有能力收购，委托给宗教基金代理，这样宗教基金的规模得到扩大。③ 各宗教基金的首领由最高领袖任命，他们只对最高领袖及其派驻当地的代表负责。宗教基金控制了40%的非石油经济，雇佣40万劳动力，使320多万人口受惠，成为伊斯兰政权的经济基础。④

4. 转变伊斯兰革命政府的政治职能和革命职能，将其转化为经济职能。由于战时体制结束，军人大批复员和转业，为经济部门提供更多的劳动力。而随着国家经济职能的扩展，专业技术人员和行政管理人员队伍日益壮大。国家行政机构经过快速扩充，代替革命权力机构的职

---

① E. I. U, *Country report: Iran*, the Economist Intelligence Unit Limited, 1993, No.3, p.8.

② Ibid., p.4.

③ Eva Patricia Rakel, *power Islam and Political Elite in Iran A Study on the Iranian Political Elite From Khomeini to Ahmadnejad*, Leiden Boston, 2009, p.83.

④ Stephanie Cronin, *Reformers and Revolutionaries in Modern Iran New Perspectives on The Iranian Left*, London: Routledge Curzon, 2004, p.293.

能，革命权力机构被边缘化。拉夫桑贾尼转变革命卫队和民兵组织巴斯基的职能，赋予革命卫队和巴斯基以经济功能，将之投入经济重建的运动中。12 万人的革命卫队被重新组合，卫队设备转为民用，主要为经济建设服务，卫星公司都被并入革命卫队，革命卫队中的工程部队被称为"先知之印司令部"。[①] 拉夫桑贾尼改革的结果是革命卫队变成了一个独立的经济帝国，掌握了交通、石油等重要的经济领域。吉哈德（重建圣战组织）的情报部成立后迅速成长，从事合同制生产服务于国家订货，并与卫队的设备和资源实现共享。自由化时期政府职员急速扩充，1996 年各类国家雇佣职员达到 425.8 万人，占劳动力总数的 29.2%，国家职能机构职员达到 161.8 万人，占劳动力 11.1%。

1989—1993 年拉夫桑贾尼执行第一个五年计划，年均经济增长达到 7.3%，私人消费年均增长 8.3%，固定资产投资年均增长 14%，1990—1991 年为 13.3%，1991—1992 年为 40.9%。[②] 90 年代伊朗自由化改革以来经济得到发展，人均国民收入也增长了，如表 5-1。

表 5-1　　　　　伊朗人均收入及人均 GDP 增长率变化[③]

2001 年人均收入（美元）	人均 GDP 增长率（%）			
	1981—1991 年	1991—2001 年	2000 年	2001 年
1670	-1.3	1.7	3.9	3.1

资料来源：The World Bank online（www.worldbank.org）。

二　伊朗经济自由化及经济结构中存在的问题

拉氏将私人工业视为共和国的支柱之一，提高其地位，他认为私人工业家在两伊战争中大力支持国家，维持国家战争能力，在国家工

[①] Said Amir Arjomand, *After Khomeini Iran Under His Successors*, Oxford University Press, 2009, p. 60.

[②] Parvin Alizadeh, *the Economy of Iran Dilemmas of an Islamic State*, I. B. Tauris Publishers, 2000, pp. 67-68.

[③] Parvin Alizadeh, "Iranian Quandary: Economic Reforms and the Structural Trap", *The Brown Journal of World Affair*, Vol. 4, 2003, p. 269.

业品紧缺和国际对伊朗禁运情况下，私人制造业发挥了巨大作用，使国家能够继续抵抗入侵，因此做出卓越的贡献。自由化改革阶段，私有经济得到发展机会，国家干预有所降低，伊朗经济向自由化和私有化方向发展。这一时期国家对经济发展的干预明显减少，政府为私人资本提供一定的安全保障，为资本的发展创造良好的环境，使资本能够重新回到正常的积累上来。

80年代伊朗经济分配方面一个明显的特征是消费比例高于生产。1979—1989年，工业生产效率一直处于低迷，但劳动力的实际工资却得到明显增长，80年代工资占较大比例，1980—1985年占收入分配54%。[1] 工人工资在1987—1993年降为35.5%[2]。自由化改革后，工资占收入分配的比例大幅下降，伊朗石油收入的增加也为资本提供了资金积累。资本恢复正常积累使资本集中程度得到提高。传统经济比例在缩小，现代经济逐步增长。伊朗经济生产低效率和高消费情况下，工业总量没有因此发生明显下降，之所以出现这种现象是因为政府为制造业提供了足量的外汇，对原材料的价格补贴以及为工业提供低成本的能源等因素。

伊朗从1992年开始，经济增速下滑到5%，1994年仅1.6%。"二五"计划期间，经济一直在低速发展。伊朗经济结构中存在难以克服的障碍，导致自由化改革陷入停顿。

首先，特权经济体的地位突出，市场机制的作用有限。国有化运动后，伊朗经济中有国营和公有两类所有制企业，公有制经济是在宗教伊玛目名下的资产，享有经济特权，在国内市场中具有明显的优势。自由化改革以来，国有企业实行私有化，其结果是大型现代企业归入公有制的宗教基金名下，公有制的宗教基金处于私有化范围之外。私有化之后，革命基金和宗教基金规模都进一步扩大，成为超级经济联合体，被压迫者基金的经济活动的范围已经伸向海运和空运领

---

[1] 在收入分配方面，1967—1975年工资占收入分配大约为23%。见Parvin Alizadeh, the Economy of Iran Dilemmas of An Islamic State, I. B. Tauris Publishers, 2000, p.41。

[2] Parvin Alizadeh, the Economy of Iran Dilemmas of an Islamic State, I. B. Tauris Publishers, 2000, p.41.

域，并且正在向金融领域进军，具备了与国有银行等金融系统相抗衡的能力。[1] 它既不受政府财政监察也不受市场机制的约束，而是处于最高领袖直接领导下的，为穆斯林最高政治利益服务的经济体。宗教基金向烈士家属和战争老兵分发补贴，向伊斯兰革命事业提供资助等。这一类型的经济组织不允许对其经济和政治权力做任何触动，更不能将其私有化。特权经济体成为经济自由化进一步发展的障碍。

其次，国有经济和公有经济在整个经济结构中仍占很大比重。在国企私有化执行七年之后，国有经济仍然主宰伊朗经济，政府职员数量不仅没减少反而增长了，1996年政府职员比1986年时人数高23%，在80.4万新增雇员中25.1万是国有工业企业中增加的职员。90年代公有经济部门投资增长明显，占国家投资额度的44%。

最后，伊朗经济体系存在难以克服的结构性问题。伊朗经济放缓的原因固然和石油价格的波动有关，但其经济结构的脆弱性和对石油的依赖性没有改变，这是制约伊朗经济增长的内在原因。自60年代起伊朗石油经济繁荣期间发展起来的制造业是适应当时经济发展而形成的，属于进口替代型发展模式，由于石油收入的迅猛增长，国家有条件从国外引进技术设备和工业半成品，工业结构中加工制造业占绝大部分，加工制造业严重依赖进口半成品，进口产品成为伊朗工业的生命线。[2] 这种经济对世界经济市场的依赖性很大，容易受国际市场价格波动的影响。

伊斯兰革命后，伊朗通过国有化运动原封未动全面接收了大部分国内工业，制造业没有转型，仍然依赖进口半成品。然而伊斯兰革命后，国家为实现经济政治的真正独立，减弱对石油经济的依赖性。国家经济发展战略立足农业，以实现自给自足。石油价格走低，伊朗石油产量下降，外汇大幅减少等因素的影响，伊朗被迫采取措施严格限制进口，以节省珍贵的外汇资源。这导致伊朗制造业大幅缩水，资产流向农业和服务业领域。因此，伊朗工业结构的弱点导致一旦进口减少，工业产量就会明显下降。90年代伊朗经济增速放慢就与进口缩减

---

[1] Parvin Alizadeh, *the Economy of Iran Dilemmas of an Islamic State*, p. 127.
[2] Ibid., p. 104.

有直接的关系。

由于以上原因，经济自由化推进过程中，伊朗面临一系列困难和难以克服的障碍。"一五"计划期间，伊朗大量引进外资以促进经济增长，但伊朗从国外引进的外资中短期贷款占绝大多数，伊朗把短期贷款投入到中长期的发展计划和项目。短期贷款一旦到期，政府投入未及获得收益，所以尚没有还贷能力，其结果是政府很快陷入债务危机。

拉氏通过一系列措施使外债明显减少，政府财政收入开始出现盈余。但伊朗自由化进程受挫，经济上也付出了很大代价，增长速度猛降，90年代初伊朗经济繁荣的景象结束了。伊朗经济进入长期的低增长和高通胀时期，这很像70年代西方国家的经济滞胀。

为了克服经济滞胀，伊朗政府实行外汇贬值政策，通过里亚尔贬值来减少进口额度，同时扩大国内产品的出口额。但由于受石油价格波动影响，伊朗政府石油收入减少，实施贬值结果是进口缩减，导致国内非石油工业生产萎缩，日用品匮乏，农产品出口比例增大。另一方面政府实行市场自由化，放开价格后物价飞扬，引起城市居民的极大不满。1994年10月政府重新实行价格控制以降低通胀，恢复食品和能源等方面的价格补贴政策。[①]

伊斯兰政府在不得已的情况下，放弃了经济自由化初期采取的许多措施，恢复80年代的经济措施。例如，为了节约政府开支，放弃扩大进口政策，重新限制进口；放弃外贸固定汇率制，重新启用三套兑汇方法，采用浮动汇率制；减少外债；实行通货膨胀，增加收入。

第二节　自由化时期的社会结构及中产阶层的状况

一　自由化时期伊朗经济结构的变化

自由化改革以来经济结构向革命前的状态复原。首先，伊朗产业

---

① Parvin Alizadeh, *the Economy of Iran Dilemmas of an Islamic State*, I. B. Tauris Publishers, 2000, p. 123.

结构发生变化,农业比重明显下降,工业生产得到恢复并逐渐发展和扩大。石油收入的增长为资本积累和经济增长创造前提条件,刺激了工业增长速度。如表5-2。

表5-2　1997—1998年到2001—2002年度伊朗经济结构的变化① 　　(%)

产业	1997—1998年	1998—1999年	1999—2000年	2000—2001年	2001—2002年
石油业	14.3	8.6	14.7	17.8	15.1
农业	15	17.4	15	13.6	13.4
工业	19.6	19.1	19.1	18.9	20.1
服务业	51.1	54.9	51.2	49.6	51.1

资料来源:IMF(2002 and 1999 reports)。

劳动力在三大产业中的分布随之发生变化。工业劳动力1986年占25.3%,1996年增至30.7%。相比之下,1986年农业劳动力占29.4%,1996年降到23%。服务业劳动力1986年占43.1%,1996年增至46.3%。②伊朗各产业中劳动力变化如表5-3。

表5-3　　　1976—1996年伊朗经济部门劳动就业统计③

年份	1976年		1986年		1996年	
产业	总计(万)	比例(%)	总计(万)	比例(%)	总计(万)	比例(%)
农业	299.2	34	324.1	29.4	335.8	23
工业	376	42.7	279	25.3	447.3	30.7
服务业	204.7	23.3	500.5	45.4	674.1	46.3
总计	879.9	100	1103.6	100	1457.2	100

资料来源:Iran Statistics Center data of different census years。

其次,伊朗小型私企数量有所减少,从事现代生产的企业规模扩大,工人数量增加。

最后,私人经济得到发展。大型私企的数量增加了94.3%,私有

---

① Parvin Alizadeh, "Iranian Quandary: Economic Reforms and the Structural Trap", *The Brown Journal of World Affair*, Vol.4, 2003, p.272.
② Parvin Alizadeh, *the Economy of Iran Dilemmas of an Islamic State*, p.130.
③ Zahra Karmi, "The Effects of Trade Liberalization on The Labor Standards in Iran", www.global-labour-university.org/fileadmin/Papers, p.8.

经济部门雇佣的劳动者1996年占劳动人口23%，比1986年的17%有明显的增长，但1976年这一比例为35%。[①] 私人经济中从业者增长了36.7%，其在劳动力就业人口中的比例从68.3%增长到70.8%。经济结构和劳动力分布的变化必然引起社会结构的变化。

二 阶级结构的变化

1996年伊朗就业人口为1457.2万人，1986—1996年劳动力增长了360万人，就业人口增幅为32.5%。其中城市就业人口为280万人，增幅为47.8%；农村就业人口增长72.4万人，增幅为14.5%。这一时期劳动力人口分布状况发生很大改变。

中产阶层群体中，宗教中产阶层1996年有61.4万人，占就业人口4.2%，但在表5-4的统计数据中，该群体作为国家政治和经济部门的职员，因而不重复计算。1996年的统计数据显示，中产阶层包括以下三个部分：国家政治部门中的中下层公职人员（官僚中产阶层）为137.4万人；职业中产阶层149.3万人；资产中产阶层包括中小资本家45.3万人和个体经营者。如果不计个体经营者，中产阶层达到332万人，占就业人口22.8%；如果加上个体经营者中220万个体工商业者，中产阶层达到552万人，占就业人口37.9%。

表5-4　　　　　1996年伊朗劳动力和阶层分布　　　　（单位：万）

资本家		新兴中产阶层		公职人员	
52.8	3.6%	149.3	10.2%	161.8	11.1%
现代类	传统类	私企	国企	高层	中低层
7.5	45.3	21.9	127.4	24.4	137.4
工人阶级		家庭工人		个体经营者	
447.4	30.7%	79.7	5.5%	519.9	35.7%
私企	国企	/	/	现代类	传统类
310.9	136.6	/	/	16.4	503.5

资料来源：MAI Censuses for 1976，1986，1996，2006。

---

① Sohrab Behdad, Farhad Nomani, "Workers, Peasants, and Peddlers: A Study of Labor Stratification in The Post Revolutionary Iran", *Middle East Study*, 34, 2002, p.676.

1. 国家雇员人数在增加。国家雇员包括国有经济部门中的 127.4 万新兴中产阶层和 136.6 万工人，加上国家政治部门的公职人员 161.8 万共计 425.8 万人。但国家雇员增长速度慢于就业人口总的增速，因此其比例从 31.3% 降至 29.2%。

(1) 国家经济部门就业人数增长迅猛。1996 年国企经济和公共服务部门的就业人口从 160 万人增至 270 万人，这一群体占国家职员总数的 60%。[1]

(2) 政治部门公职人员在减少。该群体 1996 年为 161.8 万人，占就业人口 11.1%，而 1986 年该群体为 185.1 万人，占就业人口 16.8%。该群体减少的主要原因是军人复员，复员转业的约 31.5 万人，他们充入国企和公共服务部门，成为工人阶级的组成部分。

2. 新兴中产阶层增长最快。该阶层从 1986 年的 77.4 万人增长到 1996 年的 149.3 万人，占就业人口 10.2%。这一阶层集中分布在国有经济部门有 127.4 万人，私人经济中有 21.9 万人。

3. 资产中产阶层。

(1) 资本家群体的状况。据统计（Iran Statistics center, 1997），1997 年伊朗资本家群体总计 52.8 万人，分布于工业、农业、商业、服务业和金融业等行业，占当年就业人口 3.6%。[2] 从事现代方式生产的工商业资本家人数增长了 3 倍，从 2.2 万人增至 7.5 万人；传统生产的资本家增长至 45.3 万人，占本群体比例为 85.9%。

(2) 个体经营者人数在增长，但比例下降。该阶层 1996 年达到 519.9 万人，占就业人口比例为 35.7%（1986 年该阶层为 439 万人，占就业人口比例为 39.9%）。前十年小农化的进程结束，开始朝着相反的方向发展。自由化时期，大批个体经营者加入到工人阶级队伍，该群体人数下降了 61.6 万人，农民减少了 89.1 万人。农村个体经营者人数

---

[1] Farhad Numani, Sohrab Behdad, *Class and Labor in Iran: Did the Revolution Matter?* Syracuse University Press, 2006, p. 109.

[2] Abdolali Lehsaeizadeh, "Social Inequalities and Classification in Iran", *Center For Research and Middle East Strategic Studies, Discourse: An Iranian Quarterly*, Vol. 6, No. 1, 2004, pp. 107–115.

和比例都减少了，从 1986 年的 230 万人减少为 1996 年的 220 万人。

这一时期家庭工人的人数在增长。农村中从事家庭无偿劳动的妇女和年轻人被吸纳到规模日益扩大的城市现代企业，家庭工人中的农村部分占该群体比例 1976 年为 91.7%，1986 年为 88.6%，1996 年为 83.7%，这一比例在不断下降。

4. 工人阶级人数在增长。1996 年工人阶级人数达到 447.4 万人，十年中增长了 180 万人，其增长速度是劳动力人口增速的 2 倍，工人阶级在劳动力人口中的比例 1996 年为 31.1%。这一时期多种因素促使工人人数增长：首先，企业规模扩大使劳动力的需求得到提高；其次，军队裁减和大批复员；最后，农业个体经营者转业并加入工人阶级队伍。

1986—1996 年私营企业的工人增长 71.1 万人，国企中增长了 18.5 万人，工人数量增长占就业人口增长的一半。领薪工人达到 400 万人，占就业人口的 27%。制造业中的产业工人有 120 万人，分散在 3.6 万个企业单位。制造业中工人阶级增幅达 69.2%。农业工人增长了 41%，小资产阶级增幅达 37.6%。[①]

自由化时期，伊朗资本集中程度略有提高。小型企业从 1986 年的 32.8 万家减至 1996 年的 30.8 万家。私人经济中平均每个资本家雇佣领薪工人个数从 1986 年的 5.5 人增至 1996 年的 6.3 人。工薪劳动者中 53.5% 在 50 人以上的大型企业，加上在中型企业中的工薪劳动者其比例达到 68.8%。资本集中的现象在建筑业和制造业表现得比较明显。如表 5-5。

表 5-5　　　　　资本集中指数统计表[②]（受雇者/雇主）

行业	1976 年	1986 年	1996 年
农业	17.4	2.7	3.4
工业	15.6	6.5	7.6

---

① Farhad Numani, Sohrab Behdad, *Class and Labor in Iran: Did the Revolution Matter?* Syracuse University Press, 2006, p. 102.

② Sohrab Behdad, Farhad Nomani, "Workers, Peasants, and Peddlers: A Study of Labor Stratification in The Post Revolutionary Iran", *Middle East Study*, 34, 2002, p. 680.

续表

行业	1976 年	1986 年	1996 年
建筑业	56	15.5	11.7
服务业	7.7	4.6	5.0
总计	16.9	5.5	6.3

资料来源：Sohrab Behdad, Farhad Nomani, Workers, Peasants, and Peddlers: A Study of Labor Stratification in The Post Revolutionary Iran, *Middle East Study*, 34, 2002。

现代经济增长没有改变传统小生产经济占绝对多数的局面。传统小生产部门、小型私企在国家经济中的份额仍占 80% 以上。国有单位仍是中产阶层最集中的领域，其职员有很好的受教育背景，人才资源几乎被国家垄断了。而资本家、个体经营者受教育程度相对较低，工人阶级受教育水平更低，存在大量低收入的非熟练工人。

自由化转型时期，伊朗传统生产方式的经济部门在缩小，伊朗小农经济呈现缩小趋势，个体经营者比例开始下降。工人阶级和现代中产阶层的群体增长迅速，私人经济得到发展而国有经济比例在下降。这一趋势反映了伊朗重新走上现代化发展的道路。伊朗阶级结构开始向革命前的状况复原，从宏观经济结构来讲，西方社会学家把这一时期伊朗社会结构变动称为重新出现的"反小农化倾向"。[①] 社会分层的现代性将日益增强，伊斯兰化以来伊朗社会革命和宗教资质等政治因素所主导的分层状况将发生改变。

三　中产阶层发展状况及其改革愿望

（一）巴扎商人发展状况

1. 自由化以前的巴扎商人。革命前德黑兰巴扎有 2 万商人，成员的种族、宗派和阶级背景各不相同，但在共同的经济活动中该群体形成独立的经济部门。德黑兰巴扎是进出口贸易中的主角，是国内商业经济的中心，比各省巴扎更具影响力。此外，由巴扎商人建立的私人

[①] Farhad Numani, Sohrab Behdad, *Class and Labor in Iran: Did the Revolution Matter?* Syracuse University Press, 2006, pp. 109 – 118.

金融业也是首都工业（特别是制造业和建筑业）和服务业的主要资金来源。

伊斯兰革命前，政府很少介入巴扎市场的经济活动，巴扎商人内部是自治的。他们在通过商业行会进行自我管理，决定物价、解决纠纷和分配资源等。巴扎中，空间分布相对密集，这便利了成员间面对面的交往，巴扎也是传递信息和积累资金的有效渠道。巴扎中的成员跨越各阶层，有较强的独立性和组织性，在政治动员中有明显的优势。

伊斯兰革命后，平等主义盛行，私有制合法性受到质疑，私人经济的地位下降。自由派的巴扎尔甘和伊斯兰共和党的贝赫什提、蒙塔泽里都宣称保护私有财产，但"革命联盟"的巴尼萨德尔和拉贾伊主张重新分配社会财富，要求惩治私有经济中的"反革命分子和恐怖分子"[①]。1980年两伊战争爆发后，对巴扎商人不利的论调减弱，战争期间巴扎经济得到发展。

80年代巴扎商人日益分化，有的转向其他经济部门，如转向制毯业及建筑业、房地产等行业，有的商人从政，还有的移向国外。另一方面，巴扎接收了新的群体，由于公共部门职员工资落后于通胀速度，致使其生活发生困难，他们很多投资于巴扎。巴扎周边还出现了为商业服务的部门，它们经营非法商品的销售或进行商业投机活动，也有小型的劳动力市场如家政服务业或小作坊生产，这种以小型生产为特征的"新自由部门"吸引了各阶层，其贸易额占国内商业贸易总额的25%[②]，其比例自80年代以来还在持续增长。此外另有200万阿富汗难民进入伊朗巴扎充当劳动力，成为低收入的非熟练工人。巴扎商人群体的成员因此出现很大变化，巴扎成了失业者或从事副业者集中的地方。

伊斯兰革命后，巴扎商人独立性逐渐丧失。原因如下：（1）巴扎

---

① Arang Keshavarzian, *Bazaar and State in Iran the Politics of the Tehran Marketplace*, Cambridge University Press 2007, p. 149.

② Arang Keshavarzian, *Bazaar and State in Iran the Politics of the Tehran Marketplace*, p. 105.

内部产生特权商人，他们脱离该群体而成为统治精英。60年代德黑兰巴扎商业区里从事果蔬贸易的商人中有一批亲霍梅尼的批发商，他们组成商人团体（hayat）与宗教激进派加强联系。他们和宗教学校发展关系，逐渐形成政治组织"伊斯兰联盟"。他们在革命中与宗教反对派共进退，组织和资助后者。革命后其成员大多数加入了伊斯兰共和党，在政府机构、宗教基金组织及伊斯兰商会就职，成为新的统治精英。国家经济扶持政策没有为整个巴扎商人带来利益，只有伊斯兰联盟在国家资源分配中处于有利地位，其成员可以获得进口商品的许可、硬通货及税务豁免等政策。伊斯兰联盟脱离巴扎商人阶层，成为依附于国家的新经济阶层，即新的官僚资产阶级，在宣传伊斯兰和维护政权方面中发挥了很大作用。

德黑兰巴扎的另一组织"伊斯兰协会"在革命中发挥很大作用，他们配发资金和食品给罢工工人，发布政治宣言；革命后进入革命机构，维护伊斯兰组织和团体，在两伊战争期间他们配给食物和衣物还有战争物资。

（2）巴扎商人的私人金融业衰落。1961年德黑兰的巴扎商人建立基金（Javid），为宗教机构提供无息贷款，革命前夕这种基金已经达到200多个，这些基金位于清真寺或其他宗教机构周围。1988年巴扎商人的基金组织增至3000多个，1992年达4350个。1983年《银行免息法》使巴扎商人的信贷系统发生变化，私人贷款失去合法性，资金多转入公共部门。此后无息基金独立于巴扎和清真寺之外，吸收了大部分的私人储蓄而得到扩张。[1] 基金发展对巴扎起到削弱作用，私人的短期贷款受到排挤，国家在商业中的地位上升。

（3）国家加强对商业的管控。国家通过成立合作社和发展代理机构向巴扎市场渗透，政府成立的商业代理机构"伊斯兰宗教协会"在国内市场发展，以削弱巴扎的影响。政府通过伊斯兰革命法庭及"被压迫者办公署"加强对巴扎的监控，对投机倒把和哄抬物价、走私毒

---

[1] Arang Keshavarzian, *Bazaar and State in Iran the Politics of the Tehran Marketplace*, p. 112.

品等行为进行惩处,加强对巴扎的审查和规范。国家通过一系列措施限制私人商业活动,将其置于监管之下。此外,政府还通过国内贸易经营许可树立非关税型壁垒,减少了合法进口商的数量,垄断了外汇贸易,外汇转由外汇分配委员会负责,结果造成外汇短缺。

宗教基金及慈善机构控制了大量财富,享受补贴、进口特权和免税权,受到国家经济政策的保护,在与私人商业竞争中处于有利地位。还有75个国家商务代理公司在国内从事商业经营,例如民间消费者联合会曾在反对国王的斗争中为革命者及其家属提供福利,革命后逐渐代替了巴扎的地位。中央政府将这些地方组织变成国家的触角,以联合会等集体社团的形式分配生活物资,首都市政发动了40多个宗教组织及行政体参与市场的经营,以此调控市场和保持经济秩序。清真寺、伊斯兰共和党等组织团体也充当政府的喉舌和卫道士。1981年成立商业部和国家经济动员司令部,对商品供求和分配按照统一的计划进行调配。由于国家控制了资源的分配,打破了巴扎的组织纽带,加剧了巴扎内部分化。

2. 自由化改革之后巴扎商人的状况。自由化时期巴扎商人发展面临很多障碍,政府行政管理混乱、效率很低,此外,西方国家对伊朗经济制裁等因素都对巴扎商人发展产生不利影响。国际油价的波动使伊斯兰政府石油收入减少,两伊战争对伊朗经济破坏等各种因素导致国民购买能力下降,国内生产减少、通货膨胀,私人商业的前景暗淡。

自由化时期,国家以行政方式加强国内贸易的监管,对商业经济产生干扰作用,阻碍了私人资本的发展。国营商业、军工组织、宗教慈善机构、宗教基金等在伊朗国内贸易中充当主角。国家介入生产和贸易领域,成为最大的批发商,"国家将市场从巴扎手中抢去了。"① 官办工商业垄断了经营许可权、补贴、免税等经济特权,滋生了腐败。走私和黑市贸易也快速发展。

---

① Arang Keshavarzian, *Bazaar and State in Iran the Politics of the Tehran Marketplace*, p. 107.

由国家资助的代理机构挤压了巴扎商人的经营空间。国家机构和宗教团体在监督、经营许可、代理贸易中发挥巨大作用,私人资本的发展受到限制。巴扎商人的传统经营难以维系,其内部的固定关系转而变成了短期关系。贸易、外汇和税收等方面的经济政策变化不定,法令多变对商品价格和数量影响很大,这导致管理混乱、政出多门,工业投资风险加大。巴扎商人对当前的进口法令和关税细则的动态变化的把握难度增大,经营的困难增加。

巴扎商人的经营发生困难,有的移居国外,有的开始投入国外市场的经营中。随着从海湾经过伊朗直到中亚、巴基斯坦和阿富汗的交通网的贯通,出现了边境贸易区,巴扎商人的积极参与使边境贸易逐渐扩大,政府禁令形同虚设,甚至地方政府也参与边境贸易。伊朗南部地区出现不少贸易区(Kish,Qeshm,Charbahar等),与海湾自贸区连成一体。伊朗与迪拜的年进口额达30亿美元,出口额达10亿美元。[①]

战争结束后巴扎商人活动减少,他们许多不再参加或资助伊斯兰协会。宗教阶层滥用权力导致巴扎商人疏远了宗教活动。巴扎商人不再去清真寺祈祷,宗教在其个人生活和人际交往中的作用趋于减弱。随着个人声望在业务中重要性下降,巴扎商人宗教行为的意义已不再重要,在清真寺祈祷、朝圣等行为不能像过去那样提高其声望和信誉了。巴扎、茶馆、浴室、餐厅等传统公共场所减少,地位下降,1979年德黑兰有3500个咖啡馆,1990年仅剩下900个。巴扎商人间的社会关系日益分离,其内部的联系大大减少。

巴扎商人与伊斯兰政权的联系减少,商人组织及行会内什叶派伊斯兰的纽带逐渐消失。自50年代以来巴扎商人是支持民族阵线的主要力量之一,伊斯兰革命后他们要求实行民主,支持议会政治。随着自由化的推行这一阶层对政治伊斯兰的现状产生不满,要求改革。

(二)手工业主和中小资本家群体的发展状况

自由化改革前,私人企业主的声望很低,而那些为革命献身的或

---

① Arang Keshavarzian, *Bazaar and State in Iran the Politics of the Tehran Marketplace*, p. 173.

殉道的人受到公众尊崇,因为当士兵在战场上冒生命危险的时候,私人企业主却在安全的后方进行生产,"缺乏勇气"的形象降低了他们的社会威望。

自由化改革之后,最初的革命信条开始出现理性化趋势,伊朗社会意识形态发生有利于私人工商业的变化。伊朗迫切需要经济增长,工业资本家的地位开始提高。这一时期宗教激进派被以拉氏为首的务实派排挤出国家政治之外,这促使他们的立场发生变化,他们从忠于最高领袖的革命信条转向了提倡公民自由权利和实现法治等。其代表有阿巴斯·阿布迪、阿拉维·塔布尔、马吉德·穆罕默德、赛义德·哈吉利安等,他们不再强调遵从最高领袖的绝对权威,而是转向改革。[①] 宗教阶层从激进革命转向改革并提倡法治,这改善了工业资本家的处境,资本家不再被视为反革命势力,而是具有公民权利的社会成员。哈吉利安认为:"民族工业的企业主是伊斯兰社会取得进步最重要的力量。"[②]

自1997年后,宗教激进派开始提出实现公民社会的设想,对私人经济的态度发生彻底转变。他们认为,伊朗当前的政治和经济问题的根本在于国家过于强大,石油收入使政治领袖经济独立性增强,从而脱离社会基础,扭曲了国家和社会间的正常关系。在改变伊朗经济现状问题上,私人经济将扮演重要角色。哈塔米当选总统后继续执行拉氏自由化政策,促进私人制造业的发展。哈塔米时期,伊朗私人企业主宣称:"今天,我们能够理解国家和政府都需要有活力的经济,为了加强经济的功能,应当继续保护和鼓励私人资本的发展。"[③]

但工商业资本家得不到国家财政扶助,国内缺乏健全的市场经济。商品劳务和资金的自由流通、进出口贸易和汇率制度等方面还存在难以克服的障碍。而伊朗国内国企、宗教基金、革命卫队等特权经济体下的企业处于垄断地位,在经济上占尽优势,工商业资本家与他

[①] Negin Nabavi, *Iran From Theocracy to The Green Movement*, Palgrave Macmillan, pp. 110 – 111.

[②] Negin Nabavi, *Iran From Theocracy to The Green Movement*, p. 112.

[③] Ibid. .

们在竞争中处于明显劣势。国内私人资本发展道路狭窄，由于缺少资本积累和再生产投资，极少能发展为现代大工业，除非成为官僚资本才能形成相当规模的大工业。工商业资本家对伊朗国内行政机构效率低、制度不健全的现状产生不满，要求经济体制上深入改革。

（三）其他中产阶层群体

自由化转型时期，职业中产阶层群体规模正在壮大，技术人员和现代职业群体成为伊朗社会中增长最快的群体，这一群体朝着职业化和科层化的方向发展，成长为新的阶层。但是国内经济受政治因素的影响很大，行政机构效率较低，官僚主义浓厚、管理混乱，经济政策及相关的规章不明晰且多变，这都是对私人经济发展极为不利的因素。职业中产阶层对伊朗国内发展环境不满日增，他们要求更加成熟和更高效的管理机构，要求健全合理的制度，并且在制度执行方面也提出相应的要求，以获得较好的发展环境。然而当前伊朗状况很难得到彻底改变，职业中产阶层普遍认为国内缺乏发展空间，他们更乐意向国际市场拓展业务。[1] 职业中产阶层要求改变政治现状，加入改革派阵营，成为支持改革的社会基础。

神职人员在伊斯兰革命后地位大大提高，都可以归入社会中上层，神职人员中可归入上层社会的是特权乌莱玛，他们所占比例很小。神职中产阶层成员本身大多是政府机构的代表，其所负的职责是宣扬伊斯兰教，维护伊斯兰法的秩序。这一群体具有很高的声望和较高的经济收入，分享了较多的政治资源，如清真寺的领祷人和最高领袖派驻各地的代表"伊玛目"，其地位高于地方政府官员。伊朗神职人员1996年达到61.4万人，占就业人口总数4.2%。

神职人员大多来源于圣城库姆和马什哈德的宗教学校或神学院，其规模大小和发展速度主要取决于宗教教育的发展状况。相对其他中产阶层群体来说，神职中产阶层人数增长的速度最慢，这说明革命后伊朗的宗教教育没有急速的扩张，其规模得到一定的控制。

---

[1] Firouzeh ghanatabadi, *Internationalization of Small and Medium-Sized Enterprises in Iran*, Lulea University, 2005, p. 229.

宗教具有社会分层的功能，宗教通过控制和引导来规范人们行为，通过感情、信仰、仪式为社会整合服务，但宗教不能完全控制社会。他们承担宗教义务所需要的技能相对较少，不具有稀缺性。神职人员内部又存在竞争，因而其社会地位起伏不定，他们只有加强其身份群体的排他性及提高群体内固性才能维持声望，并以专业协会加以保障。自由化改革以来，伊朗社会分层的现代性日益明显，这对神职中产阶层产生深刻的影响。现代技术和现代产业的发展使神职中产阶层显得多余，从而使这一群体本身产生危机感。

神职人员其超自然的身份在世俗社会发展过程中受到强烈的排斥，当世俗主义盛行的时候，他们总面临失去其他社会群体信任的危险。单靠礼仪和宗教不能产生直接的物质财富，神职人员将越来越难以找到自己的位置，世俗主义的发展将成为必然，神学传统和超自然主义在社会的现代性增强的同时退居幕后。但社会又没有完全被世俗化，或完全摈弃所有的先验世界而放弃超自然的信仰，这就注定神职人员处于矛盾地位。

现代性的发展对该阶层形成冲击。宗教阶层发现，实施旧的伊斯兰法面临困难，伊斯兰法常与现代社会发展的具体实际的需要之间发生冲突，这导致神职中产阶层产生变革的要求，他们越来越多地要求改变伊斯兰法的执行，成为现代伊斯兰改革主义兴起的根源。这也是自由化以来伊朗的改革最初是自上而下方式的一个重要原因。

第三节　保守主义兴起及二元结构形成

一　保守主义日益强大

自由化以来，随着最高领袖哈梅内伊宗教地位和政治地位的稳固，保守主义力量政治地位逐渐恢复，经济实力也在增强，成为伊朗经济政治中的特权阶层。

(一) 保守主义力量政治地位逐渐稳固

1. 新任最高领袖的权威逐渐树立起来

自伊斯兰革命以来,霍梅尼教法学家治国的法吉赫思想受到宗教高层内部不少成员的反对。在宗教地位上几乎和霍梅尼齐名的大阿亚图拉沙利亚特马德里就公开反对宗教阶层参与国家政治,但他被霍梅尼褫夺了大阿亚图拉的教衔和效仿渊源的地位。库姆和马什哈德的宗教高层如胡里和戈尔甘尼等,也不赞同霍梅尼思想,慑于政治高压,他们还不敢公开表达其反对立场。这一时期,伊朗宗教阶层分为赞同霍梅尼的政治乌莱玛和反对他的传统乌莱玛。

霍梅尼原定的继承人是阿亚图拉蒙塔泽里,由于他对伊斯兰神权统治的激烈批评而被剥夺了继承人资格,受到软禁。但伊朗具有效仿渊源地位的大阿亚图拉当中没有合适人选,霍梅尼只好从具有革命资质和治国才能的神职人员中选定接班人,最后指定当时教阶较低的希加特伊斯兰哈梅内伊为继承人。这遭到库姆和马什哈德等地宗教上层的反对,因此霍梅尼去世后,在最高领袖继承权问题上宗教阶层发生分歧。哈梅内伊继任最高领袖被西方学者视为"从伊斯兰革命最初原则上的一种妥协"[1],伊朗宗教权威开始让位于政治权威。由于矛盾重重争执不下,宗教高层最终也都接受了哈梅内伊最高领袖的事实。

哈梅内伊还受到专家会议的支持,在强硬保守派亚兹迪的支持下,其宗教地位逐渐上升,取得大阿亚图拉称号和效仿渊源地位。宗教阶层内部的分歧仍然存在,与德黑兰宗教高层不同,库姆和马什哈德的大阿亚图拉都不赞同教法学家治国的理念,他们主张宗教应当远离政治,将治国交给职业政治家,教法学家只向国家和社会提供伊斯兰法的指导。

1992年和1993年两大效仿渊源胡里和戈尔甘尼相继去世,哈梅内伊逐渐树立起宗教权威,这样政治权威和宗教权威重新合一,库姆的宗教基金和瓦克夫地产的宗教税也开始向最高领袖缴纳。[2] 除了财

---

[1] David menashri, *Post Revolutionary Politics in Iran Religion Society and Power*, London Portland, 2001, pp.14-20.

[2] Negin Nabavi, *Iran from Theocracy to The Green Movement*, Palgrave Macmillan, p.60.

产外，宗教教育体系都逐渐集中到宗教特权阶层手中，传统宗教机构也处于宗教组织"神学院管理中心"的监控下，它只需要向最高领袖哈梅内伊负责。该组织对较低教阶的神职人员的活动实施限制，传统乌莱玛在国家政治中被日益边缘化。

从90年代中期起，以库姆的大阿亚图拉亚兹迪为首的政治乌莱玛通过排除传统乌莱玛的影响，垄断宗教教育，将宗教教育纳入国家政治中而官僚化，以宣扬霍梅尼主义的什叶派神学。国家政治的合法性来源于什叶派宗教教义，执行神圣沙里亚法和遵行伊斯兰指引被置于第一要务的地位。自由化改革时期哈梅内伊和亚兹迪通过强化宗教机构的政治功能，提高宗教机构政治地位，形成一股强大的保守主义力量。

2. 政治保守派力量增强

宗教阶层统治地位确立后，其内部保守派和左翼激进派两大派别在内外政策立场上相互对立。80年代中期，从保守派中分化出务实派，霍梅尼去世后务实派执掌政权，在80年代末和90年代初结束两伊战争及海湾战争后，务实派为了培育经济增长的国内外环境，推行现实主义外交，在实行私有化政策方面都引起了保守派激烈反对。90年代初，保守派中又分出强硬派，以国会为阵地和务实派相对立。90年代中期从左翼激进派分化出改革派，之后左翼激进派消失。[①] 2005年内贾德执政后保守派中又分化出新保守派。

伊朗保守派（conservative）被西方称为强硬派（hard-liners）。保守派自称信奉教义者（Osul-gara，osul 为信条或纪律，gara 为信奉者、倡导者）。保守派里的激进力量则更愿自称穆斯林真主党（Ommat Hezbollah）[②]，改革派则称他们是独裁主义者（authoritarian，波斯语为 eqtedar-gara）。保守派包括传统保守派、温和保守派、新保守派。温和保守派受传统小资产阶级和宗教高层人士支持，主要由毛拉、技术专家组成。温和保守派社会文化方面持保守立场，要求严格执行沙里亚法，保护私有财产等。温和保守派对外政策较为务实，反

---

① Mehdi P. Amineh, *Power Islam and Political Elite in Iran A Study on the Iranian Political Elite From Khomeini to Ahmadnejad*, Leiden Boston, 2009, p. 49.

② Ommat 是阿拉伯穆斯林专称或术语。

对输出革命。

传统保守派又称强硬派，直接受最高领袖领导，他们主张实行教法学家统治，维护伊斯兰革命的果实，他们十分敌视政治民主化和经济自由化，受到巴扎商人支持。其内部有"好战派毛拉"和伊斯兰联盟党两大集团。成立于1977年的"好战派毛拉"是强硬派中最顽固的政治集团，在传播霍梅尼思想和推翻国王统治的斗争中发挥过巨大作用。"好战派毛拉"下属有"统一伊斯兰协会"和"库姆神学家"两大组织。"统一伊斯兰协"会代表巴扎商人的利益，"库姆神学家"的成员充任专家委员会成员。

阿亚图拉亚兹迪和加那提是强硬派代表，强硬派形成于第五届国会，与执政的务实派的主张相对立，其领导人是国会议长纳塔齐·努里。强硬派支持伊朗真主党、真主党之友等保守力量组织实施暴力活动，建立惩恶扬善司令部，掀起社会复古运动。强硬派从巴斯基和社会下层中选任伊斯兰义务警员，在法吉赫委任的名义下，开展惩恶扬善的社会运动，维护教法学家统治的原则。强硬派主张"第十二伊玛目隐遁期间，最高法吉赫享有伊玛目、先知的一切权力"[①]，主张法吉赫的委任是政府合法性的唯一来源，真主党是唯一合法的政党。

强硬派反对自由主义和务实主义，"民主只是资本、财团和私利的专制，其结果是导致不信教和反动。法吉赫的委任即真正的伊斯兰。""不能为了寻求自由和发展而牺牲革命的价值和原则，政治和经济的开放会导致革命的解体。"[②] 强硬派传播和保卫伊斯兰革命的原则，他们以原教旨主义的方式和背离原则的现象战斗。

（二）保守主义经济基础壮大

1. 宗教基金的发展

伊斯兰革命前，宗教基金是在巴扎商人捐献的财物基础上建立。伊斯兰革命后，王室财产及外逃资本家的企业和财产被没收而转化为宗教基金，这为宗教基金奠定了雄厚的经济基础。拉夫桑贾尼私有化

---

① Said Amir Arjomand, *After Khomeini Iran Under His Successors*, Oxford University Press, 2009, p. 66.

② Ibid..

改革使宗教基金的规模扩大。其中最大的主要有受压迫者和残疾人基金（Bonyad-e Mostazafan Van Fanbazan）、烈士基金（Bonyad-e Shahid）、礼萨伊玛目基金（Bonyad-e Astan-e Quds）等。各基金的首领由最高领袖任命，宗教基金只对最高领袖和他派驻当地的代表负责。宗教基金控制了40%的非石油经济，雇佣40万劳动力。其中的伊玛目礼萨基金成立于1979年，由阿亚图拉阿巴斯·威兹·塔巴兹负责，富有的、虔诚的市民向它捐献财产，该基金积累了马什哈德90%的地产，其财产还有大学里的可口可乐产业等。

宗教基金为战争的伤残老兵提供援助，还负有宣传伊斯兰思想和帮助社会下层人的职责。宗教基金属于权力机构，其职能是负责分配收入、捐献救济物等慈善事务。它为低收入群体、烈士家属、战争受害者、乡村居民、无保障家庭、残疾人等提供财政帮扶，成为政府的辅助机构。例如住房基金（bonyad-e maskan）与房产部合作，为困难家庭提供住房；文化运动基金和教育部一起行动；文化革命最高委员会与文化部在文化政策上有竞争。文化部与伊斯兰宣传组织，土地分配委员会和农业部之间都有对等和合作关系。

宗教基金还发挥着广泛的社会功能，例如建立学校、大学、研究中心，出版书刊，生产电影，组织文化、书籍交流会、建立文化纪念馆等。还有把伊斯兰的政治意识形态灌输给青年知识分子的职责。

宗教基金属于一种合法的威权组织，对政府运行有着直接影响，作为一种政治权力机构与政府的行政、司法相平行，甚至高于政府。[①]宗教基金政治功能方面，肩负动员大众、灌输伊斯兰思想的职责，资助政治盟友压制反对派，在不同的政治精英派别争权中扮演关键的角色。宗教基金也是各保守派的财政来源，在国内经济政治方面占有重要地位。

2. 革命卫队处于特权地位

自由化时期，革命卫队建立了独立的经济帝国，但卫队经营业务

[①] Eva Patricia Rakel, *power Islam and Political Elite in Iran A Study on the Iranian Political Elite From Khomeini to Ahmadnejad*, Leiden Boston, 2009, pp. 69-76, 83-95.

远远超出了军事工业范围。它受益于政府的订货，参与了几乎所有的大型经济活动，与其他产业和基金都有广泛的经济联系。至1992年，卫队掌控的工业、商业和军工产业中的职工已经达到4.5万人。

3. 特权阶层形成

与宗教基金有紧密关系的合同商和供货商、神职人员亲属成为新的政治和经济精英，是新的特权阶层。接受国家租让及获得特许经营权的巴扎商人也成为特权阶层的组成部分。特权商人因易于藏匿实际财富，实纳税款较少。在伊朗各省也普遍存在特权阶层，如最高领袖在地方和农村的代理"星期五领祷人"，地方政治组织和政权机构"政治卡特尔"（cartel）等。

二　伊朗经济和政治的二元性

自由化以来，伊朗工业得到发展，私人经济在经济结构中的比重在提升，经济体制逐渐向市场机制转型，自由经济的成长是伊朗经济发展的趋势。但伊朗经济的伊斯兰性决定了宗教基金和革命卫队等部门的优先地位。宗教基金是非营利性的慈善事业，享有免税特权，它享有国家银行的补贴性贷款的优先权，国家补贴性进口物资、设备的垄断权，垄断了工商业经营，控制了大工业，在国内竞争中处于有利地位。宗教基金是以最高领袖名义成立的庞大的经济组织。特权经济体都是市场机制和自由经济发展的巨大障碍。伊朗自由经济和特权经济的对立很难消除。伊朗经济结构中呈现二元性。

伊朗政治结构上也是二元的，即宗教政治（即教法学家治国）与共和政治[1]并存。国家政治体系（Nezam 或 Hakemiyar）由宗教权力机构和民选机构这两大部分组成。宗教领袖领导整个国家政治体系，总统仅领导政府行政机构（Dowlat），宗教权力要高于民选权力。[2]

---

[1]　用"共和政治"一词较为贴近伊朗政治中由民选总统和民选国会构成的权力体系。不用"世俗政治"是因为民选权力体系中宗教力量长期占据优势，在伊朗世俗政治是不存在的。

[2]　Eva Patricia Rakel, *power Islam and Political Elite in Iran A Study on the Iranian Political Elite From Khomeini to Ahmadnejad*, Leiden Boston, 2009, pp. 33 – 36.

伊朗宗教领袖掌握国家政治的最高领导权,有最高任免权和外交全权,并掌握了军队等国家强制力量。最高领袖之下的伊斯兰权力机构掌握了国家实权。专家会议是产生宗教领袖的专门机构,可监督最高领袖,在国家政治中有举足轻重的地位。宪法监护委员会审核总统、国会、内阁和专家会议等权力机构成员的等候选人资格;有权罢免当选议员,可否决议会通过的议案;可决定进入专家会议的人选。确定国家利益委员会处理国会和宪法监护委员会之间的争议。此外,还有伊斯兰革命委员会、伊斯兰法庭等权力机构,伊斯兰革命卫队、巴斯基等强制力量及伊朗真主党等国家非强制力量。

除了伊斯兰权力机构外,伊朗还有一套民选权力体系,即三权分立的共和制政体。总统、国会议员、地方议会都由民选产生。霍梅尼明确提出一切非伊玛目的政治都是不合法的,只有实行教法学家治国才具有合法性。总统受到最高领袖监督,而国会立法要经宪监会批准才能生效,民选政府因此受到宗教机构的制约。地方政府也受当地伊玛目节制;地方行政和司法部门与革命卫队、巴斯基之间职能重叠,相互矛盾。

伊朗还存在非官方的政治体系,其社会作用可以和相同级别的国家机构相抗衡。在政治机构存在分歧情况下,非官方政治体系扮演决策者的角色。非官方政治系统的成员在国家机关中任职,形成了极具有影响力的社会网。非官方政治系统的内部结构,按照政治主张分强硬派、左翼激进派、务实派、传统保守派和温和保守派等;按照在国家政治所处的地位可分核心决策层(中心)、行政管理层(中间)、政治舆论层(外层)。[①]

伊朗社会二元性可以归结为宗教和现代性的共存和发展,伊朗统治精英站在不同立场,在经济、政治、社会文化等方面发表各自的主张,各政治派别依据各自利益都提出社会发展的建议。(1)左翼激进

---

① Eva Patricia Rakel, *power Islam and Political Elite in Iran A Study on the Iranian Political Elite From Khomeini to Ahmadnejad*, Leiden Boston, 2009, p. 45.

派，主张国家干预经济，经济和社会政策方面应实行平等主义，对外支持输出革命，对内应创造较自由的社会文化环境，支持少数民族争取权利和实行宗教信仰自由。该派由社会革命者、独立毛拉、宗教人士组成。(2) 务实派以经济增长为首要目标，主张减少国家干预，实行市场经济、私有化，打破进口限制，扩大私营企业的业务；对外采取温和外交政策，赞成引进外资以融入世界经济；对内采取较自由的社会文化政策。(3) 以哈塔米为首的改革派主张打破宗教束缚和经济自由化，要求国家干预经济和重新分配社会财富，要求较自由的社会文化和政治民主化。

自由化改革后，伊朗政治和经济二元性更加明显，对立和并存的二元结构对伊朗社会发展产生了深远的影响。

第四节 自由化改革、改革派形成及中产阶层的政治参与

一 拉氏的自由化改革

霍梅尼时代伊斯兰共和党内部因经济、社会文化和外交问题上的分歧而存在派系争端，1987年6月该党解散，宗教阶层出现务实派、极端激进派、温和保守派三大派系鼎立的格局。温和保守派维护私有财产，反对输出革命，而在社会文化上保守。另一派被称为强硬派，提倡国家干预经济，支持输出革命。务实派主张国家干预经济，推行自由化改革，主张缓和对外关系。[①]

务实派也是霍梅尼的信徒，他们是从事行政事务和国家具体管理的政治家，因积累了更多的治国经验，最先在政治上成熟起来。在国家机构运行中，由于面临的问题日益复杂化，务实派遇到了实际的问

---

① Eva Patricia Rakel, *power Islam and Political Elite in Iran A Study on the Iranian Political Elite From Khomeini to Ahmadnejad*, Leiden Boston, 2009, p.46.

题和困难，随着时间的推移其务实的特征会更明显[①]。务实派倾向于改革，因为越来越多的人逐渐意识到进行革命统治需要切合实际的措施，而不是紧抱着纯粹的宗教信条不放。务实派认为，伊斯兰如果能带来安全和安定的环境它会发挥更大作用，他们反对宗教保守派的政治冒险和制造社会紧张，反对输出革命和政治暗杀。

强硬派和温和的保守派都主张保持意识形态的纯净，激烈地反对务实派的改革主张。保守派和务实派都以真革命的名义，站在不同的立场对国家政治、经济、社会文化重大问题发表自己的看法。自由化时期，伊朗政治上出现多个权力多中心，几乎所有重大问题和决策都是多个权力中心相互作用或妥协的结果。保守派阻挠改革，强硬派反对务实派对外缓和的政策及改革措施。拉夫桑贾尼凭借自身影响力和神权机构支持，压制反对力量的政治联盟，强硬派在政治中丧失了大部分权力，被清除出政府机构，政府职位多由务实派担任。第四届国会选举中，宪法监护委员会充分发挥政治审查的职能，通过剥夺激进派候选人的参选资格来打击拉氏的政治对手，强硬派失去了议会多数的地位。拉氏和保守派联手取胜后，拉氏暂时扮演了霍梅尼的角色，设定国家发展方向和政治原则。

务实派认为，伊斯兰革命不能超出合理和理性的框架，激进不能放弃原则和价值。它主张采取理性的政策：改革伊斯兰经济结构，改善人民生活；控制外贸，实现经济独立；限制土地私有的数量，向富人征税等。务实派的改革也得到国会支持，其影响力逐渐增长。拉夫桑贾尼指出，两伊战争之前的财富分配是不合理的，在其执政的第一个五年计划中这种现象得到缓和，阶层之间的收入差距缩小了。他提出在他第二任结束时，伊朗将会成为发达的、独立的福利型国家。[②]

拉氏任用伊斯兰指导和文化部长哈塔米推行政治改革相关措施。首先，通过法律法令的修改，重新界定或确认其他阶级、阶层、集团和广大民众的社会地位和政治权益。

[①] David Menashri, *Post Revolutionary Politics in Iran Religion Society and Power*, London Frank Cass, 2001, p. 50.

[②] Ibid., p. 116.

其次，放松文化限制。拉氏认为政府应当提倡大众文化，反对文化专断，要进行国际层次的文化交流。由他领导的最高文化革命委员会在 1992 年颁布《伊斯兰共和国文化原则》具有明显的自由化倾向。[1] 伊朗放松了对新闻出版的限制，根据 1985 年的出版法，1990 年成立出版陪审团，从司法制度上对新闻媒体给予保护。伊朗还取消了对音乐的限制，大力鼓励发展电影业，报纸和期刊也出现繁荣景象，1988 年从 102 种增至 1992 年的 369 种。其中期刊 Kian 从 1991 年开始出版，成为引领改革的杂志之一，直到 2001 年被关闭。拉氏任命卡尔巴斯奇为德黑兰市长负责首都城市发展规划，至拉氏任满时，伊朗建成文化实体 138 个，有了报道市政的《首都日报》，还新建了体育中心和商城等[2]。

再次，进行教育改革。在高等教育中革除"文化革命"的弊病，树立教师权威。促进私立高校的发展，1997 年伊朗高校学生达到 125 万。拉氏注重教育质量，要求提高高校的科学和教育水平及提高基础科学和社会科学的研究水平，并拒绝没有能力的人，以推动社会经济的发展和文化繁荣。[3]

最后，提高妇女地位。拉氏主张政府有必要增强女性社会角色，提高其在家庭中的地位。1989 年成立了领导妇女运动的组织机构，最有影响力的是妇女社会文化委员会，专门维护妇女权利。1991 年成立妇女事务专署，由沙哈拉·哈比比担任。

伊朗虽然对人权压制现象依旧，但其威权统治已经开始容纳一定程度的政治自由，政治上日益走向成熟。自由化时期各政治团体的地位提高，政治自由得到扩大，蕴含的公民社会各元素日益增长。这一时期新的最高领袖在权力过渡的过程中对拉氏改革采取了支持立场。虽然务实派改革遭到政治反对派的抵制，但拉氏在国内政治中处于优势地位，不但保证了改革成果，也为后任总统的政治改革奠定了基础。

---

[1] 蒋真：《后霍梅尼时代伊朗政治发展研究》，人民出版社 2014 年版，第 132 页。
[2] David Menashri, *Post Revolutionary Politics in Iran Religion Society and Power*, p. 97.
[3] 蒋真：《后霍梅尼时代伊朗政治发展研究》，人民出版社 2014 年版，第 134 页。

二 改革派的形成

温和保守派受巴扎商人支持,在宪法监护委员会中有很强的影响力,他们反对国家干预经济,反对输出革命,社会文化上持保守态度。与之对立的是,激进保守派要求实行国有化和重新分配财富,对外输出革命,在社会文化方面主张自由开放,他们在第一届议会(1980—1984年)和第二届议会(1984—1988年)中占据多数,且成员多在行政和司法部门任职。[1] 激进保守派对立法、行政和司法的控制一直到1989年7月拉氏开始执政时才结束。此后激进保守派成员被清除出行政部门,但该派在第三届议会(1988—1992年)中仍有很大影响。

80年代中期务实派从温和保守派中分离出来。务实派主张国家干预经济和提高税收,社会文化上也与激进保守派一致,但反对输出革命。伊朗提倡并推行改革最早的是务实派,而民选总统及议会首先成为领导改革运动的主角。拉氏内阁中副总统哈桑·哈比比(Hasan Habibi)和阿塔乌拉·穆贺贾拉尼(Ataollah Mohajerani)都是拉氏改革的得力助手。务实派具有自由主义倾向而受到新兴中产阶层的欢迎。政府官员、技术专家、专业技术人员、工商业资本家、学生及神职人员都是支持改革的力量。

与务实派同时出现的还有持不同政见的伊斯兰知识分子,他们反对教法学家治国的理念,不赞同最高领袖直接参政。这一群体以阿布杜克里姆·萨罗什(Abdolkarim Soroush)为代表,萨罗什曾支持霍梅尼,在80年代初曾属于激进保守派,是文化革命委员会成员之一,也是伊斯兰共和国创建者。但从90年代初开始他转而反对伊斯兰神权体制,与他一起发生转变的有一批宗教思想家和作家。[2] 他主张从伊斯兰内部进行改制,以此走向伊斯兰民主,他反对拒绝变通的宗教意识形态,反对宗教毛拉控制政治。

---

[1] Eva Patricia Rakel, *power Islam and Political Elite in Iran A Study on the Iranian Political Elite From Khomeini to Ahmadnejad*, Leiden Boston, 2009, pp. 51 – 52.

[2] Ibid., p. 55.

1988年，以哈塔米为代表的自由派神职人员从保守派阵营中分离出来，组成了改革派。此后神职人员、工人、青年和妇女等群体不断加入，其社会基础得到扩大。[1] 哈塔米也是霍梅尼的信徒，他主张通过政治改革实现政治多元化和实行灵活的政策，以此返回正确的革命道路，最终服务于伊斯兰政权和拯救革命。改革派目的是巩固伊斯兰统治，以务实的方法来发扬宗教教义，以革新的思想执行伊斯兰革命的法则。90年代中期后，激进保守派成员逐渐减少，其成员改变政治立场成为改革派。拉夫桑贾尼执政时期改革派逐渐壮大，改革派代表了自由化以来伊朗社会中崛起的新兴力量，在总统选举和国会选举中多次获胜，在政治改革中发挥了巨大作用。

　　1997年哈塔米当选总统后，改革派已经成为与保守派抗衡的力量。改革派主张限制强硬派的司法权威，实行出版业自由，保护个人政治权利，加强民选机构的权威和职能。改革派开始形成明确的政治意识，即要加强总统权力以削弱宗教保守派的权威。哈塔米任内，更多伊斯兰思想家主张改革和支持总统，如蒙塔泽里、马赫迪·哈里·亚兹迪及赛义德·穆斯塔法·达马德、穆森·卡德维尔等。中产阶层由于不满于宗教精英的统治、缺乏政治和文化自由以及萎靡不振的经济状况，他们大力支持哈塔米改革。青年、妇女、自由派、世俗主义者、改革派神职人员及低收入阶层都加入改革派行列。[2] 改革派的呼声使政治精英受到感染，他们允许哈塔米总统实施改革措施，容忍对政体的评议和批判。

三　哈塔米民主政治实践

　　哈塔米担任文化部长的时期是知识分子探索文化发展的黄金阶段，伊朗的电影制作繁荣，对书刊的限制放松，进口书刊也增加了。

---

[1] Keith Crane, *Iranian Political Demographic and Economic Vulnerabilities*, California: Rand Corporation, 2008, p. 24.

[2] Eva Patricia Rakel, *power Islam and Political Elite in Iran A Study on the Iranian Political Elite From Khomeini to Ahmadnejad*, Leiden Boston, 2009, p. 57.

哈塔米被称为"阿亚图拉戈尔巴乔夫"和"和平演变者"等。[①] 1997年哈塔米当选总统,哈桑·哈比比任副总统,在其组成的内阁有17名新成员,还有一半是上届政府的成员,他们都有革命经历和务实倾向。内阁中年轻的具有高学历的技术专家占多数,还有来自国会议员、驻外大使、政府高官的成员,内阁中也有曾在西方国家高校任教或联合国任职的人员。

哈塔米时期制订了"三五"计划(2000—2005年),其中提出要改革国内政治,为非政府活动留出足够的空间,鼓励私人经济部门的发展,给公民以自由。以法治建设和稳定的政策来促进国内形势改变,为引入外资创造良好的环境。其内容强调的重点是司法独立、民权和法治等。"三五"计划是改革的重要文件依据,伊朗政治改革在此基础上进行。[②]

首先,强调人民主权。哈塔米提出:"保护个人自由和民族权利是总统的基本职责,应对人权有基本的尊重,要使大众意识到其所拥有的权利,我们应当为保障自由提供必要的条件,加强和扩大公民社会的团体机构,实现文化的对话和交流,阻止对人权和个人自由的践踏或违背宪法的行为"。[③] 总统贯彻宪法所规定的"人权平等"的法理观念,主张打破宗教束缚,实行政治民主化。哈塔米强调宪法所赋予的人民主权,宪法的合法性来源于伊斯兰革命思想,是霍梅尼所承认的,这和神圣沙里亚法是一致的。要在教法学家治理条件下实现宪法所规定的民权,真正体现出人民主权的一面。哈塔米总统以执行宪法的名义来推行改革,从而将其他权力中心也纳入到其政治改革的轨道[④]。

[①] David Menashri, *Post Revolutionary Politics in Iran Religion Society and Power*, London Frank Cass, 2001, p.80.

[②] Bijan Khajehpour, "Domestic Political Reforms and Private Sector Activity in Iran", *Social Research*, Vol.67, 2000, pp.587–588.

[③] Stephen C. Poulson, *Social Movements in Twentieth Century Iran Culture Ideology and Mobilizing Frameworks*, Rowman and Littlefield Publishers, 2006, p.255.

[④] Bijan Khajehpour, "Domestic Political Reforms and Private Sector Activity in Iran", *Social Research*, Vol.67, 2000, p.593.

其次，在社会文化方面放松对伊斯兰文化的控制力度。他倡导社会自由，政治宽容，采取具体措施提高妇女社会地位，给予青年人更大的自由空间，创造出相对宽松的社会环境。他提倡社会的公平和公正，关注青年人的问题，解决其就业以及住房问题，并改变教育体系。

再次，推进法治的实行。总统认为，让人民在威权政治下感到安全是他能带来的最大成就。1998年多名作家和世俗倾向的政治活动家被害后，哈塔米成立总统代表团介入作家谋杀案的调查，并迫使情报部门公开认罪，并迫使其做出人事调动[1]。总统的权力开始向安全部门扩展，民选机构的行政权限开始有所扩大。支持改革的内政部副部长穆斯塔法·塔吉扎德也受到总统保护。保守派的余纳斯也加入哈塔米内阁支持总统的改革，哈塔米式的法治开始打开局面。

克尔巴斯奇是支持总统改革的德黑兰市长，他同时也是总统助手，因推行改革受保守派忌恨而遭到司法机关逮捕。支持总统的政府官员、国会议员、媒体以及作家和学生群体都对司法机关猛烈批评，要求释放。总统对此沉默，明确表示不支持学生即将组织的示威。总统寻求和哈梅内伊、拉夫桑贾尼、努里等就此事件商谈解决办法，最终使卡尔巴斯奇获释。努里也因支持改革的自由主义言论被免职，卡塔米通过国会要求赦免努里，并以穆萨维接替他。[2]

哈梅内伊对穆萨维参选总统倒向改革派阵营持宽容态度。情报部门对言论的压制开始有所缓解，强硬派长期压制言论自由使得他们失去民心，在舆论面前不得不寻求妥协，继续以恐吓和秘密方式统治人民将越来越行不通。而改革派在避免暴力冲突的前提下与保守派进行斗争。支持改革的报社编辑说："自上而下的压力产生专制，而自下而上的压力将产生革命，这两种都不是我们想要的。我们需要以和平的方式进行，但世俗主义者和作家被害是社会发生转变所必须付出的

---

[1] Said Amir Arjomand, *After Khomeini Iran Under His Successors*, Oxford University Press, 2009, p. 93.

[2] 见张超：《后霍梅尼时代伊朗政治改革进程及发展趋势》，《上海交通大学学报》（社会科学版）2014年第5期。

代价。"① 协商、交换、妥协仍是统治精英进行决策的方式,伊朗政治正在走向开放。

最后,建立伊斯兰式市民社会。市民社会是独立于政府并有自身内部规律的社会组织的集合,由不同的自愿团体组成,它们之间和平共处、开展对话,从而减少社会文化差异和增强社会责任感。② 市民社会的目标是政治民主化、文化现代化、社会组织和结构的合理化,市民社会就是突出对现代性的要求,而废弃传统体制。③ 哈塔米认为要实现市民社会首先要有民权意识的觉醒,然后是市民社会的组织机构的扩展和加强,他们就不同观点能够对话、交流、品评或批评,并防止有害于团结、违背人类尊严及宪法赋予个人权利的行为发生。④

哈塔米时期,伊斯兰政权以一种新的方式进行统治,即他所谓的"另一种形式的革命"。改革不是进行根本的改变,而是提倡多元化和灵活性。哈塔米从宪法寻找改革的法理依据,以成文法为支撑政治改革的合法性基础,这样可以避免陷入保守派从"西化"角度对民主政治的攻击。哈塔米主张调整宗教以适应已经发生变化的世界,提倡与西方文明对话,其信条是以更大的灵活性应对变化的世界,哈塔米成为务实和自由的象征。但哈塔米民主政治实践对伊朗现状的改变不大,人们生活条件改善不大,与预期的相去甚远,只有政治开放的程度得到明显改善。

四 中产阶层政治参与扩大及宗教改革运动的发展

哈塔米任内,中产阶层对现状的不满日益增长,要求改革的愿望极强。首先,他们对政治现状不满。哈塔米当选时,伊朗人民对政府的政治审查、安全力量的过度扩充、宗教司法的强制执行以及行为道德的严格监

---

① Geneice Abdo, "From revolution to revelations Khatami's Iran struggles for reform". *Middle East Report*, 1999, No. 3, pp. 7 – 9.

② 蒋真:《后霍梅尼时代伊朗政治发展研究》,人民出版社2014年版,第180页。

③ 同上。

④ Stephen C. Poulson, *Social Movements in Twentieth – Century Iran Culture Ideology and Mobilizing Frameworks*, Rowman and Littlefield Publishers, 2006, p. 255.

查等方面的不满程度与日俱增。越来越多的伊朗人对司法权限过度扩展的现象不满,尤其对来自宗教强硬派阵营的真主党,因为这一非官方的宗教组织对人们公共行为进行了过多的监查。真主党和国家强制力量合作,对学生运动实施压制措施,对主张改革的社会群体形成不小的威胁。在国会、媒体等领域,国会议员、政府官员以及著名的知识分子对伊朗现状进行尖刻的批评,他们要比中级官员更激进和务实。

其次,经济现状引起人们不满。自由化改革以来伊朗贫富差距正在拉大,离公平的社会目标渐行渐远。通胀、管理不善、对低阶层的忽视使城市中产阶层产生反抗的愿望。90年代以来伊朗社会群体示威抗议时有发生,城市中心的运动往往形成连锁反应。1992年发生设拉子伤残老兵抗议宗教基金的运动,同年阿拉克也发生民众与宗教政权之间的冲突。暴动透露了一种信号,反映了社会阶层的不满。政府加大了应对能力和监控强度,建立特种反应部队,扩大内政部权力,以阻止暴动的蔓延。

最后,哈塔米当选总统给改革派带来希望。哈塔米要求改革,提倡多元化,改革的主张在广大民众和知识分子中传播。中产阶层有了一个可以利用宪法权力抵制宗教权力扩展的途径,他们通过加强总统和议会等民选权力的办法来削弱宗教权威。城市中产阶层支持哈塔米总统争取媒体自由和保护个人权利的努力,以致力于实现宪法所赋予的人民最高主权。哈塔米当选总统是受大众支持,有着广泛的社会基础,支持总统的社会力量日益壮大。

城市中产阶层具有变革伊朗政治经济的愿望,他们加入改革派阵营中,改革派队伍得到发展壮大。地方议会中改革派力量通过民主选举,逐渐改变地方政治权力的结构。1999年伊朗伊斯兰参与阵线等改革力量、保守派和中立派一同参与地方选举,选举结果改革派占71%,保守派占14.6%,中立派占14.3%。德黑兰15席改革派占13席,除了库姆之外,其他城市的改革派都占有明显优势。[①] 权力的争

---

① David menashri, *Post Revolutionary Politics in Iran Religion*, *Society and Power*, London Portland, 2001, p.99.

夺仍然激烈,伊朗经济困境仍依旧,但自由开放的政治气氛在增长。

伊斯兰革命后宗教权威不断加强,一直处于上风,人民的最高主权体现较少。哈塔米任期内,伊朗公共舆论围绕民权和自由的争论日益激烈,各社会群体以宪法为自己的法理依据,对政治权利进行讨论。伊朗宪法本身存在一个根本性的矛盾焦点,即宪法一方面承认宗教精英在国家政治中的最高权威,另一方面又规定人民享有最高主权。[1] 伊朗作为伊斯兰国家,虽然这两个方面存在统一性,例如民选总统哈塔米同时也是宗教精英,具有宗教资质。但这两个方面的矛盾和冲突是根本性的,伊朗政治发展无法回避,只能两者选其一。

自由化改革以来,政治上司法权威、媒体自由、行政机构和宗教监护机构的矛盾尖锐化的根源实际上是一种宪法危机。政治自由化将会面对日益增强的保守力量的抵制,阻挠改革的保守派地位日益稳固,权力得到扩大。改革派与城市中产阶层结成政治联盟。改革派日益壮大,它和保守派的对抗也在加剧,两个阵营的对立日益明显。

哈塔米民主政治改革的结果是使城市中产阶层改革要求日益高涨,宗教思想运动在兴起。其代表人物有蒙塔泽里,他认为在人民和教法学家之间存在一种社会契约关系,宪法即在这一关系基础上起草的。教法学家的权威不可绝对化,伊斯兰宪法第107条规定,两者在法律面前是同等的,因此教法学家不能凌驾于法律之上而对所有事务进行干预,尤其是那些复杂的专业领域的事务就应当交给专业人员处理,如外交和经济事务。此外,教法学家所称其权力来源于伊玛目的委任也是假的,其权力实际上来源于人民,因此应当接受人民的选举和监督。[2] 蒙塔泽里认为宗教最高领袖应当只提供伊斯兰的指引而不是陷入日常政务,政治领袖应当和宗教领袖分开。他更多强调人民主权的一面,主张宗教领袖不应由专家会议决定,而应当实行直接民选。

---

[1] Stephen C. Poulson, *Social Movements in Twentieth-Century Iran Culture Ideology and Mobilizing Frameworks*, Rowman and Littlefield Publishers, 2006, p. 243.

[2] Stephen C. Poulson, *Social Movements in Twentieth-Century Iran Culture Ideology and Mobilizing Frameworks*, p. 251.

霍梅尼的教法学家治国思想在宗教阶层内存在很大争议。宗教阶层围绕这个问题分裂为两个阵营，一个阵营赞成教法学家治国的主张，他们认为宗教领袖不能只关心宗教事务，而应在各个方面都发挥什叶派领导的责任，这一派在政治上处于支配地位；另一阵营坚持传统的宗教观念，宗教和政治应当截然分开，选举效仿渊源是信众个人的事，且效仿渊源是由于信众的支持和宗教领袖学识积累自然产生的，任何政治性的干预都会削弱效仿渊源的权威性，这一群体多是库姆神学院的宗教精英的主张。[1]

蒙塔泽里反对少数毛拉治下的寡头政治。蒙塔泽里反对伊斯兰绝对统治的理念，他提出伊斯兰民主，以民选权力限制宗教权力，谴责宪监会对民主选举程序的破坏。[2] 蒙塔泽里将其个人政见的著作在网络发行，批评教法学家对国家的"监护"，因此受到年轻的、中等教阶的乌莱玛追捧。希加特伊斯兰穆辛·卡德维尔和穆罕默德·沙波斯塔里也在蒙塔泽里思想基础上，对神学进行新的解释，他们以现代主义理性重新解释沙里亚法，称之为"有活力的法学"。

持相似观点的还有卡德维尔、沙利亚提马达里等，他们否认最高领袖和宗教组织的权威，主张权威和合法性应来源于大众支持与民主基础，而非宗教意义的授权。宗教阶层不少人主张政教分离，因为大部分乌莱玛都苦于人们对其日益增长的厌恶，而错在手握权力的少数乌莱玛。改革派宣扬伊斯兰民主，认为宗教要随着时代的变迁而变化，应适合现代政治经济发展的需要。改革派乌莱玛进而提出领袖的权力应受人民监督，世俗权力应高于神权。

90年代初，一批伊朗宗教知识分子，如萨罗什、马沙拉赫等对国家威权统治持反对立场，他们认为没有哪个个人或群体能够垄断精神权威，宗教知识是相对的，伊斯兰教义是灵活的，宗教应当远离意识形态，以免禁锢人类思想和导致专制统治的出现。哈桑·优素福还提出"宗教民主"概念，他否定伊斯兰是合法性的唯一来源。

---

[1] Stephen C. Poulson, *Social Movements in Twentieth-Century Iran Culture, Ideology, and Mobilizing Frameworks*, p. 250.

[2] Negin Nabavi, *Iran from Theocracy to the Green Movement*, Palgrave Macmillan, p. 62.

1999 年伊朗发生宗教抗议运动（Khordad Movement），宗教思想改革运动开始成为一股强大的社会思潮。自由派乌莱玛和伊斯兰知识分子等提出了公民社会、法治和政治多元化等目标，他们是宗教思想运动的主体。萨罗什反对"民主皆源于西方的观念"，强调伊斯兰和民主不仅是相容的而且两者结合是不可避免的。[①] 萨罗什被称为宗教改革的马丁路德，他主张乌莱玛应当返回清真寺，把治国交给专业的政治家，这对伊斯兰和伊朗都有好处。没有政府理应自视拥有上帝交派的使命，或有专属的职责，而其他人不具备可信的能力或权威。

新宗教思想运动提出如下问题：谁能胜任沙里亚法的公正裁决？宗教法能否像民法那样具有可行性？宗教司法对个人信仰的干预是否应有限度？宗教机构处于最高监护地位，可以否决立法机构的提案甚至决定立法机构的选举，但宗教机构是否应当也经过民选产生才更有合法性？等等。

年轻知识分子重新进入政治领域，对伊斯兰进行新的诠释，进而掀起宗教思想运动的热潮。代表人物有年轻的中级神职人员和媒体记者，神职人员有哈塔米、萨罗什、优素福·伊斯卡瓦利、阿普杜拉赫·努里、穆辛·卡德维尔、穆罕默德·沙布斯塔里等，记者有艾克巴·甘吉、赛义德·哈加利安、阿巴斯·阿布迪、哈米德·礼萨·加莱珀尔、伊布拉赫曼·纳巴维等。[②] 他们反对宗教影响的无限扩大，重新解释宗教真义和纯化伊斯兰，提倡民主自由和平等。

宗教改革派遭到宗教保守派的激烈抵制，自由派神职人员努里、穆辛·卡德维尔、沙布斯塔里等都以反对伊斯兰和危害共和国的罪名遭到宗教特别法庭的起诉，甘吉被捕，其报社遭查封。赛义德·栽德被褫夺教职，被禁止写作。自由派思想被压制下去了。[③]

宗教思想改革运动在学生、知识分子等群体中产生很大影响，导致教法学家治国的政治体制合法性发生动摇。自 90 年代中期起，伊

---

① Ray Takeyh, "Iran at the crossroad", *Middle East Journal*, Vol. 57, 2003, p. 44.
② Stephanie Cronin, *Reformers and Revolutionaries in Modern Iran New Perspectives on The Iranian Left*, routledge curzon, 2004, p. 274.
③ Ibid..

朗不同政见的什叶派神职人员、神学院学生、大学生、知识分子、职业中产阶层形成了松散的政治联盟，他们向伊朗政治现状发出了有力的挑战。

本章小结

统治阶层中的务实派承担了领导自由化改革的角色。伊朗自由化改革最初是在经济领域展开，改革的首要目标就是促进经济增长。在经济方面的举措实行私有化和发展市场经济，促进私人经济发展，开放国门和大力引进外资。自由化以来工业在经济结构中的比重在增长，资本和劳动力向工业回流，伊朗社会结构也随之发生变化，向革命前的状态复原。中产阶层在就业人口中的比例继续增长。

随着自由化改革的开展，伊朗社会文化领域的控制有所松动，出现政治自由化趋势。从统治阶层内部首先分离出改革派，要求政治多元化，伊斯兰知识分子、新兴中产阶层、青年和妇女等群体要求政治民主化。哈塔米当选总统后改革派阵营得到壮大，总统提出以伊斯兰民主的方式建立公民社会的目标。然而改革派民主政治实践中遭到保守派的猛烈回击，保守派经济基础雄厚、政治地位日益牢固，成为改革的障碍。伊朗在政治上存在二元性，民选总统和国会代表人民主权，而最高领袖、宪法监护委员会、专家会议等宗教机构代表神权，后者处于优势地位。经济上存在二元性，私人经济和市场机制与特权经济并存。自由化改革面临无法克服的障碍，陷入停滞。

第六章

伊朗改革停滞和"绿潮"涌动中的中产阶层（2005—2009年）

2005年穆罕默德·艾哈迈迪内贾德当选时，曾承诺要遏制通胀、创造就业、反腐和提高生活水平，然而之后伊朗经济状况没有明显好转，高通胀和高失业没有改变，贫富差距也没拉近，以至于连保守阵营也开始担忧伊朗陷入"荷兰病"的泥潭。[①] 伊朗经济陷入停滞，这越来越成为长期困扰施政者的大问题。而中产阶层改革的呼声越来越高，青年运动和妇女运动成为支持改革的外围力量，一场改革运动正在兴起。

第一节 伊朗经济政治状况及改革停滞

一 伊朗经济政治状况

（一）经济状况

自20世纪90年代中期以来，伊朗经济增长率下降。1989—1993年，GDP年均增长率为7.3%，1994—1998年年均增长仅3.4%。[②] 如表6-1。

[①] Eva Patricia Rakel, *power Islam and Political Elite in Iran A Study on the Iranian Political Elite From Khomeini to Ahmadnejad*, Leiden Boston, 2009, p. 93.

[②] Parvin Alizadeh, *the Economy of Iran Dilemmas of an Islamic State*, I. B. Tauris Publishers, 2000, p. 45.

表 6-1　　　　　1989—1998 年伊朗 GDP 实际年均增长　　　　　　（%）

1989 年	1990 年	1991 年	1992 年	1993 年	1994 年	1995 年	1996 年	1997 年	1998 年
3	12.1	10.9	5.5	4.8	1.6	4.5	5.8	3.4	1.6

资料来源：Bank Markazi Iran；World Bank (1998)；IMF (1998)。

拉夫桑贾尼时期，政府外债高达 300 亿美元，政府只好减少进口，还采取减少工资和控制消费的办法，但仍不能摆脱赤字。国家长期在食品价格、能源和公共服务等方面采取补贴政策，这也是政府财政的负担。在国内储蓄减少的情况下，出现了外资投入锐减和资本外逃等现象。2009 年伊朗 GDP 总量为 3310 亿美元，人均收入 4520 美元，属于中等收入国家。石油日产 260 万桶，石油每年创收达到 1200 亿美元。但 2012 年经济制裁使石油减产 40%—50%，经济很快恶化。[1]

自由化改革以来伊朗经济面临难以克服的障碍，经济很难按照市场经济的规则来运行。在金融方面，政治性贷款的经济效益很低，这导致伊朗通货膨胀的问题长期得不到解决。另外，半公有制的企业如宗教基金、国有企业以及革命卫队已然成为庞大的经济体，是经济自由化的障碍。它们大多为非营利性组织，享有经济特权，而私人资本的发展处境艰难。私人资产多投向土地等不动产或硬通货领域，资本再生产规模无法进一步扩大，资本积累速度下降，这都是影响国民经济增长的潜在因素。

伊朗社会中，一部分具有革命资质的人或与伊斯兰政权有密切联系的群体，经过了二三十年的财富积累最先富裕起来，他们成为新的阶级。而绝大部分人则日益陷入贫困，伊朗一半人口在贫困线以下。1997 年总统选举中，城市中产阶层大都反对保守派宗教精英的统治，他们提出政权稳固不是靠伊斯兰的信条，而是要解决政治、经济和社会现实问题。在改革力量支持下哈塔米当选，其后在政治和经济领域，哈塔米继续推行自由化改革政策。但计划的执行效果离预期目标还有很远的距离。

伊朗石油收入下降、里亚尔贬值，贫困和失业现象严重。中央银

---

[1] LDDHI, "*Iran: Rising Poverty, Declining Labor Rights*", *FIDH*, June 2013, p.7.

行统计 2013 年通胀率为 32%，实际上情况更为严重；失业率达到 12.2%。并且在伊朗的阿富汗难民达 150 万—200 万人之多，还有没统计的非法移民等，这更加剧伊朗的失业现象[1]，国内黑市猖獗，这都对社会各阶层的日常生活产生了很大影响。政府为了抑制通货膨胀，开始打击谋取暴利者，为此成立了由总统领导的委员会，实行限价法令，对紧俏商品实行配给制。但收效不大。基础设施不足等问题都使伊朗经济停滞的局面难以改观。伊朗自由化改革的速度放缓，进入一个经济停滞和通货膨胀并存的时期。经济滞胀导致居民购买力降低，物价的不断攀升使人民失去对未来的希望。

表 6-2　　　　1976—2005 年伊朗失业率的变化　　　　　（%）

年份	1976	1986	1996	2001	2005
男性	9.1	12.9	8.5	13	10
女性	16.4	25.4	13.3	19.5	17
总计	10.2	14.2	9.1	14	11.5

资料来源：Iran Statistics Center (2006). Zahra Karmi, "The Effects of Trade Liberalization on The Labor Standards in Iran", www.global-labour-university.org/fileadmin/Papers, p. 8。

（二）保守派抵制改革

总统、中央银行和经济技术专家都支持引进外国资本和实行私有化。但改革派的经济主张遭到保守势力的反对。保守派反对外国资本的援助，他们也反对务实派要与西方国家改善关系的主张。保守派认为，改革派引进外资是再次把伊朗恭送给外国资本，不仅不能解决经济问题，还会造成国家财富流失。保守派提倡在经济、社会和文化等方面严格执行伊斯兰法的标准。他们指出："由于伊朗长期经历外国直接的军事占领，西方国家当前又通过攻击我们的思想和意识，提倡传播堕落和懒散的文化，来实现对我们的统治。因此应对之保持警惕，加强民族文化和传统价值的作用。"[2] 保守派主张用伊斯兰文化及

---

[1] LDDHI, "Iran: Rising Poverty, Declining Labor Rights", FIDH, June 2013, p. 8.

[2] David menashri, Post Revolutionary Politics in Iran Religion, Society and Power, London Portland, 2001, p. 60.

生活方式阻止西化对伊斯兰社会道德的侵蚀，寻求伊斯兰政治统治，他们强调新闻自由不能损害伊斯兰原则。保守派阻挠改革派的措施，在各地方省份发动文化圣战，增强了伊斯兰意识形态在地方的影响力。

在政治斗争中，保守派受到宗教阶层、巴扎商人等传统中产阶层的支持，保守派不仅在革命权力机构中有很大的影响力，在议会中也占据上风。保守派成员挤占改革派的位置，如纳特奇·努里取代国会发言人卡罗比，穆罕默德·亚兹迪取代司法部长阿尔达比里，阿里·拉里贾尼取代拉夫桑贾尼的弟弟哈希米·拉夫桑贾尼成为国家广播电视局总长等。[1] 保守派乌莱玛反对蒙塔泽里等改革派的言论，议会发言人努里说："那些说最高领袖合法性来源于人民的人根本什么都不懂，我们的政权合法性来自安拉。"[2]保守派保卫和传播伊斯兰革命的原则，以革命精神和经历凝练成新的传统主义教条，他们提出："第十二伊玛目隐遁期间，最高法吉赫享有伊玛目、先知的一切权力。"强硬派反对自由主义，认为"民主只是资本、财团和私利的专制，其结果是导致不信教和政治反动。法吉赫的委任即真正的伊斯兰"，还有"不能为了寻求自由和发展而牺牲革命的价值和原则，政治和经济的开放会导致革命的解体"[3]。

强硬派和温和保守派仍然是一股强大的改革阻力。保守派反对民主和选举，他们认为"合法性来源于法吉赫的委任，法吉赫的委任是政府合法性的唯一来源，真主党是唯一合法的政党等，这不是一个民主选举的问题，而是一个思想认识上的问题"。[4] 选举应当选出更多的信仰者，而不是西方风格的竞争式选举。

阿亚图拉亚兹迪和加那提是强硬派代表，支持伊朗真主党、真主党之友等执行伊斯兰统治的组织，掀起社会复古运动。他们从巴斯基和社

---

[1] David menashri, *Post Revolutionary Politics in Iran Religion, Society and Power*, p. 60.

[2] Said Amir Arjomand, *After Khomeini Iran Under His Successors*, Oxford University Press, 2009, p. 66.

[3] Ibid., p. 66.

[4] Ibid..

会下层中选任伊斯兰义务警员，在法吉赫委任的名义下，开展惩恶扬善的社会运动，维护教法学家的统治原则。强硬保守派以原教旨主义的方式和"背离伊斯兰原则"的现象进行战斗，把改革派看作伊斯兰内部的敌人，发起抵制改革的运动，因此引发了暴力性社会冲突。

二 自由化改革陷入停滞

哈塔米时期，民主政治改革客观上起到了遏制宗教特权和纠正权力滥用的作用，有助于消除政治生活中的弊端，从而促进国家和政府的政治生活正常化。这有利于革新政治体系，完善制度，健全体制，改变人们的观念和政治环境，从而推动政治的发展。但民主政治改革过程中存在一些难以克服的障碍。

首先，在政治权力分配方面，民选权力低于神权，领导民主政治改革的民选总统权力有限。哈塔米时期的政治改革实际上是拉氏开始的政治自由化改革的继续和发展，这一时期政治改革面临的首要问题仍是权力分配，具体表现在调整教权和民权的关系。拉夫桑贾尼1997年卸任后转任确定国家利益委员会主席，该委员会的权力开始增长，伊朗多中心的权力结构内宗教机构的职能得到扩展。民选总统哈塔米的权力受到削弱而处于宗教政治之下。

其次，民权无法摆脱教权的监管。伊朗宪法同时承认人民最高主权和宗教的最高监督或监护权，但没有明确解决两者地位和关系，这成为伊朗政治矛盾的根本所在。如果同时遵行两者是不可能的，拉氏执政时期总统和最高领袖分享最高权力的格局掩盖了民权和宗教权力的矛盾，但在哈塔米时期政治局面发生了变化，民权和宗教权力的矛盾突现，伊朗政治问题一定程度上是一种宪法危机。

最后，哈塔米缺乏独立的力量，无法将改革进程扩展开来。支持哈塔米的人有许多并非完全赞同其主张，而是不满于"宗教卫道士"。[1] 宗教政治结构多元的权力中心对改革是一种巨大的阻力。由于

---

[1] David menashri, *Post Revolutionary Politics in Iran Religion, Society and Power*, London Portland, 2001, p. 91.

霍梅尼去世后绝对权威的消失，伊朗政治中的派系斗争加剧，权力结构更为分散化。许多决议都倾向于极端主义路线。伊朗政策制定仍是多权力中心协商的结果，总统仅仅是其中之一，并且不是最强有力的。

当前伊朗国内政治中，保守力量仍占据上风。司法部门的大阿亚图拉亚兹迪阻碍改革措施的推行，宪监会、专家委员会、宗教基金等革命实体都反对总统的改革。在统治机构中保守势力拥有更多和更大的权力，改革力量与之是不相称的，组织力量很弱，难于和保守势力形成对抗。总统本人甚至很难从其信奉的革命信条做出退让。此外，改革派民主政治停留于理论范畴，民主概念在民众中没有得到传播。哈塔米呼吁以政治对话来构建起民主行为和机制，然而民主机制需要增加公众的参与和减少个人决策权等条件。[①] 加之政府还面临严峻的经济和社会困难，其职能大受限制，各种原因导致民主政治最终搁浅。

总体来看，改革派推进的民主政治没有触及权力结构的中心，只在政治思想、社会文化、舆论宣传、教育和媒体等政治的外围拓展空间。哈塔米执政时期，国会中改革派提出的限制宪法监护委员会和确定国家利益委员会的动议被宪监会否决，之后改革派占多数的国会与宪监会处于僵持状态。国会通过的议案大部分被宪监会否决。1997年至2003年，代表改革力量的总统和国会的权力受到削弱，宗教保守势力明显占据上风。

第二节　伊朗新保守主义的兴起及影响

2003年伊拉克复兴党政权垮台后，纳杰夫的宗教领袖西斯塔尼在什叶派伊斯兰世界中的地位空前高涨，他奉行的寂静主义（quietism）

[①] Ali Mirsepassi, *Intellectual Discourse and the Politics of Modernization Negotiating Modernity in Iran*, New York: Cambridge University Press, 2003, p. 87.

为伊朗改革派神职人员和知识分子提供了伊斯兰另一种领导方式。西斯塔尼坚持的伊斯兰民主传统可上溯至伊朗立宪革命，他主张乌莱玛应当仅限于向伊斯兰社会提供指引，在统治者和被统治者中间确立一种社会契约。这种指引应当包括保护伊斯兰社会不受独裁者压迫，警告统治者遵守社会契约和进行公正的统治，实现伊斯兰法则下的社会公正。① 乌莱玛不应当直接控制国家机构和直接参与国家事务。

伊拉克什叶派寂静主义的扩散和传播对伊朗改革派产生极大影响。西斯塔尼提倡伊斯兰另一种统治方式，即扩大公民参与和政治多元化，以民主选举和立法程序来确立民权的地位，实现民主的制度化，这启示了伊朗改革派，他们主张采用伊拉克民主政治的方式。伊朗改革派以西斯塔尼的民主理念要求本国改变其威权统治的方式。

为了应对伊拉克大阿亚图拉西斯塔尼日益增强的影响，伊朗国内兴起一股新的保守力量，他们被称为"新霍梅尼主义"（实际是新保守主义），主张实现霍梅尼建立公正伊斯兰社会的理想，加强威权统治，"新霍梅尼主义"崇尚革命和战争年代的殉道和清苦生活的记忆，以此抵制国内改革力量和消除来自外界（伊拉克）的影响。"新霍梅尼主义者"来自退役老兵，且大多正值中年，他们并没有宗教背景，但有参加伊斯兰革命和两伊战争的经历。"新霍梅尼主义者"在拉氏执政时期接受了大学教育，在哈塔米实行民主政治改革时期开始进入政府管理机构，逐渐取得政治地位。他们反对腐败、提倡社会公正，与温和保守派不同，他们热衷于发动大众，进行平等主义的革命运动，在政治上他们倾向于强硬派，因而又称"新强硬派"，我们通常称之为新保守派。

2005年内贾德执政后，新保守派成为伊朗政治中的新兴政治阶层，他们大多集中在革命卫队、巴斯基等神权机构，由于其地位较低，因而更受最高领袖的青睐，从而迅速成为一支重要的保守势力。新保守派由于受到最高领袖全力支持，他们自身也掌控了大型宗教基

---

① Negin Nabavi, *Iran From Theocracy to The Green Movement*, Palgrave Macmillan, 2012, p. 64.

金、国防工业等垄断性资源而拥有雄厚的经济基础和政治特权。在这一时期，一批具有军人背景的新保守主义者占据国会多数席位，曾在拉夫桑贾尼时期被边缘化的伊斯兰革命卫队重新进入国家权力的中心。新保守主义的宗旨是保卫伊斯兰革命，他们极力主张回归霍梅尼革命思想，维护伊斯兰统治是其最高利益。

新保守派视改革为革命政权的威胁，因此寻求与反对改革的保守力量联合，他们与宪法监护委员会、革命卫队密切合作，组成"伊朗伊斯兰发展者联盟"。在2004年伊朗议会选举中，新保守派壮大起来。内贾德执政后，保守主义日益强大，2009年内贾德连任成功，改革派和务实派已经难以和保守主义相抗衡。新保守派批评务实派的改革滋生腐败，以伊斯兰的名义使富人从中受益，他们主张应当给予革命精英更大的权力以管控政府。内贾德宣扬的马赫迪思想（救世主）吸引了不少强硬派，其反对改革派的立场也获得最高领袖的支持，他帮助革命卫队在工业领域扩展业务，因而得到军方的全力支持。内贾德依靠其革命导师大阿亚图拉亚兹迪的支持，也得到宗教阶层的全力支持。亚兹迪在德黑兰和库姆等地的宗教教育机构不断扩展，被他挑选的清真寺和基金组织等宗教机构也迅速扩充，新保守派力量不断增强，他们维护伊玛目的绝对权威，实行伊玛目的统治，已成为反对民主和改革的最大阻力。

伊朗新保守派提倡回归伊斯兰革命初期的信条，严格执行伊斯兰法、实行社会公正和反对帝国主义等大众主义论调，政治上意识形态色彩开始浓重起来。哈梅内伊和亚兹迪批评拉氏和哈塔米的改革，自90年代以来，极右力量把经济自由化称为西方文化的入侵，自由化改革后随之而来的是西方书报和影像传入，从而削弱了伊斯兰文化。在年轻的和教阶较低的保守乌莱玛看来，向市场经济的调整的后果是拉大了社会差距，并滋生腐败，他们对富裕起来的社会群体消费西方产品的现象进行声讨。

新保守主义的发展对私人工业产生不利影响。内贾德经济政策上倾向于发展中小型企业，向其提供补贴性贷款达700多亿美元，通过发放平等份额的项目使贫穷下层群体都得到实惠。他宣称要剥夺特权阶层的权利，并将石油收入放在普通人民的餐桌上。① 内贾德此番言论引起企业主不安，他们由于害怕不能盈利，因而缩减了投资，但经济形势开始恶化，资本开始外流。最高领袖为了削弱和平衡新保守派的影响，提高确定国家利益委员会的政治地位以增强务实派影响力。2005年确定国家利益委员会重新解释宪法第44条，确认继续允许私人经济的发展，私人资本可投向银行、保险、航空、海运和矿业等领域。最高领袖也敦促开展私有化，将公有制公司份额的80%都私有化了。他支持发展私有经济和执行经济改革的立场很明确，他甚至将私有化政策的实施称为这一时期的"经济吉哈德"。②

最高领袖赞同私有化的立场使私营企业主经济地位得到认可。最高领袖主张，国家不要过多介入经济领域，而应当集中于政治和精神方面，以免政府在经济事务上陷入备受诟病的境地。另外，最高领袖超脱经济之外的态度也使哈塔米总统无法得到宗教阶层的支持，这也是自由化经济改革成效甚微的一个原因。

新保守主义奉行平等主义，在政治上主要寻求与社会下层联盟，以获得其支持。首先，内贾德以平民总统的形象深入社会下层社区，增强其亲和力，他提倡社会平等，照顾低收入者和社会底层，高举反腐旗帜以投合大众口味，获得了城市贫民和农村下层的政治支持。其次，宪监会的资格审查否决了许多有影响力的改革派人物，许多选区在资格审查后，其候选人中只有保守派，这导致支持改革派的选民弃权或退出选举以示抗议。③ 最后，革命卫队、巴斯基加入保守阵营，壮大了保守力量，他们在选举中发挥了关键作用，在保守势力强大的农村和小城市，选民的选举基本上是通过被动员的形式开展的，最高领袖在各地的宗教代理人也发挥巨大影响。

内贾德时期，伊朗宗教机构的优势地位更加突出，民选机构不但

---

① Said Amir Arjomand, *After Khomeini Iran under His Successors*, Oxford University Press, 2009, p.152.

② Said Amir Arjomand, *After Khomeini Iran under His Successors*, p.184.

③ Masoud Kazemzadeh, "Intra-Elite Factionalism and the 2004 Majles Elections in Iran", Middle Eastern Studies, Vol.44, No.2, 2008, p.204.

没有发挥制衡作用，就连总统选举和国会议员的选举都受到宗教政治的干涉。在民选过程中，宪法监护委员会充分发挥了政治资格审查的功能，对伊斯兰政治没有绝对信仰的人不具备参选资格，这造成许多改革派无法参加竞选，其政治参与出现了实质性问题。改革派被排除在政治决策之外，日益边缘化。权力结构的变化导致政治改革进程发生逆转，保守主义占据明显优势。

相反，改革派由于种种原因，在国内政治中处于劣势。内贾德执政后，改革派最后的阵地国会也丢给了保守派。此后改革派吸取第七届国会选举的教训，联合保守势力中的温和派和务实派，形成政治联盟以抗衡新保守派，加上妇女组织、学生组织、少数民族、知识分子、改革主义者、人民圣战者伊斯兰运动，从而形成改革力量的大联盟。但在第八届国会选举中，他们仍然败于新保守派。之后改革联盟面临瓦解，进入分化重组。其失败的一个重要原因是宪监会资格审查有利于保守派，此外保守派较强的动员能力也造成一种相对优势；而改革派执政时期的经济政策不佳，这导致他们政治支持率下降，也对改革派产生不利影响。

改革派被排除在七届和八届国会权力中心之外，重回政治阵地面临重重困难。即使改革派在总统和国会选举的大对决中获胜，它也一样重新受到宗教保守力量的限制，在经济和政治改革上还会面对强大阻力。相反，保守势力则掌握更大权力、更多资源，政治上处于优势地位。

改革派和保守派的对垒日益明显。哈梅内伊权力得到巩固，这一时期保守派力量得到加强，形成了强有力的宗教组织。反对改革的保守力量也有一定的社会基础，如真主党和保守的宗教学生，在关键时刻他们会成为抵制改革派的社会力量。在政治斗争中宗教学生（tollab）也是可以动员来支持宗教领袖的社会力量。帮派衰落后伊朗社会仍存在类似帮派的组织，例如可以动员退役老兵、体育健将以及宗教学生等群体的社会组织仍为传统精英的政治利益服务。这些社会力量成为真主党的原型，在伊斯兰革命中，他们支持乌莱玛反对国王,伊斯兰革命后这一群体大多加入伊斯兰革命卫队。[1] 作为一支非正规的政治力量,伊朗真主党是为宗教权力服务的,他们是反对改革派运动的主要力量之一。但学生运动日益发展,学生在斗争中组织性加强,正在成为抗衡真主党的力量。这导致街头战斗和大学各派武装斗争。

第三节 "绿潮"涌动中的伊朗中产阶层

一 经济恶化和社会矛盾的激化

伊斯兰革命的初衷是改善社会和经济问题,实现自给自足、减少国家对石油经济的依赖,缩小社会阶层的贫富差距。革命后伊朗盛行的伊斯兰经济思想是实现社会平等,消灭剥削、改善社会下层的福利。但实际情况是改变不大,两伊战争带来经济困难,生活成本提高,基础设施遭到破坏,政府石油收入减少等。还有阿富汗战争后伊朗日益增长的战争难民。伊朗与西方国家关系仍然紧张,美国双重遏制政策及经济制裁都给伊朗国家发展带来损害。社会群体的期望与现实之间相差很远,革命的最初目标基本落空。

中产阶层政治经济处境不断恶化。伊朗经济增速下降,通货膨胀等状况使中产阶层贫困化。自由化改革之后伊朗贫富差距更大,社会阶层对政权的批评趋于激烈,他们批评政府没有维护好无权者的利益。拉氏对福利的许诺没有实现,社会差距扩大,物价上涨,资本外逃。社会各阶层指责政府仅为富人服务,通胀使穷人一贫如洗,成为通胀的牺牲品,政府政策导致经济灾难,国内物价以小时为单位在持续增长,而国王统治时期起码物价是稳定的。[2] 被剥夺者认为革命已

---

[1] Stephen C. Poulson, *Social Movements in Twentieth - Century Iran Culture, Ideology, and Mobilizing Frameworks*, Rowman and Littlefield Publishers, 2007, p. 72.

[2] David menashri, *Post Revolutionary Politics in Iran Religion, Society and Power*, London Portland, 2001, p. 118.

经抛弃了他们,宗教误导了经济发展,自由化和私有化的结果只是导致官员腐败。拉夫桑贾尼说"为了革命须有的忍耐已经到了极限"。阿赫马德评论说:"一个饥饿的被剥夺者(mostazaf)缺乏革命的耐心"。① 1993 年拉氏支持者在竞选中打出的标语"每一张选票都是射向敌人心脏的子弹",而竞选者说:"每一次通货膨胀都是射向贫穷的被剥夺者的饥饿子弹"。②

伊朗社会阶层间的对立加剧,已经到了危及政治稳定的程度。反对派夸大社会群体的不满,他们批评拉氏只把经济恶化归因于国内外资本主义,而实际情况是,经济困难的主要原因是政府政策不当,拉氏只顾撇清自己,他应该负主要责任。而与之相反,政府则是低估严峻的形势。

新政权对国家面貌改变不大,腐败盛行,处于统治地位的毛拉滥用职权,积聚大量的个人财富,他们的精神价值与其腐化的行为形成鲜明的对比。批评者多来自虔诚的革命者,他们把伊朗伊斯兰政府与国王及西方国家相提并论。蒙塔泽里说,被剥夺者承担了革命和战争的主要任务,但受到了不公正的待遇,贫富差距扩大,战争造成的经济短缺都由低收入阶层承担了,而上层享受过多的资源却没有为国家做出贡献。他认为生产者、批发商、零售商的联盟对经济恢复和发展产生了很大的负面影响。这与伊斯兰的原则是背离的,贫富差距的现状是不能接受的。

政治上,中产阶层提出的民主和法治的要求受到压制。总统和国会选举中,由于保守力量对选举施加影响而屡屡受挫,改变政治处境的途径被阻塞。宗教保守力量在文化和舆论采取高压态势,提倡改革的政治家也遭受严酷的惩罚。

二 "绿潮"的兴起

伊朗自 90 年代自由化改革以来,冲突引发的社会群体反抗统治

---

① David menashri, *Post Revolutionary Politics in Iran Religion, Society and Power*, p. 111.
② Ibid..

当局的事件频发。1992年马什哈德制订和实施"城市发展计划"和伊斯拉马巴德市的公共交通费事件,都引起了城市民众的反抗运动。1994年德黑兰和加兹温都发生了群众反对通胀的抗议运动。2001—2006年,教师因收入低而发起多次抗议运动,1999年的新闻媒体自由运动,还有2004年的学生抗议运动等。这些分散的社会群体仅代表本集体的利益,他们向当局提出具体的改革主张,但尚未对伊斯兰政权的合法性提出质疑,且大多集中于经济问题领域。

在马什哈德、加兹温、扎赫丹以及德黑兰周边等地区,也发生多起自发性的暴力事件。呼罗珊的逊尼派在1993年和2006年都发起过要求宗教少数派政治权利的示威,阿塞拜疆爆发过要求尊重民族文化的示威。2003年在伊斯法罕、2006年在俾路支斯坦、2007年在法尔斯也发生过相同的群众示威。这些运动都局限于社会某一职业或民族群体,并没有明确的政治章程,在其要求得到解决或部分满足后即渐渐平息。①

2006年伊朗发生"百万人签名运动",这是一场由妇女发起的反对性别歧视的运动。这场运动可以归入城市中产阶层改革运动的范畴,是伊朗"绿色运动"的一场预演。这场妇女运动并不要求改变伊斯兰统治的原则,而是承认伊斯兰政权的合法性,因而这是在合乎宪法规范的前提下对伊斯兰法则执行方式的一种改革运动。妇女运动是这一时期伊朗改革运动的主要形式之一。

2009年6月的伊朗第十届总统选举中,改革派和保守派分别推出自己的总统候选人参与角逐。通过选举,大众参与政治的积极性提高了,但其结果是加深了伊朗社会内部的裂痕,从而形成改革和保守两极分化的政治格局。② 竞选中,保守力量为了确保其候选人成功,宪监会充分动用其资格审查功能,以此阻止改革派竞选成功,革命卫队和专家会议等机构也采取了一些操作选举程序的做法,最终内贾德得票远超出改革派候选人穆萨维。竞选结果引发支持改革派的选民"我

---

① Negin Nabavi, *Iran from Theocracy to the Green Movement*, Palgrave Macmillan, 2012, pp. 21 – 22.

② Ibid., p. 1.

们的选票哪儿去了"的质问,城市街头发生青年、妇女和知识分子等主张改革的社会群体发起的街头示威,但引发了大规模冲突。

选举结果使人们对选举可信性产生怀疑,这削弱了伊斯兰政权合法性,宗教阶层和伊斯兰知识分子发出了抗议的声音。他们质疑选举的合法性,甚至否定教法学家治国的政治体制。自伊斯兰革命以来,伊朗神权体制的权威性第一次面临巨大挑战,伊朗社会中一股要求改革的"绿潮"正在涌动,这又被西方学者称为"绿色运动"。"绿色运动"是在伊斯兰革命后伊朗社会运动日益发展的背景下产生的,这是跨越了地域和民族界线,将社会各个阶层及不同的利益群体都纳入的政治改革运动。"绿色运动"的社会基础更加广泛,包含的不仅仅是德黑兰的精英或穆萨维的支持者,还包括要求变革的广大人民。[1]

"绿色运动"中的改革派领导人有卡罗比、穆萨维和哈塔米等,这场运动不仅是反对 2009 年 6 月总统选举中存在操作选举的违宪行为,他们还反对政治缺乏透明度、神权国家日益依靠革命卫队等压迫工具维持的统治。在示威运动被暴力镇压后,他们对当前神权统治的合法性产生质疑。威权统治下,公民自由权利备受关注,身在库姆的高级乌莱玛公开站在抗议者一边,反对当权的宗教精英。库姆的宗教高层明确表态反对镇压政治反对派,并质疑哈梅内伊公正统治的能力,宗教阶层内部的裂痕开始扩大。神职人员中的中上层在政治上开始出现联合,共同反对政府的政治高压。同时,对镇压事件不满的大阿亚图拉也通过互联网发表自己的看法,他们认为国家暴力机关的权力被以伊斯兰的名义滥用了。[2]

改革派乌莱玛也向国内民众发表看法。库姆的改革派乌莱玛阿亚图拉优素福·萨尼伊警告强硬派,不要以暴力违背人民和平示威的权利。蒙塔泽里谴责政府镇压示威的行为,称当前的政府既非共和国,又非教法学家统治,而是军政统治,其政治体系是哈里发的而不是伊玛目的。改革派乌莱玛阿亚图拉赛义德·塔赫利和阿尔达比利等也都对政府镇压示威运动的

---

[1] Negin Nabavi, *Iran from Theocracy to the Green Movement*, p. 18.
[2] Ibid., p. 69.

行为表示抗议。这样，伊斯兰政府面临统治合法性的危机。

在"绿色运动"中，中产阶层政治主张和统治阶层并非完全不同，二者之间也有共同的信条，即"伊斯兰、伊朗和革命"。[①] 正因为如此，伊斯兰政权和国内政治反对派在政治思想和意识形态领域内很难做出截然的界线划分。

"绿色运动"实际是自由化改革以来伊朗政治民主运动的继续，其最早的成员来自务实派，其中包含了宗教阶层中的自由派和改革派，还不乏从保守派阵营中分离出来的成员，其政治影响力在不断增强。他们的改革要求代表着中产阶层的愿望，改革派不断吸收了城市中产阶层而逐渐壮大，妇女运动、青年运动和少数民族运动也在兴起，他们成为支持改革派的外围力量和坚实的社会基础。但日益壮大的改革阵营遇到强大的保守力量激烈的抵制，围绕改革的斗争将长期持续，改革的道路会异常艰难。

第四节　自由化以来伊朗社会变迁及改革前景

一　家庭结构变化

1. 生育率下降，家庭规模变小。1966年伊朗平均每个家庭主妇抚养孩子数为7.9个，1979年降为6.8个。伊斯兰革命后很长时期内，政府并没有采取控制人口的政策，但人口生育率总体呈现下降趋势，1988年家庭主妇平均抚养6.4个孩子，至1989年降为5.3个，1990年降为4.8个，2008年仅1.9个。自1985年以来，15年内伊朗生育率下降了70%。生育率下降的原因一方面是越来越多的家庭都希望少养孩子而采取避孕措施；另一方面是伊朗教育的发展及妇女受教育程度提高。1966年伊朗孕龄女性平均识字率15%，1976年达到28%。1986年伊朗孕龄女性平均识字率已经达到49%，2006年已经达到87.4%。[②]

---

① Negin Nabavi, *Iran from Theocracy to the Green Movement*, p.19.
② Ibid., pp.138, 140, 141.

2. 核心家庭①日益普及。由于现代工业发展和城市化的进行，市场经济、工资和劳务等关系的建立，传统的家庭结构开始变化。家庭成员的独立性增强，家庭规模变小，核心家庭的数量增多。1986年核心家庭占79%，1996年占82%，2006年占88%。家庭关系中女性地位得到提高，女性遵从男性的传统关系也发生变化。2002年一项调查发现，伊朗城市家庭中89%为核心家庭，农村85%为核心家庭。②

3. 教育发展导致家庭关系变化。伊朗人口结构中，青年人占主体部分，自50年代开始至60—70年代，25岁以下青年人口占总人口比例约60%。另外伊朗人口生育率下降，然而新一代的青年的受教育程度得到迅速提高。1996年15—29岁城市青年的识字率男性达96.7%，女性达到94%，农村地区青年识字率也明显提高，男性为91%，女性为78.4%。2006年青年识字率进一步提高，城市青年男性达到98%，女性达到97.5%，农村中分别为95%和90%。③

青年受教育年限也在延长。1996年的伊朗青年中，城市群体平均受教育年限为8.4年，农村为6.2年；2006年分别为9.6年和7.5年。2006年20—24岁城市女性平均受教育年限为10.4年，男性为9.9年。这也意味着青年与家长相处时间增加，结婚年龄推后等因素都导致家庭关系经历巨大变化，男性家长制的家庭关系发生改变，对话和相互理解成为家庭关系的主要方式。

二 青年群体形成及青年运动和妇女运动

（一）青年群体形成及青年运动的发展

伊朗教育在50年代还没有长足发展，青年和父辈的教育程度相当，青年没有独立性和自由权利，因此父辈的权威是家庭关系的主

---

① 1993年史密斯提出核心家庭（nuclear family）即由一对父母和他们的子女组成的家庭，这是北美国家中的标准家庭（SNAF），核心家庭是和扩展家庭（extent family）相对的概念。见 Penny Edgell, Danielle Docka, "Beyond the Nuclear Family? Familism and Gender Ideology in Diverse Religious Communities", Sociological Forum, Vol. 22, no. 1, 2007, p. 27.

② Negin Nabavi, *Iran from Theocracy to the Green Movement*, pp. 143, 152.

③ Ibid., pp. 144 – 151.

要形式。但20世纪60—70年代伊朗教育得到较快的发展,1952—1961年出生的这一代青年受教育水平大幅提高,在社会关系上他们反对现存政治和社会秩序,要求政治自由,青年在家庭关系上与父辈存在矛盾冲突,他们逐渐成为一股独立的社会群体。70年代伊朗城市政治中出现新的群体,即青年群体,他们意识到自身不同于其他社会群体,不再遵从传统的家长制的家庭关系,形成自己的社会组织。这一时期伊朗大城市的抗议运动多是由青年组织发起的。70年代中期以后,伊朗青年人要求进行社会革命,他们成为革命的积极参与者。

青年运动的参与者多是受教育水平较高的群体,他们在毕业后多任中级管理或专业技术职务,他们是现代中产阶层群体的后备军,其社会身份发生变化然而其政治倾向和活动仍会延续,因而青年运动与中产阶层社会运动有着密不可分的关系。青年运动的政治组织与中产阶层政党保持一致或默契,有的政治组织发展成熟后直接转变为中产阶层的政党。

1979年伊斯兰革命后,革命领袖给予青年更多关注,主张要依靠青年稳固政权,这样大批青年加入政治组织和军事组织,在伊朗社会经济发展、建设农村和开发边远地区等方面发挥巨大作用。在两伊战争中,青年人加入巴斯基民兵武装和革命卫队,成为前线重要力量。但战后青年群体经济条件没有得到改善,这使他们对政治领袖没兑现承诺而感到失望,他们开始表达不满,要求政治开放。

革命后的第二代青年群体于1975—1985年诞生,这一代伊朗青年没有革命记忆,不再认同于宗教和革命的价值。这代青年人教育程度较高,他们的识字率1991年达到66.3%,在中东地区达到中等偏上水平,高于埃及和伊拉克。其受教育程度高于父辈,旧的家长制传统被教育体系削弱了,家长权威和子女遵从的传统关系被平等的对话关系取代。西方的生活方式、文化和民主对这一代青年有着极大的吸引力,他们更愿意接受西方文化和价值,因而有与外部世界接触的强烈愿望。由于这一社会现象过于普遍,1988年宗教阶层开始意识到情况已经很严重,他们开始强烈谴责西方文化的入侵,他们认为这种入侵是伊斯兰祖国的新的敌人。①但伊朗为了发展经济不得不开放国门，与国际市场进行经济合作，这就难以避免西方文化的传播，如果没有一个更具吸引力的文化模式就很难抵制西方文化影响在伊朗青年群体中的扩散。80年代经历全面伊斯兰化后，青年政治组织萎缩的状况没有改变，90年代以来青年受教育水平全面提升而就业难的问题日益突出，接受高等教育的青年加入中产阶层的概率下降，然而青年群体和中产阶层的政治命运却更加紧密地联系在一起。

自90年代以来，伊朗青年问题日益突出。青年人遇到的最大困难是就业和婚姻两大问题。90年代中期的伊朗人口结构中，15岁以下人口占45%，15—29岁占25%，30—54岁占25%，55岁以上不到10%。2009年青年（15—29岁）占人口比重达到35%，居世界各国之首。② 伊朗国内市场劳动力供过于求，又由于伊朗经济处于低迷，无法吸收富余劳动力，这造成伊朗出现青年高失业率等社会问题③。如表6-3。

表6-3　　1984—2008年伊朗20—29岁青年失业率的变化　　（%）

性别	男性			女性		
年份	农村	城市	总计	农村	城市	总计
1984	7.6	17.7	13.7	3.6	26.1	16.6
1997	13.4	20.2	17.6	5.4	28.1	16.9
2007	15.8	21	19.2	22.9	45.9	37.9
2008	17.9	26.1	23.4	28.2	54.7	46.3

资料来源：Statistical Center of Iran. Djavad Salehi - Isfahani, "Iranian Youth in Times of Economic Crisis", *Working Paper* No. 3, 2010, p. 12。

青年就业前待业时间较长，2005年国际劳动组织ILO调查结果显示，伊朗男性待业平均1.25年而女性长达3年。且伊朗青年很难找

---

① Negin Nabavi, *Iran from Theocracy to the Green Movement*, p. 146.
② 叙利亚青年人口比重居第二达32%，土耳其的达27%。Djavad salehi - Isfahani, "Iranian Youth in Times of Economic Crisis", *Working Paper*, No. 3, 2010, p. 8.
③ Djavad Salehi - Isfahani, "Iranian Youth in Times of Economic Crisis", *Working Paper*, No. 3, 2010, p. 12.

到稳定工作，他们多从事临时性的工作或靠父母生活①，这是青年结婚年龄延迟的一个重要原因。如表6-4。

表6-4　　1984—2007年伊朗25—29岁青年未婚比例的变化　　（%）

1984年		1997年		2007年	
男性	女性	男性	女性	男性	女性
23.2	9.8	32.1	19	43.3	31.7

资料来源：Djavad Salehi - Isfahani, "Iranian Youth in Times of Economic Crisis", *Working Paper*, No.3, 2010, p.19。

伊朗青年就业和婚姻两个突出的问题既是经济问题，也是社会问题，对伊朗政治也产生影响。伊朗青年对伊斯兰政权的现状不满，由于伊朗选举权的普及使他们有条件进入政治领域，1997年至2009年青年人积极参加总统选举，要求进行社会变革。随着时代发展，全球化浪潮的冲击，媒体、信息、通信技术给伊朗年轻人创造了解世界的条件，在政治问题和文化习俗方面产生不同于传统的价值取向。青年人对经济状况和社会文化的压制产生反抗情绪，他们要求实现市民社会，是改革的后备力量，其重要性日益突出。

（二）妇女运动的发展

妇女运动兴起的原因首先是受教育程度提高。伊斯兰革命后，教育的性别差距呈现缩小趋势。2002—2003年伊朗高校的女性入学率首次高于男性。2006—2007年280万大学生中52.4%为女性。② 女性教育程度提高也使得自身自主性和独立性都得到增强。

其次，妇女就业率增长。80年代后，伊朗石油收入减少，政府价格补贴缩减，物价上扬导致生活成本增加，家庭内单份收入难以支撑生计，为增加收入来源，越来越多的家庭妇女走向劳动力市场。1996年男性劳动力就业率达62%，女性为11.6%；2006年分别增至64%

---

① 25—29岁青年男性未独立的比例1984年为33.9%，1997年为44.3%，2005年为51.8%，2008年为56.2%。见Djavad salehi - Isfahani, "Iranian Youth in Times of Economic Crisis", *Working Paper*, No.3, 2010, p.16.

② Negin Nabavi, *Iran from Theocracy to the Green Movement*, p.151.

和 15.3%。① 伊朗妇女有参加过革命的经历，其对自身观念发生变化，她们不再认同于传统的家庭主妇角色，要求相应地提高自身社会地位和政治地位。教育的发展和女性就业增长都是促进伊朗妇女运动兴起的重要因素。

最后，自由化改革以来女性地位提高。自 90 年代以来，伊斯兰妇女运动（Islamic feminists）兴起，宗教对妇女的限制开始松动。1992 年文化革命高级委员会实行一套有利于妇女就业的政策，政府机构职位也向女性开放，民法法庭开始接受女性法律顾问。政府每个部门和机构中都增设了妇女事务办公室，同时妇女的非官方组织也组建成立了。妇女代表有扎赫兰、法兹·哈什米（拉夫桑贾尼女儿）、沙赫拉（期刊主编），还有议员阿兹姆、加米拉·卡德维尔、法塔米·拉凯、伊拉赫·库莱等。

妇女运动的代表要求更大的政治自由，要求改革，反对家长制的婚姻法，对什叶派伊斯兰进行女权意义的解释，要求在伊朗男性什叶派世界中唤醒性别平等意识。以女性为主题的发行社、书刊等媒体发行的政治、文化、宗教和社会等问题引起社会的响应。② 目前公共部门职员有 35% 为女性。如表 6-5 所示。

表 6-5　　　　　　　　伊朗妇女权利及社会参与状况　　　　　　　　（%）

妇女参与	占劳动力	占专业技术人员	占议员	占立法、行政人员	占民间团体组织
比例	12.6	33	3	13	43

资料来源：Djavad Salehi - Isfahani, "Iranian Youth in Times of Economic Crisis", *Working Paper*, No. 3, 2010, pp. 12 - 13。

妇女虽然不全是中产阶层群体的组成部分，但中产阶层政治运动却不乏妇女运动，巴列维王朝时期左派政治组织包含不少妇女组织，甚至承担激烈的武装对抗任务的骨干有不少是女性。80 年代全面伊斯

---

① Negin Nabavi, *Iran from Theocracy to the Green Movement*, p. 146.

② Valentine M Moghadam, "Women in the Islamic Republic of Iran: Legal Status, Social Positions, and Collective Action", *Iran After 25 Years of Revolution: A Retrospective and a Look Ahead*, International Wilson Center, 2004, p. 3.

兰化时期，妇女的社会活动受到压制，然而伊朗妇女因在家庭、社会中的不平等待遇及伊斯兰法的压制而具有反抗情绪，是支持改革派的重要力量。特别是自由化改革以来，伊朗妇女政治参与在扩大，中产阶层政治组织中加入了妇女运动的元素。1995年和2000年的议会选举中，妇女参选和竞选人数增加，提倡改革的声音加强了。妇女选票在1997年和2001年总统选举中都发挥了关键作用，在2000年议会选举中，她们为改革派形成多数起到重要作用。哈塔米任期中内政部长阿卜杜拉·努里任命扎赫兰为妇女事务总顾问，这是革命以来伊朗女性首任部级官员。但哈塔米在第二任内受到保守派的压力，造成他对妇女运动的支持力度减小，妇女运动中的世俗派因批评伊斯兰法而受到制裁。妇女运动中的伊斯兰派要求女性个体的独立、权利和平等，由于她们不反对政治体制而免受保守派打击。近年来有关妇女问题的民间组织不断出现，它们以新的形式为性别平等付诸努力。

城市中产阶层与青年、妇女群体合流的趋势最终对教法学家治国的法吉赫思想发起强有力的挑战。传统意义的阶级运动形式发生变化，社会运动呈现后现代的某些特征，学生运动、妇女运动等特殊群体的政治运动的兴起，构成支持改革的社会基础。

三 社会变迁的趋势及中产阶层改革进程的前景

伊朗社会结构建立在小私有制经济基础上，大型现代企业多为国营企业或公有制经济，且为上层特权精英所垄断。从事现代方式经营的中小资本家其企业规模较小，发展空间有限，人数比例较小。现代中产阶层人数相对较小，主要集中于国有企业或事业单位，在私企的现代中产阶层的比例增长最快，成为未来伊朗社会结构中新的增长点。传统中产阶层群体人数最多，规模还会扩大，巴扎商人、手工业主和中下层乌莱玛是这一群体的主要部分。工人阶级人数比重继续增大，农民比例在缩小。农村人口不断流失，移向城市，而城市吸纳劳动力的能力有限，移居人口大部分成为城市劳动者或无业贫民。伊朗自由化改革以来，经济结构和社会结构都转变了全面伊斯兰化的发展方向，重新走上现代化发展道路。

随着现代经济的发展，城市新兴中产阶层经济力量不断增长，其规模在扩大，力量在增强，为保持自身经济力量的增长和提高社会地位，他们要求改革的愿望日益强烈，这一群体必然要求参与政治。他们会和主张自由化的知识分子、改革派的神职人员结成政治联盟。

教育的发展使伊朗居民文化教育水平大大提高，尤其青年群体教育程度的提高更明显。伊朗青年在人口结构中比重很大，他们对高失业率、高通胀及伊斯兰法强制实施等现状产生不满，他们要求改革，成为支援改革派的外围力量。妇女群体因文化教育水平提高，也对伊斯兰法贬抑女性的现象提出抗议，她们反对性别歧视，要求告别家庭角色走向就业，要求改革。青年群体和妇女群体成为伊朗社会分层中的亚结构，可以归入城市中产阶层的范畴中。整体看，伊朗社会结构以中产阶层独大为特征。城市下层群体对物价和通胀敏感，他们反对贫富分化、反对剥削，提倡公平和正义。他们改变经济状况的要求非常强烈，是改革派和保守派都在争取的重要力量。

宗教保守主义政治力量日益稳固，在自由化时期，保守主义的经济基础更加雄厚，新保守主义的兴起等因素都成为伊朗现代化发展道路上的羁绊。保守主义力量掌握的神权机构在伊朗政治权力结构中处于优势地位，他们还得到伊朗社会下层群体的支持，其地位几乎是坚不可摧的。而非官方的组织如真主党仍以维护伊斯兰法为名对城市中产阶层自由和民主的要求进行压制。

宗教保守力量的发展导致原教旨主义泛滥，激进色彩加重，这往往会给伊朗国家发展带来巨大损失。霍梅尼时代的激进措施造成伊朗经济和社会倒退，而内贾德时期相似的情况再次发生。随着新保守主义激进革命色彩愈加浓厚，内贾德强调伊朗大国地位，以研发核武为杠杆凝聚民族主义，并有再次输出革命的迹象。这导致西方国家新一轮的经济制裁，伊朗经济自2008年以来一直陷入停滞。

虽然保守主义力量在顽固抵抗，但拉氏为首的务实派启动的自由化改革是不可逆转。改革是伊朗社会发展的内在需要，为提高经济增速，促进经济发展，必须进行改革；为稳固伊斯兰政权，维持其统治，要求改革；时代在变化，社会阶层结构在变化，政治力量此消彼长，也要求改革。改革的压力推动宗教阶层采取自上而下的改革措施。教法学家治理国家离不开技术专家，正是积累治国经验的宗教阶层精英成为务实派，他们要求改变伊斯兰或革命的法则以适应变化的形势及治国的需要。同时，宗教阶层中越来越多地分离出改革派，改革派的主张和务实派相近，但改革派着眼于调整或局部改变伊斯兰体制。这和城市中产阶层要求变革政治制度的要求有部分的契合，改革派的主张得到城市中产阶层的支持。改革派吸纳了各社会群体，力量在不断增强，成为和保守力量抗衡的一个阵营。

保守派与改革派此消彼长的力量对比是影响伊朗改革推进速度的重要因素。在当前伊朗政治结构下，最高领袖地位稳固，民选总统的换届和大选结果成为影响改革的重要变量。伊朗自由化改革有赖于强势人物的推动，民选总统的个人影响力及他在宗教阶层中的地位是自由化改革中的关键因素。民选总统能否得到最高领袖的支持也是影响改革能否推进的重要因素。

最高领袖的继承问题是能够决定伊朗政治全局的关键，霍梅尼作为集革命领袖、宗教领袖和政治领袖于一身的魅力型权威，他的去世结束了一个时代，伊朗政局曾为之发生极大的改观。伊朗在未来，最高权威的过渡也将是一个根本性的变化，这将是伊朗改革进程的决定性的因素。

鲁哈尼时期，伊朗教权仍旧处于主导地位，而民权的制衡作用将会得到增强。未来伊朗政治结构的两元，即教权和民权主要呈现相容的格局。伊朗未来政治改革的道路仍将采取自上而下的方式。改革将会在宗教政治和民权政治的二元结构的基础上进行调整。改革要面临来自保守势力的抵制，而且改革派内部充满分歧。改革派往往处于两线作战的状态，他们一方面要冲破保守派的阻挠，另一方面又要压制激进派的主张，减少激进派群体的威胁。因此改革派常受到来自多方面的围攻，导致改革的道路狭窄难行。保守力量是改革的巨大障碍，民选机构受神权机构掣肘，也增加改革实施的难度。伊朗特权经济体的存在使经济自由化难以逾越，政治民主化也不可能突破伊斯兰框架，民主要在宗教政治允许的范围内，在有限的空间内发展。伊朗重返现代化将遇到重重阻力。

伊朗不可能再走巴列维时期世俗现代化的老路，而是一种融合伊斯兰传统和现代性的独特道路。伊朗现代化道路必将缓慢而曲折。就其发展趋势来看，伊朗经济上维护其独立自主的地位，提倡平等，为私有经济的发展拓展空间；政治上向伊斯兰民主和多元化的方向发展。

改革的道路之外，伊朗走上其他道路的可能性也存在。改革失败是引发革命的诱因。如果伊朗改革最终失败，其结果必然是改革派分化出越来越多的政治反对派，他们成为政权的挑战者。政权的挑战者都拥有重要的资源，组织性强，有条件且有能力领导反对派以夺取政权。其中仍然对改革抱有幻想的群体成为政治反对派中的温和派。温和派往往掌握更多的资源，更具备夺取政权的潜力。温和派经济资源更多，在冲突中更有反抗能力，他们可以经过统治当局的允许，成立职业性的或经济性的组织以保卫其本阶层的利益，进而能够在政治上进行组织和动员。因为他们不倡导对社会结构进行根本性的改变，因而所受的压制相对较小。温和派还与政府成员间有密切关系，这也增强温和派的整体力量。

政治反对派中的激进派几乎都提倡社会革命，但缺乏足够的力量，为了逃避政治压制，他们的行动采取秘密方式进行。但他们如果和工人阶级结合就会对社会中层群体及温和派等群体的经济和社会利益产生威胁，从而削弱激进派与温和派的政治联合。这样，温和派会转而投向社会上层，以阻止激进派发动的激进运动。激进派会处于不利的政治地位，其获取权力的努力就很可能遭到失败。

成功的革命都要先解决两派联合的问题。激进派会在特殊条件下取得成功，例如在现政权高度垄断政治权力的情况下，温和派会被彻底排除在政治之外。温和派与现政权完全没有了妥协的可能性，激进派如果能做到缓解阶级冲突的烈度以包容温和派，并且两者都放弃对政治权力排他性的要求，两派的联合就会成功。联合问题的解决会产生一个强大的联盟，如果同时也爆发了突发性的社会下层运动，就会产生一场极具破坏力的革命。

大规模的社会冲突一旦形成，冲突的结束一定会带来政治结构的变化，或者根本改变社会结构。但如果新的领袖是政治中的温和派，革命的结果最多是政治体系发生变化，社会结构的变化限制在局部和小范围内。如果新的领袖是激进革命者，其结果必定是社会结构的整体变迁。

结论部分

中产阶层是伊朗社会结构中的重要组成部分。巴扎商人、作坊主和乌莱玛三大群体是传统中产阶层的主体，他们都有独立的经济来源、较高的社会声望和中等的权力地位。巴扎商人控制了2/3的国内贸易和1/3的对外贸易，他们建立的金融系统在城市经济发展中起到关键作用，以德黑兰巴扎为中心的商贸网辐射范围包括了全国的大小城市和城镇。作坊主以行会的形式形成严密的组织，是伊朗城市中最有组织性的力量。乌莱玛在伊朗社会日常事务中承担了管理者的角色，他们垄断教育和司法两大领域，承担着教育和民事司法（shar）及立法等功能。这一阶层是王权统治得以巩固的一大支柱，是国家政治中是不可或缺的组成部分。此外，接受传统宗教教育的官僚中产阶层也是伊朗城市中产阶层的一部分。中产阶层还包含现代中产阶层部分，他们是接受现代教育的知识分子，现代中产阶层是社会生产中的脑力劳动者或白领工人，其文化程度较高，其所具有的专业技术和管理经验使其在生产过程中处于相对的"自治地位"。

中产阶层内部传统和现代两类群体在教育、文化、生活方式方面差别很大，在政治立场上也有很大不同。现代中产阶层有许多深受西式教育的影响，有世俗化倾向，他们倡导激进的社会革命。与之不同，传统中产阶层对国家依赖性小，经济上独立，在政治上传统、保守，具有浓烈的伊斯兰性，他们反对社会革命，但追求民主和自由，因此既想革命又容易妥协。

中产阶层中传统和现代两类群体相互对立，这对伊朗社会发展和政治演进产生了深远的影响。当他们联手时就会形成强大的革命联盟，在立宪革命中他们一度推翻了恺加王朝，但之后二者分歧和内争日趋激烈,传统中产阶层中的温和派和保守派转而支持王朝复辟。50年代初民族阵线执掌政权后,王权大大削弱,但阵线内部又出现内争而最终分裂,阵线中的宗教阶层转而支持国王,最后民族阵线政府被国王发动的政变推翻。由此来看,中产阶层内部存在结构性问题,即始终有两大力量,他们相互角力,因而无法融合成一体,从而削弱其整体力量。中产阶层政治派系大致有保守派、温和派、自由派和激进左派等,乌莱玛、巴扎商人和作坊主等传统中产阶层是保守派和温和派的社会基础,现代中产阶层、青年学生、产业工人等群体构成自由派和激进左派的社会基础。当王权统治得到加强时,中产阶层政治地位逐渐受到削弱,再加上王权与外部力量结合就会促使中产阶层内部暂时搁置分歧而形成政治联盟,以对抗王权。而王权削弱后,中产阶层角逐权力过程中,内部争斗趋于激烈,这又给王权加强以机会。因而现代伊朗政治中,中产阶层和王权形成此消彼长的关系。

中产阶层是提倡变革的主要力量。最初他们推动恺加王朝进行西化改革,立宪革命后中产阶层以议会为阵地提倡社会改革。中产阶层要求国家走上独立发展的道路,他们是维护议会民主制的坚实基础。礼萨汗在中产阶层支持下登上王位,进而开启伊朗的现代化进程。礼萨汗退位后议会政治恢复,中产阶层获得政治发展的一次契机,他们积极组织政党参与政治,人民党和民族阵线两大政党在1941—1953年的伊朗政治中具有很大影响力。民族阵线通过议会组阁进而掌握了国家权力,采取土改和发展民族工业等改革措施。在每个时期他们都有强烈的政治诉求,通过改革推动伊朗社会前进。

中产阶层推进改革的过程中面临重重阻力。在20年代和40年代的伊朗社会中,王权、贵族、地主、保守乌莱玛、部落、军队等都是传统社会向现代化转型中遗留的特权群体或集团,他们是强大的传统和保守力量,站在议会政治的对立面,是阻止改革和拱卫王权的社会基础。因而伊朗社会结构中前现代因素较多,中产阶层处于相对劣势,这是其所提倡的改革不能实行的重要原因。此外部落和地方豪强割据一方,地主控制农村下层,各省自治运动与中央政府形成对抗,加上外部力量的干涉,这都是中产阶层进行改革的不利因素。

中产阶层也是形成革命的关键力量。巴列维王朝表面的现代化成就实际上是引发社会阶级冲突的重要因素。伊朗有了现代工商业、金融业和交通业等，还有石油业作为国民经济的支柱，建立了庞大的官僚机构和现代化军队。传统生产部门被排斥于现代化之外。外国资本加强渗透损害中产阶层的利益，他们逐渐走向联合，共同抵制王权与外国资本的联合。因此，不少学者认为1979年的伊斯兰革命是伊朗城市中产阶层领导和发动的政治革命。

伊斯兰革命既是一场政治革命，更是一场社会革命。中产阶层以平等主义思想为主导，提倡实行伊斯兰经济，发动了国有化运动、土地改革和外贸国有化运动。伊朗社会结构发生很大变化，传统中产阶层地位提高，有革命经历的乌莱玛上升至上层，巴扎商人地位也得到了提升。宗教阶层发动文化革命，在教育领域实行伊斯兰化，这对中产阶层的改造起到了很大作用，世俗化的中产阶层受到清洗，伊斯兰化使中产阶层经历了一个重塑的过程。

中产阶层代表了伊朗变革的发展方向。自由化转型以来，宗教阶层中不断分化出改革派，推动自由化改革的发展。卡塔米民主政治改革核心内容是伊斯兰民主，提倡多元化，宗教和民主是相通相容的。国家权力来源于人民，而不是伊玛目，教法学家治国的理念受到质疑。中产阶层是支持哈塔米民主政治改革的主要力量，他们改变现行体制的愿望很强烈，要求实行民主政治和多元化的愿望也日益强烈，他们成为改革派阵营的主体。青年运动和妇女运动的兴起也加强了改革派阵营的力量。中产阶层在进步的社会运动中发挥领导作用，也是激进的左翼政治力量的主要构成部分，中产阶层在伊朗"绿色运动"中扮演重要角色。

中产阶层推动民主改革遇到诸多困难。伊斯兰民主不能停留在哲学范畴，应通过政治对话与大众相结合，这要求伊朗社会出现大量的民权机构并积极参与政治才能实现。而在现实中，伊斯兰民主遭到保守主义猛烈批判，在伊斯兰的框架下，保守主义主张国家权力源于伊玛目，教法学家代替伊玛目进行治理完全排除了民主的必要性。政治改革的成败取决于伊斯兰民主和教法学家治国的抉择结果。改革不大可能跨越伊斯兰框架的范畴之外。自由化改革及卡塔米的民主政治实践都是伊朗宗教阶层自上而下方式对伊斯兰体制局部的改良。伊朗社会同时具有伊斯兰性和现代性，其结果是伊朗社会呈现某种二元结构，政治上是民权政治和宗教政治的二元性，经济上是自由经济和特权经济的二元性。这实质上是社会的旧传统与现代性的矛盾与并存。伊朗不可能重走世俗现代化的道路，只能在伊斯兰和现代化之间寻求结合。

在三次社会转型过程中，中产阶层的发展趋势是规模持续扩大，比重不断增加。现代教育的发展促使现代中产阶层队伍急速增长，国有企业和国家机构及公共服务部门容纳了很大一部分现代中产阶层。私企中的专业技术人员和管理人员队伍也在增长，他们也是现代中产阶层的一部分。无论是巴列维现代化发展时期，还是全面伊斯兰化时期或自由化时期，伊朗中产阶层各群体的基数都在增长，虽各群体比重在变化，但中产阶层整体发展趋势是在增长，力量不断增强。

各转型时期伊朗政治和经济具有不同的特征，这都对中产阶层的发展产生极大影响。首先，经济政策决定了资金、技术和劳动力的流动方向，间接改变经济结构和劳动力的分布，进而使社会结构发生深刻的变化。中产阶层的内部构成也会随之发生变化，内部群体间的比例处于动态变化中。其次，政治发展的方向决定了中产阶层政治处境，王权与中产阶层在政治上是此消彼长的关系，二者的对立和斗争是一种政治常态。最后，中产阶层对国家政治产生影响，其内部的变化往往是社会变革或革命的深层动因。

从伊朗社会结构的发展趋势看，社会结构并没有出现两极分化。西方经济学家只是从经济层面观察到伊朗近年来的某个时期，西方经济制裁和油价下跌导致伊朗通货膨胀，中产阶层收入呈现下降趋势，便得出中产阶层贫困化，正向无产阶级地位跌落的结论。但社会结构和社会分层是极为复杂的体系，应当从经济、政治及社会地位和声望等综合角度来看待社会分层的趋势。现代民主国家基本上都进入了现代化发展轨道，新产业、新财富出现，社会分工和职业分化促使社会群体的等级分化更趋复杂和多样，出现科层化和职业化的趋势。现代化发展的必然结果是中产阶层壮大。后发现代化国家的现代化由国家推动，由此产生"大政府"，国家经济职能扩展，机构组织日益复杂，吸纳大量的现代中产阶层。因此中产阶层不会消失，其规模还会扩大。这与主张自由主义的欧美国家现代化不同，他们主张"我们的政府越小越好"，西方国家产生的是"小政府"，对经济干预较少，有利于私人资本的扩张。当我们研究伊朗社会结构的时候，套用西方社会两极分化论往往会得出错误结论。

社会分层并不完全是自然形成的，分层也是经过社会群体冲突和竞争的结果。社会分层和政治结构的状况人为形成的因素占有很大比例。社会分层的等级还通过强制力量加以维护，从而形成社会不平等。人类社会都存在不平等现象，因为社会各阶层在政治、经济、教育等方面的机会或资源的分配是不平等的。改变社会不平等常常通过社会冲突的方式加以解决，冲突的结果是发生改革运动或革命。冲突是社会分层中的动态量度，也是分层的常态形式。发展中国家现代化初期的社会冲突更加明显，这一时期社会的发展阶段来看处于新旧交替时期，传统和现代的交织是社会冲突的根源。功能论掩盖了现实社会阶级之间利益冲突，忽略了社会群体的利益权力或资源分配中的不平等，疏漏了分层的负功能，因而存在诸多缺陷。伊朗自现代以来各个时期中，都存在激烈的社会冲突，民族矛盾、教派冲突、性别不平等、地区的差异、城乡矛盾等相互交织，阶级冲突仅仅是社会分层中矛盾冲突的冰山一角。本书以伊朗中产阶层为专题，阐释了中产阶层发展过程中与国家政治经济政策间的矛盾关系，中产阶层反对专制政权的斗争，与社会上层和下层间的联盟或敌对关系，中产阶层内部的分歧和矛盾斗争等。由于社会群体或阶级间的矛盾和冲突在各种类型的国家的多数发展阶段中都是一种常态，其差别仅是矛盾的主体和冲突的形式不同而已。

主要参考文献

一 中文著作

1. 王联：《中东政治与社会》，北京大学出版社2009年版。
2. 王铁铮：《沙特阿拉伯的国家与政治》，三秦出版社1997年版。
3. 哈全安：《中东国家的现代化历程》，人民出版社2006年版。
4. 王新中、冀开运：《中东国家通史·伊朗卷》，商务印书馆2003年版。
5. 黄民兴：《沙特阿拉伯——一个产油国人力资源的发展》，西北大学出版社1998年版。
6. 钱乘旦总主编，王铁铮编著：《世界现代化历程（中东卷）》，江苏人民出版社2010年版。
7. 陈安全：《伊朗伊斯兰革命及其世界影响》，复旦大学出版社2007年版。
8. 吴云贵、周燮藩：《近现代伊斯兰教思潮与运动》，中国社会科学出版社2000年版。
9. 田雪原：《人口大国的希望》，社会科学文献出版社2011年版。
10. 徐以骅：《宗教与当代国际关系》，上海人民出版社2012年版。
11. 王建娥：《族际政治：20世纪的理论与实践》，社会科学文献出版社2011年版。
12. 李竟能：《现代西方人口理论》，复旦大学出版社2004年版。

13. 刘慧：《当代伊朗社会与文化》，上海外语教育出版社 2007 年版。

14. 宋林飞：《西方社会学理论》，南京大学出版社 1999 年版。

15. 刘玉熙、张敦福、李友梅：《社会转型与结构变迁》，上海人民出版社 2007 年版。

16. 冀开运、蔺焕萍：《二十世纪伊朗史——现代伊朗研究》，甘肃人民出版社 2002 年版。

17. 彭树智主编，王铁铮、黄民兴等：《中东史》，人民出版社 2010 年版。

18. 张铁伟编著：《伊朗》，社会科学文献出版社 2005 年版。

19. 罗荣渠：《现代化新论——世界与中国的现代化进程》，商务印书馆 2009 年版。

20. 哈全安：《中东史》，天津人民出版社 2010 年版。

21. 黄民兴：《阿富汗问题的历史嬗变》，中国社会科学出版社 2013 年版。

22. 陆学艺：《当代中国社会阶层研究报告》，社会科学文献出版社 2002 年版。

23. 杨继绳：《中国当代社会各阶层分析》，甘肃人民出版社 2006 年版。

24. 白友涛、尤佳、季桐芳、白莉：《熟悉的陌生人——大城市流动穆斯林社会适应研究》，宁夏人民出版社 2011 年版。

25. 王铁铮：《全球化与当代中东社会思潮》，人民出版社 2013 年版。

26. 蒋真：《后霍梅尼时代伊朗政治发展研究》，人民出版社 2014 年版。

27. 李春玲、吕鹏：《社会分层理论》，中国社会科学出版社 2008 年版。

28. 彭树智：《现代民族主义运动史》，西北大学出版社 1987 年版。

29. 彭树智：《我的文明观》，西北大学出版社 2013 年版。

30. 黄民兴：《中东国家通史·伊拉克卷》，商务印书馆 2002 年版。

31. 车效梅：《全球化与中东城市发展研究》，人民出版社 2013 年版。

32. 哈全安：《中东国家史 610—2000：伊朗史》，天津人民出版社 2016 年版。

二 中文译著

1. ［伊朗］阿宝斯·艾克巴尔·奥希梯扬尼著，叶奕良译：《伊朗通史》，经济日报出版社 1997 年版。

2. ［美］格伦斯基编著，王俊等译：《社会分层》，华夏出版社 2005 年版。

3. 《马克思恩格斯全集》第 17 卷，人民出版社 1963 年版。

4. ［美］C. 莱特·米尔斯：《白领——美国的中产阶级》，浙江人民出版社 1987 年版。

5. 《马克思恩格斯全集》第 1 卷，人民出版社 1972 年版。

6. ［法］让·卡泽纳弗著，杨捷译：《社会学十大概念》，上海人民出版社 2003 年版。

7. ［美］凯马尔·H. 卡尔帕特著，陈和丰等译：《当代中东的政治和社会思想》，中国社会科学出版社 1992 年版。

8. ［伊朗］穆罕默德·礼萨·巴列维：《我对祖国的职责》，商务印书馆 1977 年版。

9. ［英］W. B. 费舍尔主编，北京大学地质地理系经济地理专业译：《伊朗》，人民出版社 1977 年版。

10. ［英］安东尼·D. 史密斯著，龚维斌、良警宇译：《全球化时代的民族与民族主义》，生活·读书·新知三联书店 2002 年版。

11. 伊朗外交研究所编著，李玉琦译：《巴列维王朝的兴衰》，新华出版社 2009 年版。

三 中文论文

1. 王铁铮：《试探沙特王国社会结构的演变及其特点》，《世界历史》1998 年第 4 期。

2. 黄民兴:《当代产油国的社会变迁》,《阿拉伯世界研究》2007 年第 4 期。

3. 胡联合、胡鞍钢:《中产阶层:"稳定器"还是相反或其他——西方关于中产阶层社会政治功能的研究综述及其启示》,《政治学研究》2008 年第 2 期。

4. 哈全安:《从白色革命到伊斯兰革命——伊朗现代化运动的历史轨迹》,《历史研究》2001 年第 6 期。

5. 车效梅、王泽壮:《城市化、城市边缘群体与伊斯兰革命》,《历史研究》2011 年第 5 期。

6. 王京烈:《伊斯兰宗教改革与中东社会变革——世界史视角下的中东社会发展剖析》,《阿拉伯世界研究》2007 年第 1 期。

7. 邬大光:《揭开伊朗社会和高等教育的神秘面纱——赴伊朗散记》,《现代大学教育》2010 年第 1 期。

8. 裴小林:《论土地生产率极限法则:一个改进的马尔萨斯理论和不同发展阶段的反向逻辑》,《中国乡村研究》2008 年第 6 辑。

9. 陆瑾:《当代伊朗公民社会状况探析》,《西亚非洲》2010 年第 9 期。

10. 敏敬:《理论与现实:伊朗市民社会研究评析》,《伊斯兰文化》2009 年第 1 期。

11. 王丽君:《1905—2005 年间伊朗社会发展的中国视角解读》,《世界经济与政治》2008 年第 2 期。

12. 蒋真:《从伊朗内外政策看哈塔米主义》,《西亚非洲》2005 年第 3 期。

13. 王飞:《革命卫队在伊朗政权中的作用和影响》,《亚非纵横》2009 年第 2 期。

14. 韩建伟:《解读伊斯兰革命后伊朗的基金会组织》,《西亚非洲》2010 年第 8 期。

15. 王猛:《拉夫桑贾尼:伊朗的改革幻想》,《南风窗》2005 年第 6 期。

16. 李春放：《论伊朗现代伊斯兰政治模式》，《历史研究》2001年第6期。

17. 殷浩强：《试析伊朗社会变化过程中宗教的作用》，《西亚非洲》1990年第2期。

18. 金良祥：《伊朗改革派的崛起及其影响》，《现代国际关系》2010年第5期。

19. 杨剑：《现代化中期社会稳定性的文化结构分析——以伊朗巴列维现代化运动为案例》，《世界经济与政治论坛》1999年第4期。

20. 韩建伟：《伊斯兰革命后伊朗社会分层结构探析》，《西北大学学报》（哲学社会科学版）2010年第4期。

21. 白建才：《文明自觉论对国际关系的指导意义》，《战略决策研究》2014年第6期。

22. 李林艳：《社会空间的另一种想象——社会网络分析的结构视野》，《社会学研究》2004年第3期。

23. 王猛：《革命卫队在伊朗政权中的影响和作用》，《亚非纵横》2009年第2期。

24. 哈全安：《伊朗现代化进程中的世俗政治与宗教政治》，《史学理论研究》2008年第3期。

25. 王猛：《伊朗革命后社会政治发展探析》，《新疆社会科学》2011年第2期。

26. 蒋真：《伊朗伊斯兰革命及其影响探析》，《西亚非洲》2009年第9期。

27. 蒋英梅：《伊朗宗教力量的发展前景》，《西亚非洲》2004年第4期。

28. 王泽壮：《伊朗左翼（社会主义）运动的产生和发展（上）从"正义党"到"八一九"政变》，《西亚非洲》2007年第2期。

29. 张振国：《战后伊朗农业的发展道路》，《西亚非洲》1987年第4期。

30. 李福泉：《黎巴嫩什叶派政治认同解析》，《世界民族》2010年第5期。

31. 李春玲：《中国当代中产阶层的构成及比例》，《中国人口科学》2003年第6期。

32. 蒋真：《从西化改革到伊斯兰革命——当代伊朗政治改革与发展研究》，《宁夏社会科学》2010年第5期。

33. 冀开运：《伊朗俾路支斯坦民族问题解析》，《世界民族》2012年第4期。

34. 王菊如：《伊朗的民族与民族问题》，《西亚非洲》1994年第6期。

35. 李鹏涛：《伊朗现代化进程中的民族关系——伊朗民族矛盾的产生与演变》，《世界民族》2009年第1期。

36. 蒋真：《宗教与政治——当代伊朗政治现代化的困惑》，《西亚非洲》2012年第2期。

37. 王三义：《传统社会诸因素对中东现代化的影响》，《西北大学学报》2004年第3期。

38. 王三义：《中东19世纪的经济改革与早期现代化的启动》，《山西大学学报》（哲学社会科学版）2008年第5期。

39. 何志龙：《冷战结束后伊朗与美国关系》，《国际论坛》2007年第5期。

40. 陆学艺：《中国社会阶级阶层结构变迁60年》，《中国人口·资源与环境》2010年第7期。

41. 赵广成：《国际体系的中产阶级化与没有收益的非对称冲突》，《国际关系研究：探索与创新——2009年博士论坛》2009年6月。

四 学位论文

1. 詹晋洁：《当代阿拉伯国家社会结构与社会分层研究》，西北大学，2009年。

2. 韩建伟：《理想与现实的较量——当代伊朗伊斯兰秩序下的经济变迁研究》，西北大学，2009年。

3. 王珂：《伊朗人口地理研究》，西南大学，硕士学位论文，

2009年。

4. 姜英梅：《谁统治伊朗——超政府力量在伊朗伊斯兰共和国的作用和影响》，中国社会科学院，硕士学位论文，2003年。

5. 刘鑫耀：《中东城市民间社团研究》，山西师范大学，硕士学位论文，2010年。

6. 吕薇：《伊朗城镇体系研究》，西南大学，硕士学位论文，2008年。

7. 刘苏：《伊朗能源工业地理研究》，西南大学，硕士学位论文，2009年。

8. 徐晓云：《伊朗农业地理区域研究》，西南大学，硕士学位论文，2010年。

五 外文著作

1. Susan Bastani, *Middle Class Community in Tehran: Social Networks, Social Support and Marital Relationships*, University of Toronto, 2001.

2. Firouzeh ghanatabadi, *Internationalization of Small and Medium - Sized Enterprises in Iran*, Lulea University, 2005.

3. Farhad Numani, Sohrab Behdad, *Class and Labor in Iran: Did the Revolution Matter?* Syracuse University Press, 2006.

4. Mansoor Moaddel, *Class Politics and Ideology in the Iranian Revolution*, Columbia University Press, 2013.

5. Eva Patricia Rakel, *power Islam and Political Elite in Iran A Study on the Iranian Political Elite From Khomeini to Ahmadnejad*, Leiden Boston, 2009.

6. Said Amir Arjomand, *After Khomeini Iran Under His Successors*, Oxford University Press, 2009.

7. James A. Bill, *Politics in the Middle East*, Little, Brown and Company, 1985.

8. Dilip hiro, *Iran Under the Ayatollahs*, London, 1985.

9. Stephanie Cronin, *Reformers and Revolutionaries in Modern Iran New*

Perspectives on The Iranian Left, Routledge Curzon, 2004.

10. Parvin Alizadeh, *the Economy of Iran Dilemmas of an Islamic State*, I. B. Tauris Publishers, 2000.

11. Keith Crane, *Iranian Political Demographic and Economic Vulnerabilities*, Rand Project Air Force, 2008.

12. Arang Keshavarzian, *Bazaar and State in Iran the Politics of the Tehran Marketplace*, Cambridge University Press, 2007.

13. Hamid Dabashi, *the Green Movement in Iran*, New Brunswick and London, 2011.

14. Eric Hooglund, *Navigating Contemporary Iran Challenging Economic, Social and Political Perceptions*, Routledge, 2012.

15. David Menashri, *Post Revolutionary Politics in Iran Religion Society and Power*, London Frank Cass, 2001.

16. Behzad Yaghmaian, *Social Change in Iran an Eyewitness Account of Dissent, Defiance, and New Movement in Iran*, State University of New York Press, 2002.

17. Ali Mirsepassi, *Intellectual Discourse and The Politics of Modernization Negotiating Modernity in Iran*, Cambridge University Press, 2003.

18. Rouzbeh Parsi, *Iran: a Revolutionary Republic in Transition*, Chaillot Paper, 2012.

19. Ramesh Farzanfar, *the Iranian Dowreh Network and Its Functions*, Tehran University, 1979.

20. Havold R. Kerbo, *Social Stratification and Inequality Class Conflict in Historical Comparative, And Global Perspective*, California Polytechnic State University, 2012.

21. Mehdi Semati, *Living With Globalization and The Islamic State An Introduction to Media, Culture, and Society in Iran*.

22. Robert E. Looney, *Economic Origins of The Iranian Revolution*, Pergamon Press, 1982.

23. Keith Mclachlan, *The Neglected Garden – The Politics and Ecology*

of Agriculture in Iran, London, 1988.

24. Julian Bharier, *Economic Development in Iran 1900 – 1970*, Landon, Oxford University Press, 1971.

25. Jahangir Amuzegar, *Iran – Economic Development Under Dualistic Condition*, The University of Chicago Press, 1971.

26. Easter Boserup, *The Condition of Agricultural Growth The Economics of Agrarian Change Under Population Pressure*, London, 2005.

27. Ali Farazmand, *The State, Bureaucracy, and Revolution in Modern Iran : Agrarian Reforms and Regime Politics*, New York, 1989.

28. Robert Graham, *Iran the Illusion of Power*, London, 1979.

29. Michael Fischer, *Iran: From Religious Dispute to Revolution*, Cambridge, MA: Harvard University Press, 1980.

30. Wehrey, Frederic. et al., *Dangerous But Not Omnipotent*, Rand Corporation, 2009.

31. LDDHI, "*Iran: Rising Poverty, Declining Labor Rights*", FIDH, June 2013.

32. Department of Economic and Social Affairs, *Islamic Republic of Iran Public Administration Country Profile*, October 2004.

33. BTI, *Iran Country Report*, 2012.

34. Stephen C. Poulson, *Social Movements in Twentieth – Century Iran Culture, Ideology, and Mobilizing Frameworks*, Rowman and Littlefield Publishers, 2007.

35. Shahrough Akhavi, *Religion and Politics In Contemporary Iran: Clergy – State Relations In The Pahlavi Period*, State University of New York Press, 1980.

36. Hossein Godazgar, *the Impact of Religious Factors on Educational Change in Iran Islam in Policy and Islam in Practice*, the Edwin Mellen Press, 2008.

37. James A. Bill, *The Politics of Iran Groups, Classes, and Modernization*, Charles E. Merrill Publishing, 1972.

38. Homa Katouzian, *The Political Economy of Modern Iran Despotism and Pseudo – Modernism*, 1926 – 1979, New York University Press, 1981.

39. Misagh Parsa, *States Ideologies and Social Revolutions a Comparative Analysis of Iran, Nicaragua, and the Philippines*, Cambridge University Press, 2000.

40. Negin Nabavi, *Iran From Theocracy to The Green Movement*, Palgrave Macmillan, 2012.

41. Erik Olin Wright, *Classes*, London Verso, 1985.

42. Ervand Abrahamian, *Iran Between Two Revolutions*, Princeton University Press, 1982.

43. Mehdi P. Amineh, *Power Islam and Political Elite in Iran A Study on the Iranian Political Elite From Khomeini to Ahmadnejad*, Leiden Boston, 2009.

44. Asghar Schirazi, *Islamic Development Policy the Agrarian Question in Iran*, Lynne Rienner Publishers, 1993.

45. Afary, J., *The Iranian Constituional Revolution*: 1906 – 1911, New York, 1996.

46. EdmundBosworth, Carole Hillenbrand, *Qajar Iran: Political, Social and Cultural Change* 1800 – 1925, Edinburgh University Press, 1983.

六 外文论文

1. Sohrab Nehdad, "What a Eevolution! Thirty Years of Social Class Reshuffling in Iran", *Comparative Studies of South Asia, Africa and the Middle East*, Vol. 29, No. 1, 2009.

2. UNESCO – IBE, "Educational Research and Information in Iran", *World Data on Education*, 2006/2007.

3. Nader Habibi, "Is Iranian Economy Growing? An Assessment of the IMF 2011 Report on Iran", *Middle East Brief*, December 2011, No. 57.

4. Abdolali Lehsaeizadeh, "Social Inequalities and Classification in Iran, Center For Research and Middle East Strategic Studies", *Discourse*:

An Iranian Quarterly, Vol. 6, No. 1, 2004.

5. Haideh Moghissi, "The Working Class and the Islamic State in Iran", Socialist Register, 2001.

6. Mohammad Naji, "Conflict Rate and Job Satisfaction Among Staffs in the Islamic Republic of Iran: Rafsanjan Township As a Case Study", Asian Culture and History, Vol. 3, No. 2, 2011.

7. Ali Asghar, Anvary Rostamy, "Employee Social Status in Iranian Public and Governmental Organizations: Effect of Individual, Organizational and Social Factors", Singapore Management Review, Jan. 30, 2008.

8. Parvin Alizadeh, "Iranian Quandary: Economic Reforms and the Structural Trap", The Brown Journal of World Affair, Vol. 4, 2003.

9. Ahmad Seyf, "Foreign Firms and Local Merchants in Nineteenth Century Iran", Middle Eastern Studies, Vol. 36, No. 4, 2000.

10. Mohamamud Sadgh, Allahyari, "Analyzing Farm Management Skills in Poultry Production Enterprises in Iran", Life Science Journal, Vol. 8, 2011.

11. Bagher Arayesh, "Strategic Thinking, The Necessity of Present Managers of Iran", International Conference on Financial Management and Economics Press, Vol. 11, 2011.

12. Robert Looney, "The Iranian Economy: Crony Capitalism in Islamic Garb", the Milken Institute Review, Vol. 1, 2006.

13. Leo Esfandiari, "the Impact of Invitation on Patterns of Human Resource Performances in Iranian Public Enterprises", International Conference on Financial Management and Economics Press, Vol. 11, 2011, Singapore, 2011.

14. Nader Soleimani, "A study on the Relationship Between Job Ethics with Job Satisfaction and Job Stress Among the Staff of Vocational Education Organization in Iran", International Conference on Financial Management and Economics Press, Vol. 11, 2011.

15. Reza Razavi, "The Road to Party Politics in Iran (1979 –

2009)", *Middle Eastern Studies*, Vol. 46, No. 1, 2010.

16. Hossein Askari, "Recent Economic Growth in Iran", *Middle Eastern Studies*, Vol. 12, No. 3, 1976.

17. Maryam Mesbahi, "Survey Human Resource Management in Iranian Small Enterprises", *Interdisciplinary Journal of Contemporary Research in Business*, Vol. 5, 2013.

18. Cyrus Vakili Zad, "Conflict Among the Revolutionary Elite in Iran", *Middle Eastern Studies*, Vol. 30, No. 3, 1994.

19. Stephanie Cronin, "Modernity, Change and Dictatorship in Iran 1927 – 1929", *Middle Eastern Studies*, Vol. 39, No. 2, 2003.

20. Hadi Saleni Esfahani, "Gender, Education, Family Structure, and the Allocation of Labor in Iran", *Middle East Development Journal*, 10, 2010.

21. Farhad Nrmani, "The Rise and Fall of Iranian Classes in the Post – Revolutionary Decades", *Middle Eastern Studies*, Vol. 44, No. 3, 2008.

22. Ebadollah Abasi, "Comparative Labor Law: Labor Standards in Iranian Islamic Law and International Law", *Journal of Basic and Applied Scientific Research*, 2012.

23. Khadija V. Frings – Hessami, "The Islamic Debate About Land Reform in The Iranian Parliament, 1981 – 1986", *Middle Eastern Studies*, Vol. 37, No. 4, 2001.

24. Farhad Woman, Sohrab Behdad, "Labor Rights and The Democracy Movement in Iran: Building A Social Democracy", *Northwestern Journal of International Human Rights*, Vol. 10, 2012.

25. M. B. Nobakht, "Iranian Labor Market in Comparison With Other Countries", *National Interest*, Winter 2006.

26. Shayerah Ilias, "Iranian Economic Conditions: US Policy Issues", *Analyst in International Trade and Finance*, April 22, 2010.

27. Cyrus Schayegh, "The Social Relevance of Knowledge: Science and the Formation of Modern Iran, 1910's – 1940's", *Middle Eastern Stud-*

ies, Vol. 43, No. 6, 2007.

28. Kazem Alamdari, "Who Holds the Power in Iran? Transition From Populism to Clientlism to Pluralism", *Cira Bulletin*, Vol. 15, No. 1, 1999.

29. Sohrab Behdad, Farhad Nomani, "Workers, Peasants, and Peddlers: A Study of Labor Stratification in The Post Revolutionary Iran", *Middle East Study*, 34, 2002.

30. Ghomam A. Liaghbat, "Sociological Review Changes in A New Middle Class Through The Analysis of Census Data, The Case of Iran Between 1956 – 1966", *Middle East Journal*, Vol, 34. No, 3, 1980.

31. Bharier J. , "the Growth of Towns and Villages in Iran, 1900— 1966", *Middle Eastern Studies*, Vol. 8, No. 1, 1972.

32. Djavad Salehi Isfahahi, "Demographic Factors in Iran's Economic Development", *Social Research*, Vol. 67, No. 2.

33. Hadi Salehi Esfahani, M. Hashem Pesaran, "The Iranian Economy in The Twentieth Century: A Global Perspective", *Iranian Studies*, Vol. 42, No. 2, 2009.

34. Djavad Salehi – Isfahani, "Iranian Youth in Times of Economic Crisis", *Working Paper*, No. 3, 2010.

35. Valentine M Moghadam, "Women in the Islamic Republic of Iran: Legal Status, Social Positions, and Collective Action, Iran After 25 Years of Revolution: A Retrospective and a Look Ahead", *International Wilson Center*, 2004.

36. Osamu Miyata, "The Tudeh Military Network During the Oil Nationalization Period", *Middle Eastern Studies*, Vol. 23, 1987.

37. Nader Habibi, "Allocation of Educational and Occupational Opportunities in the Islamic Republic of Iran: A Case Study in the Political Screening of Human Capital", *Iranian Studies*, Vol. 22, No. 4, 1989.

38. Ervand Abrahamian, "Factionalism in Iran: Political Groups in the 14th Parliament (1944 – 1946)", *Middle Eastern Studies*, Vol. 14,

1978.

39. Khadija V. Frings – Hessami, "the Islamic Debate About Land Reform in The Iranian Parliament, 1981 – 1986", *Middle Eastern Studies*, Vol. 37, No. 4, 2001.

40. Martin Nicolaus, "Proletariat and Middle Class in Marx: Hegelian Choreography and the Capitalist Dialectic", *Studies on The Left*, Vol. 7, 1967.

41. Zahra Karmi, "The Effects of Trade Liberalization on The Labor Standards in Iran", www. global – labour – university. org/fileadmin/Papers.

42. E. I. U, *Country Report: Iran*, the Economist Intelligence Unit Limited, No. 1, 1991.

43. E. I. U, *Country Report: Iran*, the Economist Intelligence Unit Limited, 1993, Third Quarter.

44. Bijan Khajehpour, "Domestic Political Reforms and Private Sector Activity in Iran", *Social Research*, Vol. 67, 2000.

45. Geneice Abdo, "From revolution to revelations Khatami's Iran struggles for reform". *Middle East Report*, 1999, No. 3.

46. Ray Takeyh, "Iran at the crossroad", *Middle East Journal*, Vol. 57, 2003.

47. Masoud Kazemzadeh, "Intra – Elite Factionalism and the 2004 Majles Elections in Iran", Middle Eastern Studies, Vol. 44, No. 2, 2008.

48. Asghar Fathi, "Ahmad Kasravi and Seyyed Jamal Waezon Constitutionalism in Iran", *Middle Eastern Studies*, Vol. 29, No. 4, 1993.

49. Sohrab Behdad, "The Islamic Utopia of Navvab – Safavi and the Fada'ian – e Eslam in Pre – Revolutionary Iran", *Middle Eastern Studies*, Vol. 33, No. 1, 1997.

50. Saskia Gieling, "The Marja'iya in Iran and the Nomination of Khamanei in December 1994", *Middle Eastern Studies*, Vol. 33, No. 4, 1997.

51. Kamran M. Dadkhah, "Ahmad Kasravi on Economics", *Middle East-*

ern Studies, Vol. 34, No. 2, 1998.

52. Cyrus Masroori, "Mirza Ya'qub Khan's Call for Representative Government, Toleration and Islamic Reform in 19th Century Iran", *Middle Eastern Studies*, Vol. 37, No. 1, 2001.

53. DenisHermann, "Akhund Khurasani and the Iranian Constitutional Movement", *Middle Eastern Studies*, Vol. 49, No. 3, 2013.

54. Stephanie Cronin, "Opposition to Reza Khan within the Iranian Army, 1921 – 1926", *Middle Eastern Studies*, Vol. 30, No. 4, 1994.

55. Mehrdad Haghayeghi, "Politics and Ideology in the Islamic Republic of Iran", *Middle Eastern Studies*, Vol. 29, No. 1, 1993.

56. Alim Ansari, "The Myth of the White Revolution: Mohammad Reza Shah Modernization and the Consolidation of Power", *Middle Eastern Studies*, Vol. 37, No. 3, 2001.

57. Robert E. Looney, "The Impact of Oil Revenues on the Pre – Revolutionary Iranian Economy", *Middle Eastern Studies*, Vol. 21, No. 1, 1985.

58. Parviz Asheghian, "Technology Transfer by Foreign Firms to Iran", *Middle Eastern Studies*, Vol. 21, No. 1, 1985.

59. V. A. Martin, "Sheikh Fazalallah Nuri and the Iranian Revolution 1905 – 1909", *Middle Eastern Studies*, Vol. 23, No. 1, 1977.

60. Ervand Abrahamian, "Kasravi: the Integrative Nationalist of Iran", *Middle Eastern Studies*, Vol. 19, No. 3, 1973.

61. Kamran M. Dadkhah, "The Iranian Economy During the Second World War", *Middle Eastern Studies*, Vol. 37, No. 2, 2001.

七 网上数据库

Iran Statistic Year Book 1386, 1385, 1384, 1383, 1379, 1378, 1377, 1376.

后　　记

西北大学是我成长最重要的园地，此时感念母校和我的导师黄民兴教授，内心仍激荡不已，导师深厚的学养和严谨的治学精神使我步入正途，也是我终身受益的财富源泉，师恩难忘，我的进步得益于西大大师们的濡沫之功。今生有幸能与西大共历，学路之上再也无憾矣。

业师黄民兴教授是我国著名的中东史学家，他的课堂和讲座都有很强的前沿性，知识点丰富而集中，这对我日后的学业进步起到关键作用。黄老师就像是慈爱的家长，让人信赖。黄老师在非常繁忙的时候也会抽时间帮我修改小论文，正是黄老师的付出帮助我成长，我每次取得进步都会受到黄老师的表扬。我的学位论文初稿黄老师逐字逐句地、从首页到末页修改了一遍，就连注释和参考文献都做了详细修改，这使我十分感动与内疚，也使我从此改掉了不认真的毛病。吃水不忘挖井人，感谢我的导师黄民兴教授，我的进步离不开您。

中东所是世界史学科特别是中东区域史研究的重镇，也是国内不少研究机构的母体和本部，这里学养深厚，学风淳正，不仅有让人无法读完的文献和资料，还有彭先生的学问之道，即治学从严、待人从宽，影响着这里的每一代学人。先生的文明交往论囊括了人类所有的交往形式，把交往力作为人类社会发展的另一种驱动力，提倡人类之间的和平交往，共处和共荣，这体现了先生宽广的视角和深刻的人文精神。读先生的著作和精练的诗句不仅能让人从浑噩中清醒，还能获得内心深处的宁静，让人深思，启人心智。

王铁铮老师学养深厚、学识高深，对我的发展和进步也有很大的影响。韩志斌老师的课堂对我的快速提高也有很大帮助。还有蒋真老师、李福泉老师、王猛老师、闫伟老师和赵广成老师都对我的论文改进有很大帮助。李玮老师和申玉辉博士都在我开题和答辩中给予过很大帮助。感谢张迎春老师、冯淑珍老师、林松叶老师和邵丽英老师的帮助。说感谢的话真的说不完，感谢中东所全体可爱的老师们，你们给我太多的帮助。

在这里，我要特别感谢我的硕士导师李玉君教授，她在学业上给我启蒙并且一直在全力支持我的学业。感谢陕西师大的白建才老师、曹维安老师、何志龙老师和王成军老师，他们对我的论文提出了很多宝贵的意见。学业方面我非常感谢山西大学王三义教授的提携，还要感谢云南大学姚继德老师和西南大学的冀开运老师。我毕业后非常幸运地来到山西师大任教，这要感谢原校长和车效梅老师的认可和接纳。在这里我得到了王泽壮老师和谢立忱、王霏学长的帮助。这里也感谢中国社会科学出版社的任明老师，他为本书的出版给予很大帮助。感谢我的同学刘磊老师、李军老师和李宗俊老师对我的支持和帮助，还有这些年愉快同行的祖力甫、毛帅、老伍、耀辉、永志、刘冲、海军，及王楠、乔瑜、李茜、贺婷、立宽、道远、若萌等等诸位博士。总之感谢并祝福和我愉快相处的所有的教师和同学们！最后，感谢我的爱人董红霞，感谢家人的支持，他们是我的后盾。

文末借彭先生诗句以自勉："室雅何须大，花香不在多。书中日月长，平湖显碧波。秋高望星空，云去天地阔。"（见《松榆斋百记》）

2016 年 8 月 21 日